中国国际传播发展研究

Research on the Development of China 's International Communication

主编／胡正荣　李继东　姬德强

社会科学文献出版社
SOCIAL SCIENCES ACADEMIC PRESS (CHINA)

主编简介

胡正荣 教授、博士生导师，中国电视艺术家协会副主席、中国教育电视台总编辑。

历任第六届、第七届国务院学位委员会新闻传播学学科评议组召集人，2013～2017年教育部高等学校新闻传播学类教学指导委员会主任委员，中国传媒大学校长，中国人民外交学会第八届理事会理事，中国国际交流协会第十一届理事会理事等。哈佛大学肯尼迪政府学院舒伦斯坦媒介、政治与公共政策研究中心客座研究员等。

主要研究领域为新媒介、国际传播、文化产业等。主要著作有《中国大百科全书（第三版）·传播学》《中国文化发展（1978～2018）》《国际传播蓝皮书：中国国际传播发展报告（2017）》《全球传媒产业发展报告（2017）》《新媒体前沿2017》《世界主要媒体的国际传播战略》等。

2001年获国务院政府特殊津贴。2006年获人社部"新世纪百千万人才工程"国家级人选。2011年英国西敏寺大学荣誉博士。中宣部、中组部2017年文化名家暨"四个一批"人才国际传播人选。

李继东 研究员、博士生导师，中国传媒大学传播研究院副院长，媒体融合与传播国家重点实验室（中国传媒大学）研究员，人类命运共同体国际学术联盟理事。迄今已在《现代传播》《国际新闻界》《中国社会科学报》等发表论文80余篇，出版《中国影视政策创新研究》《英国公共广播政策变迁与问题研究》等著作20余部。担任国家社科基金重大研究专项课题"'一带一路'对外宣传与国际舆论引导研究"首席专家，主持国家社科基金一般项目"我国国际传播话语体系的理论创新研究"、国务院新闻办重点委托项目"中国新闻管理话语体系研究"等。先后在英国牛津大学社会法研究中心、美国明尼苏达大学新闻与大众传播学院做访问学者。

获第八届和第九届全国广播电视学术著作评选决策管理类一等奖和三等奖、北京第十届和第十一届哲学社会科学优秀成果二等奖、2008年度北京市宣传系统优秀调研报告、2002年全国出版社市场营销论坛优秀论文一等奖等奖项。主要研究领域：传播史论、国际传播、话语研究、信息与传播政策等。主要讲授课程：话语研究、传播学概论、信息与传播政策等。

姬德强 教授、博士生导师，中国传媒大学人类命运共同体研究院副院长，媒体融合与传播国家重点实验室（中国传媒大学）研究员，国家"万人计划"青年拔尖人才，主要研究领域为传播政治经济学、国际传播和跨文化传播，兼任国际媒介与传播研究学会（IAMCR）国际传播分会副主席，荣获"北京市优秀教师"。

摘　要

近年来，全球国际传播在三种国际社会无政府文化下交织演进，全球化步入多元文化共存共赢的新阶段，媒介发展呈现万物传播的新态势，中国的国际传播应更加坚定文化自信，致力于传播好中国特色社会主义核心价值观，秉承人类命运共同体理念，建构融通中外的国际传播话语体系。

《中国国际传播发展研究》分为总报告、文化篇、传媒篇、企业篇、借鉴篇五个部分，深入探讨了中国国际传播的形势、背景、文化传播及其策略，由此拓展到对全球治理理论、公共外交等相关问题的讨论。从整体上看，2018 年中国企业综合国际传播力显著增强，华为、联想、腾讯持续保持前三强，其中，华为横贯五大平台十强之首，联想集团国际传播力微降，值得关注的是，家电、企业、铁路和机械等企业的国际传播力大幅提升，彰显了中国制造综合实力的全面提升。从不同平台的表现来看，拥有 Facebook 账号的中国企业已近七成，但粉丝数和点赞数梯队间差距高达十倍，而且中国企业的海外影音图像社交平台传播力亟须加强。从关注中国企业的国际媒体来看，中国媒体在海外传播本土企业的能力日益增强，新华网、财新网挺进传播中国企业国际媒体十强，成立仅两年的 CGTN 表现出色；国际媒体从多维度关注中国企业，"全球""国际化""顶级"成为高频词。

目 录

Ⅰ 总报告

Ⅱ 文化篇

总 报 告

坚定文化自信，创新国际传播话语体系：中国国际传播发展报告[*]

李继东　胡正荣[**]

摘　要： 近两年来，全球国际传播在三种国际社会无政府文化中交织演进，全球化步入多元文化共存共赢的新阶段，媒介发展呈现万物传播的新态势，中国的国际传播更加坚定文化自信，致力于传播好中国特色社会主义核心价值观，秉承人类命运共同体理念，建构融通中外的国际传播话语体系。

关键词： 国际传播　万物传播　文化自信　人类命运共同体　话语体系

* 本文系国家社科基金项目"我国国际传播话语体系建设的理论创新研究"（项目批准号：14BXW020）的阶段性成果，中国传媒大学中央高校基本科研业务费专项资金资助。
** 李继东，教育部人文社科重点研究基地——中国传媒大学国家传播创新研究中心研究员；胡正荣，教育部人文社科重点研究基地——中国传媒大学国家传播创新研究中心主任。

党的十八大以来，党和国家高度重视文化软实力的提升，深度突破以西方为中心的发展之路、对外传播之道。习近平总书记指出："当前，我国处于近代以来最好的发展时期，世界处于百年未有之大变局，两者同步交织、相互激荡。"一方面，中国逐步发展，在国际事务中发挥着越来越重要的作用，肩负着越来越大的责任，在国际传播中越来越坚定道路自信、制度自信、理论自信和文化自信，以前所未有的气度彰显中国特色、中国风格、中国气派；另一方面，当前国际社会变局涌动，国际社会无政府状态在亚历山大·温特所言的霍布斯文化、洛克文化和康德文化三种国际无政府文化中交织演进，全球化步入了新阶段，加之媒介生态大变革，万物传播时代的到来，近两年来我国的国际传播高度自信，大力传播中国特色社会主义核心价值观，建构融通中外的话语体系。

一 全球国际传播的新动向：三种文化交织演进

近年来，中美贸易摩擦不断，这不仅仅是经济问题，还涉及政治、社会和文化等问题。而贯穿这场博弈始终的，除了经济等硬实力之外，更多的是国际传播与舆论博弈的问题。纵观国际政治思潮变迁的历程，这次中美博弈实际上是国际政治现实主义的重新抬头。20世纪以来，国际政治思潮先后经历了现实主义、自由主义到新现实主义、新自由主义的演变历程，最后这两种主义不断趋同，越来越重视观念与利益的同等重要性，这是全球国际政治的一个基本演化逻辑。在特朗普执政之前，克林顿、奥巴马政府均很重视观念的重要性，然而自特朗普上台之后又开始重新强调美国利益、美国第一，这是强调硬实力的现实主义国际政治思潮再次崛起。

从国际社会无政府状态的文化变迁来看，国际体系文化先后经历了霍布斯文化、洛克文化和康德文化。而强调国家之间竞争与敌手关系的洛克文化一直是现代国际体系文化的主流，当前国际社会不大可能退回到崇尚暴力争夺和敌我关系的国家间角色结构的霍布斯文化，也不会很快发展成为想象中的康德文化，即国与国之间是崇尚友谊的朋友关系。[1] 实际上，奥巴马政府、克林顿政府秉承的新自由主义思想就是洛克文化的一种体现，不过那是比较而言，更强调理念、观念的重要性及其影响，但并不是不看重现实利益。总体来看，特朗普政府的政策其实是要重返里根时代。众所周知，在里根时代，里根与英国的撒切尔夫人联手促使具有市场原教旨主义的新自由主义成为席卷全球的主流思潮，在一定程度上造成了苏联的解体，使得自由市场理念几乎成为世界各国经济发展的主导性观念。而特朗普政府将此推向极端化，过多地强调国家间的竞争，甚至是敌我二元对立关系。这使得上述三种文化并存于当代世界，国际关系的不确定性、复杂度增加，由此深刻地影响着国际传播发展态势。

国际传播实际上历来都是一个政治问题，其实践及研究与国际政治、国际关系、国际经济密切相关，而在自由主义思潮在全球拓展的过程中，国际传播又起着很重要的作用。美国实际上从广播时代开始就特别重视国际传播，换言之就是重视媒介的影响力。从广播总统到电视总统，一直到互联网总统，奥巴马从竞选开始就利用谷歌、脸书等平台来传播。而特朗普被称为推特总统，在推特上成为引领国际政治话题的一个"超级网红"，甚至被称为"推特总司令"。据统计，从 2009 年 3 月特朗普正式注册推特账户，至 2018 年 7 月 4 日美国独立纪念日当日（约 3400 天），共发送 38000 条推特短信息，平均每天 11 条。而在 2018 年 7 月 4 日当日特朗普活跃粉丝和追随者数量为 5300 万，这相当于《纽约时报》发行量的 50 倍、CNN 黄金时间热播新闻栏目《安德森 360 度》收视率的 40 倍。[2] 特朗普随时发布一条条推文，成功引导国际舆论，形成了富有时代感的话语引领模式。

可见，美国历届政府善于利用各个阶段的新兴媒介操纵国际舆论，维护着世界舆论霸主的地位，而掌控国际舆论是形成国际传播格局的关键所在。

---

[1] 有关三种文化的论述参见〔美〕亚历山大·温特《国际政治的社会理论》，秦亚青译，上海人民出版社，2014。

[2] 吴旭：《中选后继续"发威"：特朗普如何用推特改变美国?》，观察者网，2018 年 11 月 13 日。

在当今媒介化社会生活中，可以说，谁掌握了新兴媒介的话语权，谁就拥有了国际舆论的主动权。

二　全球化步入新阶段：多元文化共存共赢

纵观全球化的演变历程，一个鲜明的轨迹就是以西方之强化发展中与欠发达地区之弱，可以说现代化即西方化或欧美化。自改革开放以来，我国推进的四个现代化，亦是更多地向英美等西方发达国家学习先进理念、制度、知识与文化，特别是传播学等舶来学科几乎全部从西方移植而来。从 21 世纪第二个十年开始，随着新兴媒介技术的迭代更新以及信息传播业的发展，各国间交流互动更加紧密，人类社会更加多元共存，而文化的交融和碰撞则越来越频繁。

基于西式全球化，一直以来有关全球化的传播也近乎"一边倒"，是一种西方发达国家信息压倒性地流向东方发展中国家的过程，这种态势从 21 世纪特别是 2008 年国际金融危机以及新自由主义的不良影响开始式微，中国等发展中国家崛起，加之互联网迅猛发展与数字社会的勃兴，过去的单向宣传范式向双向传播转移，国家间更加注重沟通对话，强调尊重、理解和认同，也就是费孝通先生所言的，不同文化之间的关系应是"各美其美，美人之美，美美与共，天下大同"①。无独有偶，亨廷顿在其《文明的冲突与世界秩序的重建》一书中也有类似的担忧与论断，他认为文明的冲突是未来世界和平的最大威胁，建立在文明基础上的世界秩序才是避免世界战争的最可靠的保证。因此，在不同文明之间，越界（Crossing Boundaries）非常重要，在不同的文明之间，尊重和承认相互的界限同样非常重要。②

21 世纪世界最大的问题是文明之间的共存问题，而跨越文明之间的界限或突破文明冲突的良策就是理解和尊重彼此之间的文化差异，这也体现

---

① 费孝通："人的研究在中国——个人的经历"，费孝通老先生在 80 寿辰聚会上的讲话。
② 参见〔美〕塞缪尔·亨廷顿《文明的冲突与世界秩序的重建》，周琪等译，新华出版社，1998。

了我国天下大同、求同存异等处理国际关系的理念。实际上，文化共存在新全球化进程中则表现为文化基因的传承和记忆。当前有不少学者谈到中华文化基因的传承问题，而其关键是在新全球化进程中实现世界多样文化的生态平衡。

三 媒介发展新态势：万物传播时代的到来

从媒介演进的角度来看，万物传播时代已经到来。传统互联网重在人与人之间的连接，而随着 5G、AI 等新兴技术的发展，新兴网络则更多的是物与物之间的连接、人与物之间的交互，形成了人、物和信息相互联结的新生态。这恰好与中国古代"天人合一"的理论相近，即人与物、自然和谐共生。进一步讲，全媒体不仅仅包括人所创造的媒介，还有万物，在新技术的赋能下物可以说话、交流，万物即媒介。基于此，人类生活媒介化，媒介已深度嵌入社会生活之中。而媒介生活化就是人们可以更加便捷地使用原来只有专业机构和人士才能触碰的媒介，每个人都可以用身边的手机去报道，成为一名评论者、一名传播者。随着人工智能等新技术的研发应用，传播演变为一种人与媒介高度融合的状态。智能机器人自动写作，机器更多地变成了人体的一部分，人的机器化与机器的人化交融。实际上，媒介是人和世界的连接器，其内容就是信息。从过去诉诸单一介质的报刊、广播到多介质共存的电视、互联网，从视觉、听觉到视听合一，再到电脑、手机，人的触觉也加入其中，也就是说，视觉、听觉、触觉、味觉、嗅觉等全感官系统都被媒介化已是大势所趋。所谓智能媒体，就是人的全感官与万物的媒介化所构筑的全方位、立休化信息联结网络或平台，传播日益成为现代社会运行的基石，也是未来万物智能共生、人机共存的基础结构。

同时媒体融合推向纵深处，这不仅体现在介质之间、接收终端之间和行业之间以及人与信息之间的融合，更体现在媒体融合已上升到国家战略层面。自党的十八大以来，以习近平同志为核心的党中央高度重视媒体融合发展。习近平总书记多次就推动媒体融合发展做出深刻阐述，在 2014 年 8 月

18 日召开的中央全面深化改革领导小组第四次会议上提出了推动媒体融合发展的重大任务，印发《关于推动传统媒体和新兴媒体融合发展的指导意见》。2018 年 8 月 21 日至 22 日召开的全国宣传思想工作会议上，习近平总书记指出"要扎实抓好县级融媒体中心建设，更好引导群众、服务群众"。2018 年 11 月 14 日，习近平总书记主持召开中央全面深化改革委员会第五次会议，印发《关于加强县级融媒体中心建设的意见》。2019 年 1 月 25 日，习近平总书记在就全媒体时代和媒体融合发展举行的中共中央政治局第十二次集体学习时强调，推动媒体融合发展、建设全媒体已经成为我们面临的一项紧迫课题。要运用信息革命成果，推动媒体融合向纵深发展。这些重要论述，不仅为推进媒体深度融合指明了方向，也意味着媒体融合已成为国家发展战略议题，成为中央层面部署推进深化文化体制改革的重大举措。值得注意的是，越融合则越细分，更多、更细密和更深层次的用户兴趣得以彰显，在国际传播中，每一个国家、民族与每一种文化的特质在日趋融通的平台中得以放大、彰显，丰富多彩的文明交流、交互更加及时便捷，这就要求在具体传播过程中要因时、因地、因人、因事而异，来调整自己从而开展有效传播。

四 坚定文化自信，传播好中国特色
社会主义核心价值观

纵观中华人民共和国 70 年的发展历程，文化自信不仅是我国经济实力和综合国力不断提升的结果，是我们党长期以来探索文化建设与发展的理论与实践结果，更是中华民族比历史上任何时期都更接近也更有能力和信心实现民族复兴的时代要求。[①] 正如习近平总书记所指出的，"我们说要坚定中国特色社会主义道路自信、理论自信、制度自信，说到底是要坚

---

① 杨凤城：《70 年伟大成就使我们坚定文化自信》，《光明日报》2019 年 9 月 20 日，http：//theory. people. com. cn/n1/2019/0920/c40531 – 31363302. html。

定文化自信。文化自信是更基本、更深沉、更持久的力量。"这更加有力地推动了中国特色社会主义伟大事业的蓬勃发展与文化软实力的提升，也为提升中国经济、政治、社会与文化的国际影响力营造更加有效、有利的环境，更指明了我国国际传播实践创新和理论研究方向，由此文化自信已成为新时代我国文化建设与传播的核心理念与先决条件。进一步讲，在国际传播活动中，我们只有对中华文化的发展道路、理论和制度保持坚定、持久的信心，方能傲然挺立于世界文化之林，方能更加有力地激发全民族的创新创造活力，方能更加有效地传播中华文化。正如冯梦龙在《东周列国志》一书中所言："欲人勿恶，必先自美；欲人勿疑，必先自信。"

中华文化源远流长、丰富多彩，在国际传播中我们不仅要大力弘扬中华优秀传统文化，传承中华民族优秀的文化基因，继往开来，强化自信；更要顺应时代的召唤，以更加开放包容、互惠共赢和自信自强的理念，推动中华文化的创造性转化和创新性发展，开启中华传统文化国际传播的新局面。在艰苦卓绝、波澜壮阔的中国革命和建设历程中形成的革命文化、改革文化和先进文化更需要深入挖掘、大力提倡和广泛传播。习近平总书记指出，大力提倡革命文化，就是要使共产党人坚定理想信念，在胜利和顺境时不骄傲不急躁，在困难和逆境时不消沉不动摇，走好我们这一代人的长征路。要"把跨越时空、超越国度、富有永恒魅力、具有当代价值的文化精神弘扬起来，把继承传统优秀文化又弘扬时代精神、立足本国又面向世界的当代中国文化创新成果传播出去"。唯其如此，方能向世界展示一个真实、立体、全面的中国，传播好中国特色社会主义文化的独特魅力，更加有力有效地提高国家文化软实力。

当前在传播中华文化的实践活动中，更加需要高扬中国和平发展与崛起的理念，表明"中华民族的血液中没有侵略他人、称霸世界的基因，中国人民不接受'国强必霸'的逻辑，愿意同世界各国人民和睦相处、和谐发展，共谋和平、共护和平、共享和平"，为中国文化软实力的提升营造良好的国际氛围，强有力地促进"两个一百年"奋斗目标和中华民族伟大复兴中国梦的实现。

思想价值观念是文化传播的灵魂，在大力推进中华文化走进世界的历程中，首先要向全世界明示我国的核心价值观，向世界解释清楚"我们是谁、我们从哪里来、我们要到哪里去"的问题。要做好新形势下宣传思想工作就"必须自觉承担起举旗帜、聚民心、育新人、兴文化、展形象的使命任务"。在新形势下做好社会主义核心价值观的对外传播是塑造、展示文明大国形象、东方大国形象、负责任大国形象和社会主义大国形象的中国国家形象的现实需求，是提升中国文化软实力的核心要义，是突破西方中心主义与推动世界构建人类命运共同体的战略抉择，是坚持和彰显中国特色社会主义道路自信、理论自信和文化自信的本质要求。要向世界人民"主动宣介新时代中国特色社会主义思想，主动讲好中国共产党治国理政的故事、中国人民奋斗圆梦的故事、中国坚持和平发展合作共赢的故事，让世界更好了解中国"①。进一步讲，中国特色社会主义伟大旗帜和社会主义核心价值观是我国对外传播工作的灵魂。

五　秉承人类命运共同体理念，建构融通中外的国际传播话语体系

1. 从"把地球管起来"的传播实践到"人类命运共同体"的传播观念

回首中华人民共和国的国际传播实践历程，毛泽东同志早在 1955 年就指出，新华社要"把地球管起来，让全世界都能听到我们的声音"，在全球化进程中也始终有一种来自传播学界的声音，即以马克思主义为指导的批判学派特别是传播政治经济学派，一直致力于打破西方资本主义国家所标榜的资本逻辑，呼吁建构一个公平正义、多样共享的信息传播新秩序，而中国特色社会主义国际传播实践和理论蕴含了这一世界期待。

---

① 习近平：《举旗帜聚民心育新人兴文化展形象，更好完成新形势下宣传思想工作使命任务》，http://www.xinhuanet.com//2018 - 08/22/c_ 1123310844.htm，2018 年 8 月 22 日。

党的十八大以来，习近平总书记审时度势，高瞻远瞩，提出了人类命运共同体的理念，从传播的角度来看这一理念超越了狭隘的民族观、文化观和国际观，站在维护全人类福祉的角度，来看待人与人、国与国、人与环境之间的关系，由此来构造一种全新的传播观念。

2. 从各自为政到共建、共商、共享

自 2013 年习近平主席提出"一带一路"倡议以来，"一带一路"受到国际舆论广泛关注与高度赞誉，其共商、共建、共享的核心理念与原则恰恰体现了现代互联网基础上信息传播的本质，改变了传统媒体时期信息传播主体各自为政甚至相互敌对的关系。进一步讲，全媒体时代的国际传播不是谁主导谁、谁转化谁的问题，而是面对人类面临的共性问题与挑战，各国本着相互尊重、互惠互利、平等合作的原则，共同建构惠及人类的新型传播格局。

3. 从内外有别到内外融通

一直以来，我国对外传播秉承的是内外有别的原则，后来又演化成外外有别，基于此形成了内外两套传播体系，其形成有其合理的历史缘由，也发挥了应有的价值与作用。然而随着全媒体时代的到来，世界格局与中国国际地位的变化，这一原则及其体系存在着诸多问题，急需创新与突破。早在 2013 年习近平总书记在全国宣传思想工作会议上就指出，要"着力打造融通中外的新概念新范畴新表述，讲好中国故事，传播好中国声音"。由此，我国的国际传播实践与理论应在融通内外的基础上，强调因时、因事、因地而异，探索基于中国实情与全球视野的融通内外的国际传播理论体系。

4. 建构融通中外的话语体系

随着新时代的到来，我们亟须建构融通中外的话语体系，这不仅仅是要把中国的国际传播实践经验提炼出来介绍出去，更重要的是，要倡导共建"一带一路"国家一同建设一个开放、包容、平等、公平的共享平台，一起建构一种超越西方现实主义、自由主义的国际传播话语体系。

第一，构建复杂的传播系统。当前的国际传播主体是多元的，这至少需要政府、媒体、企业、社会组织和个人共筑一个复杂的、多元的、多层次和立体的传播系统，而且要深挖其背后的多种影响因素，比如文化、政治、经济以及价值观等，其间既有各类媒体、企业品牌，还有公共外交等多种形式，以及多语种、多模态话语。值得注意的是，我国是一个多民族文化共存共发展的国家，在国际传播中要充分发挥各民族的积极性，广泛展示多民族文化和丰富的民间文化。中国是一个多民族大融合大团结的国家，各个民族又有着属于本民族的节日特色。傣族的泼水节、苗族的花山节、蒙古族的那达慕大会……每一个节日都有着独特的庆祝方式和历史内涵。此外，中国各地都存在着或多或少的民间艺人，糖画、泥塑、玉雕、根雕等民间艺术在这些朴实的传统匠人手中一辈辈传承。这些无疑给中国文化带来更多值得探知的神秘色彩。在人文中国的国际传播中，我们不仅要把普遍化、稳定化的民俗文化展现给世界，也要把民族的特色、民间的艺术展现给世界。①

第二，建设基于中国实践的学术话语体系。一直以来，我国的传播理论及其研究方法等均是直接从西方移植而来的，基于中国实践的学术话语体系建设严重滞后，几乎所有的概念、理论都是源于美国、欧洲等西方发达国家和地区，迄今没有形成自己的理论体系，而当前源于西方的理论越来越无法有效地解释中国的传播实践，也不能很好地解释中国的国际传播实践，这就亟须学术界扎根中国大地，主动设置议题，解释自己和诠释世界，这也是习近平总书记所指出的"坚持和发展中国特色社会主义，必须高度重视哲学社会科学，结合中国特色社会主义伟大实践，加快构建中国特色哲学社会科学"的要义所在。

第三，创新话语方式。首先，充分发挥微观话语的作用，当前信息传播范式已由传统的专业组织主导的大众传播转向以个人为基础的万物传播，个体的情感、体验等更加突出。这就需要将宏大主题、叙事转化为具体话题、

---

① 王玲燕：《"一带一路"背景下中国文化在国际传播内容构建上的思考》，http://www.fx361.com/page/2017/0704/2028335.shtml。

个性话语。其次，需要精准传播，要因时、因地、因事而异，因为每个国家、每个地方、每个社区和各种群体都有不同的文化，甚至同一种文化也会因时间、事件等的不同而有所不同。这就需要做好跨文化沟通工作，不止步于国与国之间的政治或经济利益，而是文明（文化）之间的沟通协商，这也是国际传播话语体系建设极为重要的方法转变。

文 化 篇

中国文化"走出去"国际传播
战略的实践与挑战
——基于新媒体实验室媒体大数据的实证研究

高岸明*

摘　要： 本研究将运用中国日报社"全球媒体云"大数据平台，对我国国际传播媒体涉中国文化议题的英文报道数据进行采集和分析，同时结合41家境外主流英文媒体同期数据，进行综合分析和结论归纳呈现。我国媒体在中国文化"走出去"国际传播实践中，不断拓展传播内容、创新传播手段，已在西方受众的认知及态度层面引起了正向反馈，下一步，需要进一步提升我国媒体的国际传播能力，真正实现认知、态度、行为三大层面影响力的持续提升。

关键词： 国际传播实践　海外传播　传统文化议题

---

* 高岸明，中国外文出版发行事业局副局长，曾任中国日报社副总编辑。

在全球化快速发展的今天，文化不仅是一个民族、一个国家凝聚力和创造力的基因和源泉，而且是评判一国综合国力、国际竞争力的因素和指标。党的十八大以来，党中央高度重视文化"走出去"建设。2013年习近平总书记在中共中央政治局集体学习时多次强调："对中国人民和中华民族的优秀文化和光荣历史，要加大正面宣传力度"，"不断增强文化整体实力和竞争力，朝着建设社会主义文化强国的目标不断前进"。2016年国家制定的文化"走出去"发展战略，更是把重塑文化自信和推动文化"走出去"，与实现中华民族伟大复兴紧密联系起来。

我国国际传播媒体作为文化"走出去"战略的排头兵，发挥着重要的渠道作用及聚合效应。尤其是在近年来国际传播战略的统一部署和推动下，越来越多的国际传播媒体开始走向国际舞台，讲述中国文化故事。为进一步检验我国国际传播媒体在文化"走出去"战略中的传播效果，本报告将运用中国日报社新媒体实验室建设的"全球媒体云"大数据平台，对我国国际传播媒体涉中国文化议题的英文报道数据进行采集和分析，同时结合41家境外主流英文媒体同期数据，进行综合分析和结论归纳呈现，希望借此为中国文化"走出去"战略及实践提供有益建议。

一　研究方法

本报告采用实证研究方法，集数据分析与文本分析于一体，依托中国日报社"全球媒体云"大数据平台，重点抓取以下两方面的信息。

一是中外媒体报道数据及内容。本报告以41家境外主流英文媒体及6家国内媒体（新华社、《环球时报》、《中国日报》、中央电视台、中国新闻社、国际广播电台）为研究对象，抓取2015年1月1日至2017年6月30日共计30个月内涉及中国传统文化关键词的英文报道，并对其进行数量趋势、议题分类等方面的对比分析。

二是转载转引数据及内容。转载转引作为捕捉外媒对华议题热点和衡量我国议题影响力的重要抓手，已被采纳为国际传播能力效果评估的评价指标和国际话语权斗争成果的重要参考。本报告将转载转引数据作为观测我国传媒体文化"走出去"传播效果的重要指标,对6家国际传播媒体2015年1月1日至2017年6月30日涉中国传统文化关键词的英文报道及其被转引数据进行了采集和分析,同时结合41家境外主流英文媒体①同期数据进行综合比较。

鉴于"中国传统文化"概念涉及面较广,在关键词的选取上,本报告参考了由中国国家广电总局主办的大型多媒体系列文化项目"你好,中国"的分类标准,围绕中国传统文化这一核心,细分了"传统节日及思想""古建筑与器物""传统文学与艺术""中国饮食""国宝""考古"共计六大类目,从中摘取代表中国传统文化精髓的汉语词汇并将其翻译为英文,以此为关键词,考察境外主流媒体对中国传统文化议题的报道情况及子话题分布特征。本报告所选取的关键词如表1所示。

表1 中华传统文化关键词

分类	中国传统文化关键词
传统节日及思想类	中秋(mid-autumn)、生肖(Chinese zodiac)、风水(feng shui/geomancy) 农历(lunar/Chinese calendar/lunar calendar/traditional Chinese calendar) 清明(qingming/tomb sweeping)、端午(duanwu/dragon boat) 七夕(qixi)、龙(dragon)、孙子(Sun-Tzu)、老子(Lao-Tzu) 春节(spring festival/lunar new year/Chinese new year) 孔子、儒家文化(Confucius/Confucianism/confucian)
古建筑与器物类	胡同(hu tong)、西湖(west lake)、算盘(abacus)、印刷(printing) 丝绸(silk)、少林寺(Shaolin Temple)、玉器(jade)、敦煌(Dun-Huang) 指南针(campass/si nan)、天坛(Temple of Heaven)、灯笼(latern) 陶瓷瓷器(porcelain/chinaware/ pottery)、古都(ancient capital/city) 园林(garden/landscape)、故宫(forbidden city/ the Palace Museum) 长城(the great wall)、造纸术(papermaking)、火药(gunpowder) 四合院(courtyard/ quadrangle)、旗袍(cheongsam)、风筝(kite)

① 41家境外主流英文媒体为美联社、彭博社、合众社、《纽约时报》、《华尔街日报》、《华盛顿邮报》、《洛杉矶时报》、《国际纽约时报》、美国广播公司、美国有线新闻网、美国全国广播公司、福克斯新闻网、美国之音、《时代》、《新闻周刊》、《今日美国》、《福布斯》、《财富》、《商业周刊》、路透社、英国广播公司、《卫报》、《金融时报》、《泰晤士报》、《每日电讯报》、《经济学家》、《独立报》、《环球邮报》、法新社、德新社、德国之声、今日俄罗斯、《悉尼先驱晨报》、《澳大利亚人报》、《日本时报》、印度报业托拉斯、《印度时报》、《海峡时报》、《联合早报》、《新海峡时报》、《南华早报》。

分类	中国传统文化关键词
传统文学与艺术类	三国演义(Romance of the Three Kingdoms)、水浒传(Water Margin) 昆曲(peking/beijing/kunqu/kun opera)、壁画(fresco)、国画(painting) 刺绣(embroidery/stitchwork/needlework)、中医(Chinese medicine) 对联(couplet)、剪纸(paper cutting)、茶艺(tea art)、功夫(kungfu) 西游记(Journey to the West)、红楼梦(A Dream in Red Mansions) 针灸(acupuncture)、皮影(shadow puppetry)、太极拳(tai chi) 唐诗(Tang Song/poetry/poem)、书法(calligraphy/handwriting)、京剧(Peking Opera)
中国饮食类	烤鸭(peking/beijing/roast duck)、饺子(dumpling)、面条(noddles) 火锅(hot pot)、茶(tea)
国宝类	熊猫(panda)
考古类	文物(cultural relic/antique/heritage)、兵马俑(Terra Cotta Warriors) 考古(archaeology)、帝王墓(imperial tombs)

二 中国文化"走出去"传播实践优势分析

通过对监测周期内相关数据的抓取及分析发现，我国媒体在中国文化"走出去"国际传播实践中，不断拓展传播内容、创新传播手段，已在西方受众认知及态度层面产生了积极影响，主要体现在以下几方面。

（一）认知层面效果突出，文化"走出去"传播实践一定程度上打破外媒信源垄断

作为传播效果的第一个层面，认知层面的效果作用于知觉和记忆系统，引起人们知识量的增加和知识构成的变化。监测数据显示，在西方受众认知层面，我国媒体在文化"走出去"传播实践方面，一定程度上打破了西方媒体长期把持的信源垄断状态，议题设置效果已得到初步显现。

其一，监测周期内西方主流媒体涉中国文化议题报道量以 2016 年为节点波动明显，但转引转载频次持续攀升。数据显示，监测周期内外媒涉中国

文化议题报道量高于我国媒体①，共计 525161 篇。就趋势来看，外媒报道量以 2016 年上半年为节点，前后期呈现截然不同的趋势。前期，外媒涉中国文化议题报道量上升趋势明显，在 2016 年 1 月达到顶点（124884 篇），其中，习近平总书记调研央媒、海昏侯墓墓主身份确定、"万达城"叫板迪士尼等一系列文化领域热点事件共同推动外媒报道量出现了大幅增加。而在监测后期，外媒涉中国文化议题报道量则呈现明显下降趋势，至 2017 年 6 月降至 93466 篇。

转引量上，尽管监测后期外媒涉中国文化议题报道数量有所下降，但转载转引我国国际传播媒体文化报道的频次却呈现波动上升的趋势。数据显示，监测周期内外媒转引我国国际传播媒体报道共计 7663 频次，以半年为一周期，外媒转引峰值同样出现在 2016 年上半年，达到 1932 频次（见图1），变化趋势与外媒报道量变化趋势较为一致。

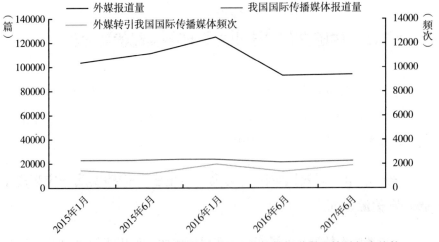

图 1　外媒和我国国际传播媒体涉中国文化议题报道量及转引频次趋势

究其原因，监测后期外媒涉中国文化议题报道数量有所下降与近年来国际局势的变化不无关系。2016 年以来，全球局势动荡多变，难民危机、特

---

① 监测范围涵盖 7 家国际传播媒体及 41 家境外主流英文媒体，造成外媒涉中国文化议题报道量高于我国国际传播媒体。

朗普上台、英国脱欧等一系列事件对西方社会旧有格局产生了巨大冲击;南海争端、朝鲜核试验等一系列问题同样使中国所面临的地缘政治环境日趋复杂。在这样的大背景下,无论是境外主流媒体还是我国国际传播媒体,均不同程度地出现了将报道资源向政治、经济、外交议题集中的趋势,势必对文化这类常规性报道造成挤压,导致外媒涉中国文化议题报道量出现下降。但从不断上升的转载转引量可以看出,外媒对中国文化议题依然保持着较为浓厚的兴趣,我国国际传播媒体文化类报道有效引领了外媒报道议题。

其二,我国国际传播媒体基本实现议题全覆盖,尤其是在外媒薄弱议题上的报道成为外媒重要信源,有力填补报道空白。数据显示,在转引议题分布上,监测周期内外媒重点转引议题集中在"传统节日及思想类"(31%)、"古建筑与器物类"(31%)两方面,相关转引量始终维持在较高水平,呈波动上升趋势。这两类议题,尤其是"传统节日及思想类"议题恰恰是我国国际传播媒体报道较多、外媒报道较少的领域(见图2、图3)。可见,我国国际传播媒体在外媒薄弱议题上的报道,有力地填补了文化传播中的空白区域。其针对上述领域主动开展议题设置,对外媒相关报道形成了有效补充,对打破西方媒体在中国文化国际报道领域的信源垄断和控制起到了重要作用。

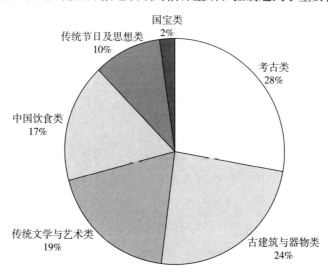

图2 境外主流媒体涉中国文化议题报道分布

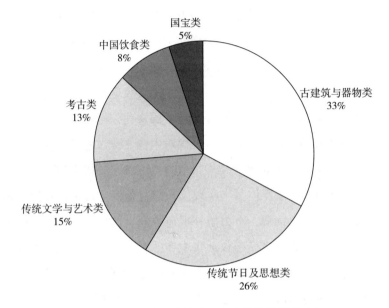

图3　我国国际传播媒体涉中国文化议题报道分布

（二）心理和态度层面效果开始显现，西方受众正向反馈不断上升

心理和态度层面作为传播效果到达的第二个层面，主要作用于观念或价值体系，引起人们情绪或感情的变化。监测数据显示，在这一层面，西方受众对中国文化的态度逐渐从陌生走向接受，正向反馈不断增加，对中国文化深层次问题的兴趣也开始提升。尤其值得注意的是，已有外媒开始高度关注中国文化海外传播实践，从侧面表明我国国际传播媒体文化传播在西方受众的心理和态度层面产生了作用。

其一，外媒观点转引及中立、正面转引比例呈上升趋势。数据显示，以半年为单位，我国国际传播媒体被境外主流媒体转引频次最高的10篇文化报道中，观点转引的比例由2015年上半年的10%上升至2017年上半年的50%，甚至于2016年上半年达到60%。观点类文章的转引优势得到逐步凸显。而在情感态度层面，监测周期内41家境外主流媒体在转引我国国际传播媒体涉传统文化相关报道之时，中立及正面报道的比例逐渐扩大。如图4所示，监测周期内中立转引呈波动上升趋势，占比由2015年上半年的54.3%升至2017年上半年的68.6%，同期正面转引的数量也出现了缓慢上升。

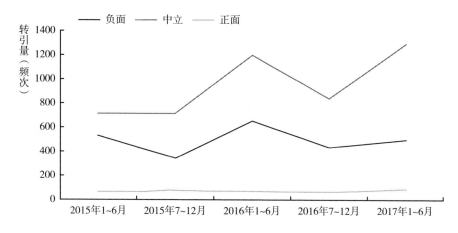

图4　境外主流媒体转引情感态度变化趋势

其二，外媒转引重点开始向观点评论性文章转移，观点输出渠道得到有效拓展。近年来，中国文化以开放、自信、丰富多样的姿态，吸引了全球目光。随着中国文化与世界文化的交流越发频繁，越来越多的人不仅更加愿意倾听文化领域的"中国故事"，对于文化领域的"中国观点"也产生了浓厚的兴趣。这一趋势导致就文章体裁来看，外媒对观点、评论性文章的重视程度开始不断上升，境外主流英文媒体除转引我国国际传播媒体对具体文化产品的事实性报道外，转引重心已逐渐开始向观点文章转移（见图5）。监测周期内，我国国际传播媒体转引量较大的几篇文章中，观点性文章的比例正在不断抬升，相关文章通过多角度、全方位的深度报道和议题设置，清晰、鲜明地阐述了中国传统文化的诸多理念与思想，取得了较好的传播效果。

这表明，在中国传统文化"走出去"方面，我国国际传播媒体，尤其是平面媒体逐渐肩负起作为中方观点输出渠道的重要使命。尽管平面媒体在传播速度等方面可能不及通讯社等形态的媒体，但在文化报道这一软性题材上，恰恰具有其他快节奏媒体所不具备的优势，可充分利用自身在深度

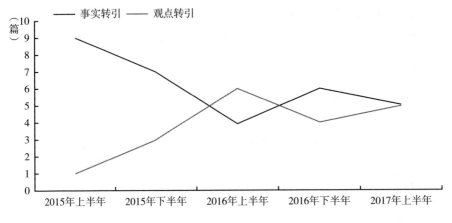

图5　境外主流媒体转引方式变化趋势

报道等方面的优势，一定程度上打破西方媒体长期以来对观点渠道的垄断与控制。

其三，西方社会对中国文化"走出去"传播实践活动的关注度开始节节攀升。近年来，随着中国文化"走出去"战略的不断推进，西方社会对中国文化传播活动的关注度越来越高，甚至出现了部分警惕之声。这也从侧面表明，中国文化传播在海外受众心理及态度层面引起了相当震撼的效果。例如英国《金融时报》曾报道称，西方低估了中国在非洲的软实力，近年来中国正在不断拓展参与非洲事务的广度和深度，并在此过程中取得了突出成绩。新西兰坎特伯雷大学中国媒体研究专家安妮·玛丽·布莱迪也曾在其文章中提到，在习近平的领导下，中国的对外宣传工作更加有魄力、有自信、有野心。

（三）传播渠道逐渐多样化，多媒体技术作为文化传播的重要辅助手段，传播效果开始显现

文化传播的发展不仅需要文化主体间的共享与碰撞，更重要的是选择什么样的传播方式。当前，传播技术手段飞速发展、日新月异，多种传播技术的出现在一定程度上丰富了文化传播的手段，对文化传播的迅速扩大产生了

巨大的促进作用。

监测数据显示，在中国传统文化对外传播的过程中，包括图片、视频、音频等手段在内的多媒体传播受到外媒高度关注。例如，外媒在关于中国传统手工艺的相关报道中，均多次提及中央电视台纪录片《我在故宫修文物》。路透社、彭博社等多家外媒在报道"四川大熊猫顺利产下龙凤胎兄妹"一事时，也多次引用中央电视台对于该事件的报道视频，该视频同时凭借社交平台等互联网渠道得到广泛传播。与此同时，在报道中国新年庆祝活动之时，新华社、《中国日报》等其他类型媒体的摄影图片也常常被外媒转引。

可见，文化交流不同于普通意义上的新闻、信息传播，由于存在文化空缺和交流碰撞，不同文化间往往出现无效交流的情况。中国传统文化内容丰富、意义悠远，多媒体的传播辅助手段可以使传统文化的传播定位更为准确和明晰，有助于受众直观、清晰地形成对文化的基本认识，有效弥补中外在文化议题上的鸿沟。

三 中国文化"走出去"传播实践面临的挑战

面对不断变化的国际舆情环境，有效、有理、有节地将中国传统文化传播到全球并非易事。当今世界，传播体系严重失衡，西方国家凭借其雄厚的政治、外交及经济实力和高科技优势，在现代通信及传播技术方面积累了丰富的经验，有效控制了国际话语权，使发展中国家的文化传播事业面临着严峻挑战。经过长期的监测与分析发现，在我国文化"走出去"的过程中，存在着以下三方面障碍。

（一）中国文化"走出国门"存在短板

一直以来，CNN、《纽约时报》等国际主流媒体凭借其强大的国际影响力，对本国的文化、意识形态进行了全球范围的广泛传播，无一不影响着人们对世界的认识。当前，中国尚缺乏能够与西方主流媒体影响力相抗衡的世界级媒体，这使得中国文化在走出国门之始，就面临比英美等发达国家更大的困难。

一方面，目前中西方媒体在涉中国文化议题的报道总量上仍然存在较大差距。数据显示，监测周期内我国国际传播媒体就中国文化议题发表报道112672篇，仅为同期境外主流媒体的21.5%。在涉中国文化议题的报道上，我国国际传播媒体尽管占据着信息源的巨大优势，但其生产能力与境外主流媒体相比依然存在着较大的进步空间。

另一方面，中国文化海外传播渠道还需进一步多元化。近年来，我国不断创新文化传播方式方法，孔子学院遍地开花、中外媒体合作备受关注，这些都是我国文化大力拓展传播渠道的有力佐证。但与美国相比，中国文化的海外传播渠道仍有待拓展。当前，美国文化在全球的渗透程度体现在生活的各方面——英语是全球使用最广泛的语言、美式快餐文化席卷全球、好莱坞垄断全球电影市场。多层次、多形式的传播渠道有助于中国文化走出国门。较之美国而言，我国还需要更广阔的传播渠道来推动文化走向世界。

（二）中国文化"走向世界"面临挑战

在中国文化海外传播的实践中，6家国际传播媒体已通过努力一定程度上打破了西方媒体的信源垄断和控制。但推动中国文化真正走向世界，仅仅掌握信源优势远远不够。监测发现，在中国文化海外传播的过程中，我国国际传播媒体在开展议题设置、推进信息到达目标受众方面还存在诸多挑战。

一是我国国际传播媒体与境外主流媒体在报道中国文化相关议题时，其兴趣点存在一定差异。报道数据显示，监测周期内，外媒涉"考古类"报道比例为各议题中最高，达28%。以美国《纽约时报》为例，监测周期内多次发表关于中国考古成果的相关报道，涵盖考古进展、文物展览、盗墓案件等，例如该报于2017年3月31日发表《一场讲述"中国如何成为中国"的展览》一文，借大都会艺术博物馆中国秦汉文明展之机，对秦汉历史进行了全面的回顾与分析，内容涵盖墓葬文化、政治哲学、社会生活、文学艺术等方方面面，颇具深度和见解，处处可见记者深厚的中国文化功底。

但与此相对的是，我国国际传播媒体涉中国文化议题相关报道则多集中在"古建筑与器物类"（33%）、"传统节日及思想类"（26%），"考古类"议题报道仅占13%。这种兴趣点的差异导致我国国际传播媒体"考古类"报道并不能很好地满足外媒的报道需求，外媒转引我国国际传播媒体"考古类"报道的比例仅为12%。

二是我国国际传播媒体在文化传播内容层面不够深入，制约传播效果向纵深发展。从文化自身的本质属性来看，文化可分为物质文化、社会文化及哲学文化三类。其中，物质文化是指以物质形式显现的文化，例如文物古迹等；社会文化是指以物质为媒介表现精神的形态，例如艺术、宗教、礼仪、风俗等；哲学文化则是指渗透在前两层文化中的观念、意识和哲学，如儒家思想、"天人合一"观念等。通过数据分析可以发现，相对于外媒，目前我国国际传播媒体文化传播内容较为单一，在中国文化深层次内容的发掘与报道上还需要进一步加强。

监测发现，我国国际传播媒体在报道中国传统文化时，物质文化领域相关内容较多，对于中国传统思想等抽象领域的新发现、新成果、新观点，则较少通过英语和国际传播渠道进行海外传播。但通过外媒对中国文化报道的监测可以发现，外媒除关注物质文化议题外，对于社会文化乃至哲学文化等意识形态层面的内容，同样有着较为浓厚的兴趣，其中不乏对中国传统思想、理念的深度分析与解读。这证明外媒对于中国文化的深层次内容同样有着强烈的需求，也逐渐发展起较强的报道能力。

正如《美国新闻与世界报道》2017年7月一篇文章所说的那样："解读中国传统哲学的过程就是深入认识和了解中国的过程……中国有望在2030年成为世界第一大经济体，美国需要了解中国的传统哲学。"可见，随着中国文化"走出去"战略的不断推进，境外媒体对中国传统文化的需求已开始逐渐超越具体层面，进入更为抽象、复杂的概念领域。如果此时我国国际传播媒体不进一步加大对外文化报道中深层次内容的关注力度，这种需求上的错位有可能导致部分外媒开始自行从西方视角入手解读中国文化。考虑到中西方在文化观念上所存在的巨大差异，不可避免会出现西方话语体系下对中国文化的误读现象。可见，对于"社会文化""哲学文化"等中国文化的深层次内涵，我国国际传播媒体还需进一步加大议题设置的力度，有效引领外媒在这一领域的相关报道。

（三）中国文化"走进人心"有所阻碍

长久以来，国外特别是西方世界对中国的发展一直存有偏见和误解，在西方媒体的垄断下，国外受众了解的中国都是不全面的，甚至是歪曲的。

监测发现，外媒在转引我国国际传播媒体涉中国文化议题相关报道之时，往往存在偏见，或干扰我国国际文化传播活动对目标受众的影响力。从内容上看，部分外媒在转引我国国际传播媒体涉传统文化议题相关报道时，依然固执于意识形态偏见，有选择地引用或解读我国媒体报道内容，成为文化"走出去"国际传播活动中的巨大噪声。一方面，外媒报道内容仍存在明显泛意识形态化特征。例如外媒在报道孔子学院相关议题时，往往将其视为中国政治传播的载体，而非中国语言文化的传播者，进而将这一组织的存在由文化交流层面上升至政治层面，即将其进行意识形态化处理。另一方面，外媒在转引时，负面解读我国媒体报道内容的趋势依然较为明显。例如英国《卫报》等媒体在转引我国国际传播媒体关于"王健林进军电影业"的相关报道时，普遍称其意在为中国政府传播共产主义意识形态提供平台，突出中国对外文化传播活动的政治色彩，情感倾向趋于负面，极易引发受众的误解，甚至引发其对中华文化传播的负面情绪。这些文化报道中的"有色眼镜"，均不同程度上削弱了我国国际传播媒体传播实践的实际效果，为中国文化走进人心制造了种种阻碍。

四 建议

在新的时代背景下，我国文化"走出去"依然任重而道远，国际传播事业作为传统文化走出国门的重要平台与渠道，无疑发挥着重要的作用。当前，中国文化"走出去"传播实践已在西方受众的认知及态度层面引起了正向反馈，下一步，需要进一步提升我国国际传播媒体的国际传播能力，真正实现认知、态度、行为三大层面影响力的持续提升。

（一）着眼外媒文化报道薄弱环节主动设置议题，实现话语权突围

对于"中国传统文化"这样的长期性议题而言，我国国际传播媒体在议题设置上打破西方媒体对中国文化相关信息的优势地位，是做好文化传播的重要一步。议题设置能力作为一个复合指标，主要体现为发文量、文章转引量、话题参与度等多方面因素的均衡发展和相互支撑。当前，我国国际传播媒体文化报道已基本实现议题全覆盖，但在报道数量、转引量、议题契合度等方面，与境外主流英文媒体仍存在一定差距，下一步，还需在加大报道量的同时，进一步继续深挖潜力，提高文化报道的议题设置能力。

一是深度挖掘外媒及境外受众感兴趣的热点议题。长期以来，境外主流媒体对我国传统文化的相关报道及转引中，均不同程度地存在一定的忽视与负面解读现象，使我国的国际文化影响力大打折扣。究其原因，除了外媒固有的意识形态滤镜外，也从侧面折射出中外媒体在议题设置方面存在显著差距，我国国际传播媒体的报道内容与外媒的契合点较为有限，有必要继续加强对境外主流媒体议题设置规律的跟踪研究，及时对我方议题进行调整，在内容上应避免"自说自话"。

二是加大对外媒薄弱环节的报道力度。上文已提到，我国被外媒转引较多的文章多属于外媒报道中较为薄弱的领域。可见，在当前"西强我弱"的舆论格局下，面对西方媒体强大的议题设置攻势，我国媒体在正面应战的同时，深度挖掘外媒报道中较为薄弱的议题，另辟蹊径，不失为一种有效提升议题设置能力的渠道。建议在今后的报道中，充分借助我国国际传播媒体在信息源上的优势，继续加大对"传统节日及思想类"等外媒报道力量较为薄弱、却是转引重点议题的报道力度，积极向国际社会传播中国文化所不为人知的另一面。

三是借力海外专家智库，加强海外受众对中国文化的深度理解。监测发现，目前海外部分专家及智库力量对中国文化已有较为深入的研究，且角度

新颖，易于为西方受众所接受。鉴于此，我国国际传播媒体在开展议题设置之时，可考虑借海外专家智库之口，对考古、哲学、风俗等西方受众感兴趣的领域进行深入分析与阐释，满足其对中国文化深层次内容的需求，提升议题设置的针对性及有效性。

（二）强化各媒体间战略协同，提升整体传播效果

推动中国文化"走出去"的国际传播实践，需要我国国际传播媒体之间培养默契、行动一致、形成合力。但现有数据显示，现阶段我国国际传播媒体在文化传播的内容、形式及渠道上协同不足，同质化竞争现象严重，对媒体自身特质挖掘不足，不仅容易造成资源使用上的浪费，也一定程度上削弱了文化传播的实际效果。对此，在开展文化"走出去"传播活动之时，一方面需要从宏观上深度整合中央媒体对外宣传资源，实施战略协同，发挥聚合效应；另一方面更需要从微观层面上充分发挥我国国际传播媒体的自身属性，实施单点突破。

具体来看，一是充分发挥通讯社的信源主导和信息汇总功能，提高中国文化"曝光率"。当前，外媒对涉中国文化议题的相关报道及转引情况，与热点事件联动的趋势依然明显。在中国举办或出席重大国际活动之时，外媒对中国文化议题的报道热度往往也随之上升。通讯社作为重要的平台媒体，需进一步发挥信源主导和信息汇总功能，结合热点文化事件加大报道力度，提升中国文化在国际舆论场中的"曝光率"。

二是着力提升视频、音频媒体的多媒体报道优势，推进文化传播的视觉化转向。当前，文化产品不再局限于小说、戏剧等传统形式，视觉和多媒体影像作品已成为文化更高效、更直观的传播出口。图像、音频及视频信息在文化"走出去"的传播过程中，已被证明具有较强的吸引力。音视频媒体需充分借助自身传播优势，借助互联网平台，打造一批文化传播融媒体拳头产品，进一步推进文化领域对外传播实践的视觉化转向。

三是深度挖掘平面媒体内容优势，打造一批文化领域专家型记者。一直以来，内容都是平面媒体区别于广播、电视、互联网等视听觉多维度传播媒

介并吸引受众的重要"王牌"。当前,外媒在涉中国文化议题相关报道中,无论是在报道议题的选择上,还是转引的倾向上,深度化趋势已越发明显,"科普性"的文化报道已不适应当前的需求。鉴于此,建议平面媒体充分利用深度报道优势,培养一批懂中国文化、懂国际传播的专家型记者,向外界全面展现中华传统文化精髓。

《中国日报》作为国家英文日报,是中国了解世界、世界了解中国的重要窗口。在 36 年的发展历程中,有效进入国际主流社会,在文化报道领域更是积累了丰富的经验,也拥有显著的优势。一方面,《中国日报》作为平面媒体,其深度报道及评论文章是区别于其他媒体的拳头产品,尤其是近年来,外媒对《中国日报》观点评论性文章的关注度节节攀升,在开展文化深度报道方面已具备较为显著的内容优势。另一方面,《中国日报》作为境外媒体转载率最高的中国报纸之一,广受国内外高端人士关注。尤其是《中国观察》(*China Watch*)的多语种植入式推送,已成为国际传播领域的知名品牌。在协助中国文化"走出去"方面,已积累了突出的渠道优势,有力地推进了文化传播的内容落地及效果提升。未来,《中国日报》在推进中国文化"走出去"方面,应进一步挖掘自身的内容及渠道优势,在辐射全球高端读者群的同时,重点打造一系列全面展现中国文化精髓、解读中国文化内涵的深度评论性文章,实现对重点群体认知、态度及行为层面的三重影响,以点带面,切实提升中国文化在海外的影响力。

讲好中国故事，传播好中国价值：
中国影视艺术国际传播发展报告*

胡智锋　刘　俊**

摘　要： 当前电影、电视剧、电视综艺、纪录片等中国影视艺术的主要
形态，在国际传播中虽然表现出不少共性，但也存在一些值得
差异化分析的不同现象，如电影的价值引领力问题、电视剧的
地域性问题、电视综艺的引进与输出问题、纪录片的中外合作
问题，同时这些独特性需要放置到国内外影视艺术发展的现状
中观察。纵观近年来中国影视艺术的国际传播，取得了不少成
绩，转变了不少思路，厘清了不少理念，中国意在不断提升国
际传播力的举措逐渐发挥作用。但同样需要看到，中国影视艺
术的国际传播能力和效力的提升，尚任重而道远。

关键词： 影视艺术　国际传播　电影　电视剧　电视综艺　纪录片

纵观近年来中国影视艺术的国际传播发展实践，纵然"西强我弱"的
传播格局一时难以打破，但我们的确在提升中国影视艺术国际传播力的过程
中，突破了不少瓶颈，收获了难得的经验，取得了相当的成绩。中国文化

---

* 本文系北京市社会科学基金项目"融合时代首都主流媒体的传播艺术提升研究"的阶段性
成果。

** 胡智锋，教育部"长江学者"特聘教授，北京师范大学艺术与传媒学院院长、教授、博士生
导师；刘俊，中国传媒大学助理研究员，《现代传播》编辑，博士。

"软实力"的提升是一个亟待重视的问题，也是一个较为漫长的过程，只要我们坚持正确的国际传播理念，不断将国际传播实践调适到正确的轨道之上，我们终会在国际传播力提升之路上不断突破。

本文以影视艺术的国际传播为研究切入点，以影视艺术中的电影、电视剧、电视综艺、纪录片等四大代表性样态为分析框架，梳理各影视艺术样态在国际传播中取得的成果，并指出当前发展中存在的主要问题。

一 中国电影的国际传播情况概览

（一）国内：产业快速发展中的中国电影

近年来，中国电影艺术的发展，可谓中国影视艺术整体发展中相当突出的景观；特别是当这种快速发展以历年电影票房的不断飙升为表征时，就显得更为醒目，见图1。

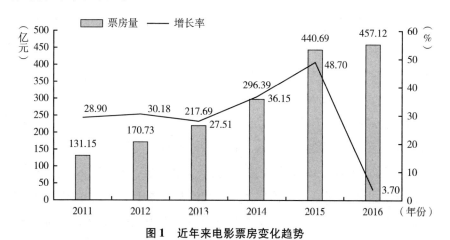

图1 近年来电影票房变化趋势

资料来源：新传智库。

——2003年，中国全年的电影票房只有10亿元；而12年之后，2015年的电影票房已经超过440亿元。

——2003年，电影《手机》收获了5000余万元的票房，就已经是当年的票房冠军；而在 2017 年上映的同为国产电影的《战狼Ⅱ》，票房已经超过 55 亿元，是 2003 年票房冠军的 110 倍。

——2017 年《战狼Ⅱ》这一部电影的票房，几乎抵得上 2009 年全年的电影票房；而 2003 年"票房冠军"《手机》5000 余万元的票房，与当下单部作品的电影票房相比，已经显得有些"微不足道"。原先票房"亿元俱乐部"中的导演，数量稀少，令人羡慕，而如今一部电影的票房如果只是刚过亿元，已经可谓不少制作方的"滑铁卢"了。

当然，中国电影票房的不断攀升可以作为中国电影繁荣的重要依据，同时我们不可忽略在产业和社会关注之外，电影的艺术水准是否联动提升；更为重要的是，中国电影在国内显著发展的同时，从全球视角来看，其国际传播的效果如何，在国际传播效果的背后对中国形象和文化的塑造力又如何，亟待深入探讨。

（二）国际：中国电影的国际传播力亟待深度提升

1. 产业：增长幅度和相关指数较快上升，但市场份额在世界总量中依然微小

当前全球电影增长普遍呈现放缓之势，而中国电影，无论是资本投入还是票房产出，都逆势而上，相当醒目。而且就个案而言，《战狼Ⅱ》的票房超过 55 亿元，以最近几年中国电影平均每张电影票的票价为 33 元计，本片的观影人次高达近 1.7 亿，已超过世界多数国家的人口，这在当前世界电影发展中也是引人注目的。"2016 年 12 月 31 日，内地院线全年累计票房 455.19 亿元，连续第 16 年实现票房增长，放映场次突破 7478 万，观影人次首次超越北美达到 13.73 亿人次。"[①] "2017 年 12 月 31 日，国家新闻出版广电总局发布数据显示，2017 年全国电影总票房为 559.11 亿元，同比增长 13.45%，较 2016 年 3% 的票房增速大幅提速。"[②]

---

① 1905 电影网 MDA 部：《关于 2016 年全年票房数据》，http：//www.sohu.com/a/123652385_157635，2017 年 1 月 7 日。

② 《2017 年全国电影票房增至 559 亿元》，新华网，http：//www.xinhuanet.com/2018－01/02/c_1122195091.htm，2018 年 1 月 2 日。

有学者曾进行过专门的量化研究，发现曾经在一段时间内，尽管中国电影票房收入自 2012 年起稳居世界第 2 位，但是中国电影产业综合指数的世界排名没有同步提升，长期位居世界第 7 名左右。不过，中国电影产业综合实力的进步很快。2009 年，中国电影产业综合指数世界排名第 8 位，但是到了 2014 年，中国的排名跃居世界第 5 位。假设政策、产业环境等条件不变，采用时间序列回归预测模型，预计到 2017 年，中国电影票房将超过美国位居世界第 1 名；到 2019 年左右，中国电影产业综合指数排名将位居世界第 3 名；到 2020 年以后，中国电影产业综合指数将稳居世界前 3 名，成为世界电影强国；到 2024 年，中国电影产业综合指数将步入世界第 2 名，并将在相当长一段时间内稳定在第 2 名左右。①

目前，中国已经成为世界第二大电影市场，且不断缩小与北美电影市场的差距。它以迅猛发展的速度，改变着世界电影市场格局。从全球电影票房增量来看，2013 年全球电影票房增长了 12 亿美元，其中中国电影市场的贡献率为 67%，2014 年全球电影票房增长的 16 亿美元中，中国电影市场也贡献了增量的 75%，毫无疑问，中国电影市场已经成为全球电影票房增长的主要力量。②

不过，纵然近年来中国电影的产量增量比较可观，但就中国电影的海外销售和占世界电影市场大盘的份额而言，依然存在巨大的增长空间。

数据显示，近几年中国电影的海外销售成绩并不乐观：2012 年，共有 31 家制片单位的 75 部（共 199 部次）国产影片销往海外 80 个国家和地区，海外票房和销售总收入为 10.63 亿元，不到国内票房的 10%，与 2011 年的海外销售总额相比减少了 48%；2013 年，中国电影海外销售国产影片共 45 部（共 247 部次），海外销售额为 14.14 亿元，较 2012 年虽有 33.02% 的提高，但这仍不及当年全国票房总收入的零头；2014 年，国产影片海外销售

① 刘正山、侯光明：《电影产业指数及国际比较研究（2009—2014）》，《当代电影》2016 年第 1 期。
② 李蕾：《〈2014 年中国电影市场影响力研究报告〉发布——中国电影贡献全球票房增量的 75%》，《光明日报》2015 年 1 月 7 日。

额为 18.7 亿元，与 2013 年相比增长了 32.25%，但与当年全国电影总票房的 296.39 亿元相比，海外收入仍然仅占内地票房的 6.31%。①

"在世界电影市场的大盘中，美国电影占据了 92% 以上，欧洲电影占据 6%，中国电影和其他国家电影仅占据其余的 2% 的份额，比例之小几乎可以忽略不计，与国内票房的迅猛增长更是相差巨大。从影片输出的数量上来看，虽然国产电影已经发展到每年拥有 600~700 部影片的规模，但是每年海外发行数量仅仅几十部，不到总产量的十分之一，产量与海外销量也明显不成比例。"② 当然，上述情况随着近年来中国国内电影产业的持续发展以及对国际传播的重视不断升温而不断好转，但这种产业的国际能见度、通透度、硬实力的提升，并非一蹴而就，需要相当长时间的一个积累阶段，才有可能在未来某一个时段显著提升和爆发。

2. 艺术：国际观众依然停留在中国符号认知上，中国电影尚缺乏价值引领力

根据"中国电影国际传播"课题组的一项调查，从全球范围来看，外国观众观看中国电影的渠道分布和中国电影海外推广渠道曝光率（见图 2、图 3），都显示海外观众从未接触过中国电影（包括观看中国电影和了解中国电影信息）的比例是较高的。即便缩小范围，根据该课题组对共建"一带一路"国家的问卷调查，不同区域受访者在过去 12 个月观看中国电影的数量对比中，无论在哪个区域，受访者选择"从没看过"的比例都超过了 18%，观看 1~5 部及 6~10 部的占大多数，表明中国电影在共建"一带一路"国家的影响力也非常有限（见图 4）。而课题组对中国周边 16 个国家的观众调查发现，情况也大致如此，见表 1。③

---

① 邱晨：《海外票房仅占内地票房 6%——中国影片赚"外快"仍需"补钙"》，《武汉晨报》2015 年 5 月 24 日。

② 于秀娟、张娜：《2014 年度中国电影国际传播渠道多样性研究》，载黄会林主编《2014 中国电影国际传播年度报告》，北京师范大学出版社，2015，第 99 页。

③ 黄会林等：《中国电影的国际传播渠道及其对国家形象建构的作用》，《现代传播》（中国传媒大学学报）2015 年第 2 期；黄会林等：《中国电影在"一带一路"战略区域的传播与接受效果》，《现代传播》（中国传媒大学学报）2016 年第 2 期；黄会林等：《中国电影在周边国家的传播现状与文化形象构建》，《现代传播》（中国传媒大学学报）2017 年第 1 期。

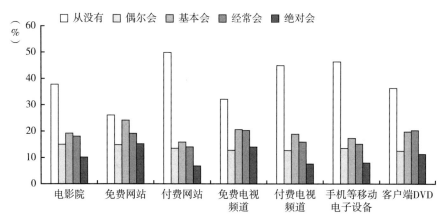

图 2　外国观众观看中国电影的渠道分布

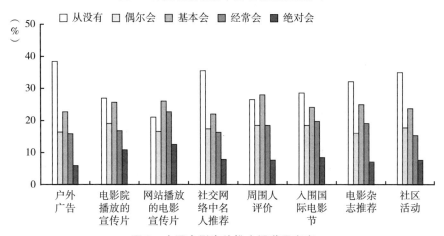

图 3　中国电影海外推广渠道曝光率

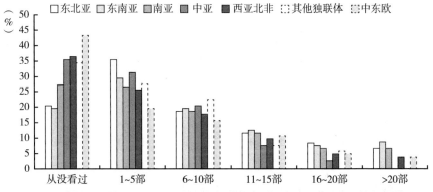

图 4　共建"一带一路"国家的观众在过去 12 个月观看中国电影的数量情况

表1 中国周边16个国家的受访者年度观看中国电影的数量

单位：%

观看电影的数量	占比	观看电影的数量	占比
没看过	28.00	11~15部	6.00
1~5部	41.33	16~20部	4.18
6~10部	13.60	>20部	6.90

当前中国电影"走出去"的相关政策扶持不健全，海外传播的目标定位不清晰，营销意识落后，海外版权保护不力，缺乏海外自主发行渠道，尚不能充分利用新媒体进行电影宣推传播，缺乏有国际销售经验的人才，以及海外传播调查反馈的渠道不够多元，① 都是导致当前中国电影海外传播问题和困境的重要原因。

而具体到电影内容，大量调查和研究表明，当前海外观众对中国电影的偏好表现为如下几方面。

——从类型划分上说，突出偏好"功夫片""动作片"。

——从题材划分上说，突出偏好"历史中国""落后中国"而不是"当代中国""现代化中国"。

——从叙事表达上说，突出偏好"制作效果"而不是"思想内涵"。

——从中国元素上说，突出偏好"风光风土"而不是"人物角色""中国哲学"。

——从符号认知上说，更加熟悉中国"功夫""美食""长城""茶叶""瓷器""熊猫"等少数典型而刻板的符号。

——从中国形象上说，突出认为中国是"迅速崛起的""不友好的""社会落后的""军事强大的""政治强硬的""环境污染的"等观念。

根据"中国电影国际传播"课题组对共建"一带一路"国家观众的调查

---

① 于秀娟、张娜：《2014年度中国电影国际传播渠道多样性研究》，载黄会林主编《2014中国电影国际传播年度报告》，北京师范大学出版社，2015，第99~107页。

（见图5），不同区域受访者对中国电影的印象评价中，选择褒奖选项的比例较低，选择负面选项的比例较高。①

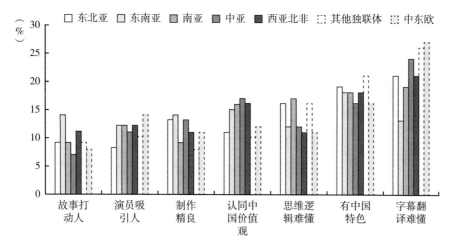

图5 不同区域受访者对中国电影的印象评价

需要说明的是，海外观众对中国电影的认知，相当程度上来自在海外获奖的中国影片，而不少中国影片为了博得西方好评，达到"以外推内"式的推广营销效果，热衷于塑造20世纪八九十年代的中国形象，较少展现当代中国社会生活。

总之，很大程度上，海外观众对中国电影的认知多停留在浅层的传统刻板符号之上，并难以改变其固有的对中国的负面刻板印象，正向的、深入的中国价值尚难以实现对海外观众的渗透甚至引领。我们当前虽然已经注意到这个问题，但对策发挥作用则需要一个相当长的"滞后"周期。

3.反思：对外讲好中国故事，更要对外传播中国价值

在中国影视艺术文化软实力的提升中，这一过程大致分为两个层面：第一个层面是"讲好中国故事"阶段（解决内容的问题），需要依靠内生实力的锻造，以具备"能向外说"的资格和能力；第二个层面是"实现价值影

---

① 黄会林等：《中国电影在"一带一路"战略区域的传播与接受效果》，《现代传播》（中国传媒大学学报）2016年第2期。

响"阶段（解决价值的问题），需要实现外在效力的释放，以达成"影响海外目标对象的价值观与行为力"的诉求与目标。当然，二者在实际的影视艺术作品的国际传播中是不可割裂的。

如果在讲中国故事的时候，没有恰当合适、一以贯之、反复提示的中国价值作为支撑，一则各种叙事难以富有魅力，二则各种叙事难以形成合力。特别是后者更为重要，如果中国影视艺术在国际传播中的作品、叙事、手段、目标所要传达的中国价值是松散的，中国形象在西方目标传播对象的感知中是凌乱的，那么这种"东一榔头西一棒子"式的传播过程，自然难以形成集中的力量来快速、有效地实现中国形象与价值的世界认同。

长期以来，在对外塑造中国形象的影视艺术作品中，在价值层面往往呈现两个极端。①极端"丑化中国"。此类作品，若是中方拍摄，则常有兜售政治符号之意；若是西方拍摄，则常受冷战思维影响而对中国的社会制度多半报以敌视，甚至全盘拒绝。②极端"美化中国"。此类作品主要是以"意识形态正确"为指导、以"宣传品"为形态的中国"外宣"作品，基本特征是全盘、单向，甚至"简单粗暴"地放大中国的正面形象。前者会造成"有人看，但形象负面"，后者会造成"形象正面，但没人看"。总之，它们都会造成在国际传播中海外目标对象对中国形象和价值认知的混乱，中国形象、中华文明在目标对象的景观认知和价值认知中留下的印象是被稀释和冲淡的。

因此，面对前述种种的内容松散、价值混乱的问题，我们需要回到中华文明的价值本身，思考什么才是中华文明价值对世界的特殊贡献、集中贡献，再通过传媒艺术进行聚合、汇聚传播，从而有的放矢。当然这种价值的世界贡献既必须体现中华文明的特殊性，不能不具有区分度、识别度；又是能够被人类普遍接受的，而不是异端的、凌厉的。而且作为国际传播的策略，这种对世界具有特殊贡献的中国价值的确定，应该本着集中、聚焦的原则。①

---

① 刘俊：《大同·君子·中庸：传媒艺术建构国家形象的三大价值基础》，《对外传播》2016年第5期。

针对这一话题，本文认为可将如下三点初步列入考量范围："大同之道"的处世宏旨，"君子之道"的处世秩序，"中庸之道"的处世方法。① 虽然确定这种中华文明价值的世界贡献有"诗无达诂"式的困难，但作为国际传播的策略与建构中国文化软实力的筹划，我们必须要确定；而且如前所述，这些价值的数量不应太多，标准应该比较聚合。一旦这些价值被确定，我们在影视艺术的国际传播中就需要集中推出，以形成中国价值传播与认知的集中合力、焦点强力，将优势强势聚合。②

二 中国电视剧的国际传播情况概览

（一）从生产、传播、接受、产业和内容看国内电视剧发展

中国是电视剧生产大国，而且从世界范围看，中国已经发展为电视剧产量的第一大国。从电视剧生产来看（见图6），近年来中国电视剧的年度部数和集数虽有波动，但一直处于高位，特别是2012年达到506部、17703集的最高点。电视剧与互联网关联的情况是，2015年共有262部版权剧进入互联网视频平台播出，总计10013集；同时，2015年互联网自制剧生产数量井喷式增长，为379部、5006集，而对比来看，2007~2014年的8年间全网制作上线的网络自制剧一共才374部，其中2013年为50部，2014年发展为205部。

不过，2017年新增网络剧295部，相比2016年349部的数量减少15.5%；相较2015年379部的数量减少22.2%，下降趋势明显。从部数看，2017年台网联动剧占48%，网络独播剧占52%，网络独播剧部数首次超过台网联动剧；从集数看，台网联动剧占56%，网络独播剧占44%。③

① 刘俊：《理念·人才·渠道——基于〈东非野生动物大迁徙〉的国际化报道策略分析》，《电视研究》2012年第9期。

② 刘俊：《大同·君子·中庸：传媒艺术建构国家形象的三大价值基础》，《对外传播》2016年第5期。

③ 《2018中国电视剧产业发展报告》，https：//baijiahao. baidu. com/s？id = 15963265500333397207& wfr = spider&for = pc，2018年3月30日。

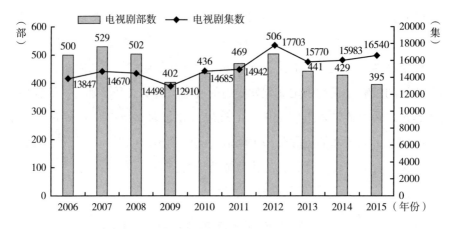

图6 年度电视剧部数和集数统计（2006～2015年）

注：2017年生产完成并获准发行的国产电视剧数量为313部，创2011年以来新低，共计13475集，平均单部集数为43.1集，呈现下降趋势，但降幅不大。2017年播出的新剧425部。

资料来源：《2018中国电视剧产业发展报告》，https://baijiahao.baidu.com/s？id=1596326550033397207&wfr=spider&for=pc，2018年3月30日。

从电视剧的传播与接受来看，2015年播出比重为26.2%，收视比重为30%。从十年的趋势来看，播出份额大体维持均衡，而收视份额却出现明显的连年下滑；人均收看电视剧总时长为269小时，与其他节目类型相比，电视剧占人均总收视时长的份额为30%，居首位。当然，在当前讨论电视剧的传播与接受问题，不能忽视互联网这个重要的崛起平台。截至2015年底，互联网领域在播的电视剧总数达10814部；从播出平台看，优酷、土豆、腾讯、爱奇艺、乐视、搜狐、芒果TV、风行网的播剧数量都超过千部，腾讯、爱奇艺、优酷、搜狐、土豆、乐视都有百亿级的点击量。更为重要的是，根据中国互联网络信息中心（CNNIC）和中国网络视听协会发布的权威统计数据，2015年在长视频领域，观众对通过电脑（PC）端、手机端观看电视剧的喜好程度与电视端相差无几（PC端为51.4%，手机端为48.8%，电视端为52.5%）；而且观众对电视剧的喜爱程度排在第一，第二位是电影，第三位是综艺类节目。当然，这一数据也会随着新媒体的持续快速发展而不断变化，如果将智能电视划归到新媒体领域中，则新媒体观看将快速超过电视端观看的喜爱程度和流量。

从电视剧的产业表现来看，2014 年我国传统电视播出平台版权交易额估算为 134.8 亿元，2015 年电视剧行业的版权收益估算为 222 亿元。《中国传媒产业发展报告 2016》的数据显示，2015 年我国电视广告收入为 1219.69 亿元，根据 CTR 广告检测数据，2015 年电视剧类广告刊例占比为 35.17%，推算全国电视台电视剧广告收入约为 428.99 亿元，2014 年为 432.13 亿元。①

从电视剧整体发展来看，如果将电视艺术分为"电视剧""电视综艺""纪录片"的话，21 世纪以来第一个十年是"电视剧"独大的时期，好剧频频出现使得电视剧无论是艺术成就还是社会文化影响力都高于电视综艺和纪录片，这一时期如《闯关东》《亮剑》《激情燃烧的岁月》《潜伏》《金婚》《士兵突击》等作品取得了相当的成就。但 2010 年前后兴起了综艺版本引进大潮，"电视综艺"的水平也明显提高；同时国家出台了一系列扶持纪录片发展的政策，国家级纪录片平台央视纪录频道开播等也使纪录片得以迅速发展。此时，电视剧的风光一度被掩盖。不过 2015 年以来，《人民的名义》《芈月传》《琅琊榜》等作品的收视热潮和全年龄段关注，使得电视剧与电视综艺重新平分天下。

追溯来说，21 世纪以来，中国电视剧类型化的趋势逐渐明显，甚至成为醒目的景观，其特点可归纳为类型的日益清晰化和日益杂糅化。①类型的日益清晰化。在内容生产上，中国电视剧的类型化发展自 21 世纪以来越来越突出，而且这种类型化不是先前单纯按照题材分类，如知青、工业、改革、农村、都市等。当下的类型化，既有题材的分类，也有按照电视剧内在气质和特征的分类，同时结合了国际影视类型划分的样态，出现了不少具有中国特色的类型。当下中国大陆电视剧热播类型大致有：家庭伦理剧（如《金婚》）、都市爱情剧（如《欢乐颂》）、青春偶像剧（如《流星花园》）、战争剧（如《亮剑》）、军旅剧（如《士兵突击》）、谍战剧（如《潜伏》）、

---

① 数据参见张海涛、胡占凡主编《全球电视剧产业发展报告（2016）》，中国广播影视出版社，2016，第 1~19 页。

乡土剧（如《乡村爱情》）、年代剧（如《激情燃烧的岁月》《闯关东》）、反腐剧（如《人民的名义》）、历史剧（如《芈月传》）、宫斗剧（如《甄嬛传》）、玄幻剧（如《三生三世十里桃花》）、革命剧（如《长征》），还有穿越剧、IP改编剧、少数民族剧等诸多类型。②类型的日益杂糅化。在中国大陆电视剧类型化不断发展的过程中，特别是近年出现了类型杂糅化的现象。如《三生三世十里桃花》是青春偶像剧和玄幻剧的结合，如谍战元素、青春偶像元素、都市剧中职场斗争元素等的结合，如历史剧、穿越剧、都市爱情剧、青春偶像剧等的结合，等等。

（二）对外传播：数据、地域、平台，产业、艺术、语言、文化

近年来，中国电视剧"走出去"步伐不断加快，呈现国有和民营机构共同参与、互为补充的外销格局，取得了出口范围不断扩大、出口数量和金额不断增长、国际影响力显著提升等成绩。

1. 数据：对外出口的数量不断提升

中国电视剧不仅在产量上发展为全球第一，同时在质量的精致度精美度上不断提升，中国电视剧也越来越受到海外市场的关注，电视剧出口数量明显上升。

根据国家新闻出版广电总局统计数据，2015年全国电视剧（含电视电影）出口近300部（近8000集），约占全年影视节目出口总量的一半。而2014年全国电视剧（含电视电影）出口近200部（约7000集），约占全年各类节目出口总量的三成。2015年中国国产剧出口已经遍及全球100多个国家和地区。①

2. 地域：更多在中国台湾、东亚、东南亚、拉非第三世界、共建"一带一路"国家等地区渗透

当前，中国电视剧的国际传播呈现涟漪式的层次。中国大陆电视剧在中

---

① 数据参见张海涛、胡占凡主编《全球电视剧产业发展报告（2016）》，中国广播影视出版社，2016，第1~19、35页。

国台湾、东亚、东南亚、拉非第三世界、共建"一带一路"国家等地区尚有一定的渗透力；而在美欧澳等发达国家，则较难被播出和接受。日韩、东南亚、中国台湾地区长期是中国大陆电视剧的主要输出目的地，销售量几乎占据了全部出口份额的2/3。这背后是复杂的政治外交、经济发展、社会环境、文化习惯、艺术接受心理等因素的交织。本文试就如下两个方面进行简单分析。

第一，就题材因素而言，中国电视剧国际传播的主要题材是古装剧。

古装剧，尤其是历史剧、武侠剧持续受海外市场的青睐，稳居出口的霸主地位。具有传统历史正剧风格的古装传奇剧《琅琊榜》，不仅在美国、韩国、新加坡、马来西亚等国播出，还登陆了非洲电视节。76集的《甄嬛传》被美国编辑团队大胆剪成6集、时长90分钟的美版短剧，2015年3月在美国Netflix视频网站播出。同类题材的《芈月传》也在美国Netflix等多个媒体网站播出。[①] 当然随着中国快速发展而产生的社会文化吸引力，以及中国现实题材作品制作水准的提升，多类型多题材的中国电视剧作品也在国际市场和国际传播中不断发展。

第二，就外交因素而言，中国电视剧的国际传播需要重视借力国际关系因素。随着中国"一带一路"倡议、"援非"工作等的推进，中国电视剧的国际传播已经并需要进一步借力政治、外交、国际关系因素同步推进。

斯瓦希里语版36集《媳妇的美好时代》曾是此类传播的重要案例。东部非洲国家有1亿人口讲斯瓦希里语，该剧是国家新闻出版广电总局"中国优秀电视剧走进东非"项目的开局之作。斯瓦希里语版36集《媳妇的美好时代》在坦桑尼亚播出时，中国国家广播电影电视总局时任副局长李伟亲临了首播仪式。"在坦桑尼亚采访，记者感觉到，中坦两国有深厚的传统友谊和友好交往，但非常具象、深入的了解方式并不多。与很多坦桑尼亚朋友交流发现，他们对中国的了解，还停留在20世纪六七十年代。谈到中国，

---

① 数据参见张海涛、胡占凡主编《全球电视剧产业发展报告（2016）》，中国广播影视出版社，2016，第30~31页。

他们最常用的两个词，是'毛泽东'和'坦赞铁路'，其他的就了解不多了。卢加拉巴姆台长对记者说，很多观众看了《媳妇的美好时代》这部电视剧的第一反应都是：原来现在中国人的生活状态是这样的，很羡慕中国人的生活。"① 习近平在坦桑尼亚进行国事访问时，特别提及了《媳妇的美好时代》在坦桑尼亚的传播，有报道称该剧是首次在国事访问中被提及的当代中国电视剧作品。此外，《青年医生》《杜拉拉升职记》等青春奋斗励志题材的作品，也受到非洲观众特别是青年观众的欢迎；据调查，除动作片外，现实题材的作品同样受非洲观众的喜爱，这是对历史剧、武侠剧持续受海外市场青睐的格局的重要拓展。

3. 平台：海外视频新媒体播出和开办海外电视台中国节目时段/频道

互联网时代，从渠道上说，是影视艺术国际传播弱势国家的机会，因其在很大程度上解决了渠道障碍，正如当下很多中国电视剧作品在海外网站上几乎与国内网站同步上映，或者海外观众可以便捷地检索到中国视频网站上的作品，而不必受制于传统电视台对影视作品选择性播出的羁绊。

从国际传播的实践来看，海外视频新媒体播出成为中国电视剧海外传播的重要渠道。2015 年，中国国际电视总公司与海外新媒体的合作力度显著加大，《琅琊榜》成功发行到 Youtube、Hulu、Amazon、Viki 等国际知名视频网站；《甄嬛传》《芈月传》先后在美国 Netflix 等视频网站播出后，也受到欧美观众的广泛关注。已有一些海外智能电视、机顶盒子、App 等相关公司上门洽谈节目合作。中国电视剧在海外新媒体上的热播，也催生了一批"海外粉"，他们和国内的粉丝一样，等待着某些优质中国电视剧作品的剧集更新。"在 Viki 视频网站上，'中国电视剧'的分类位居亚洲电视剧的四大分类之一，涉及剧目多达 620 部，其搜索排行位于前列的剧集包括《琅琊榜》《盗墓笔记》《伪装者》《秦时明月》，几乎和国内的热度一致。在越南最大的视频网站之一 ZingTV，2015 年下半年点击量排名前五的电视剧中，

---

① 罗厚：《〈媳妇的美好时代〉在坦桑尼亚开播 3 周深受非洲电视观众的喜爱》，中广网，2011 年 12 月 24 日。

就有两部来自中国，分别是时装剧《他来了，请闭眼》和古装剧《芈月传》。而就是在这个网站，《武媚娘传奇》曾创下点击量超过 5000 万次的佳绩，《何以笙箫默》《花千骨》等剧的点击量也超过 1000 万次。"① 当然也需要注意，这些检索和点击的互联网用户中，有多少是纯粹的外籍人士并不能精确确定，这个数据中可能混有大量华人、华侨、华裔。

同时，在海外的电视台开办中国节目时段/频道，也是近年来中国电视剧"走出去"的重要渠道和方式。如 2015 年 1 月 1 日，中国国际电视总公司与越南西贡有线电视台（SCTV）以商业化模式合作开办的中国电视剧时段成功开播。该时段在西贡有线电视台 SCTV - 4 频道每晚 19：45～20：45 黄金时间固定播出中方提供的、全部使用越南语译制的中国电视剧，全年共计 10 部、365 小时，覆盖 200 万收视户。其中《老大的幸福》作为首播剧在该时段播出时，收视率超过该台平均收视水平。2015 年 5 月 28 日，中国国际电视总公司以商业化模式建设运营的央视第一个海外本土化电视频道"Hi-Indo"（你好，印尼）正式开播，该频道以印尼主流社会群体为受众目标，覆盖印尼 1700 多万用户。同时，捷克、南非、阿联酋的中国节目时段于 2016 年相继开播；英国、缅甸的中国节目时段和柬埔寨、印度的中国节目频道正在积极筹备之中。接下来，中国国际电视总公司计划在海外开办的中国内容时段和频道中统一形象、统筹管理，建立全球联播网络，打造"China Hour"全球联播时段品牌和"Hi＋国家！"海外频道品牌。②

4. 产业投入、艺术品质、语言译制、文化适应是中国电视剧海外传播的关键性问题

纵观国内外电视剧的国际传播实践，有四个要素是达成理想国际传播效果的关键：产业的发展、艺术的品质、语言的理解、文化的切近适应。

首先，从产业投入来说，如果一国的电视剧产业规模本身有限，那么其

① 张海涛、胡占凡主编《全球电视剧产业发展报告（2016）》，中国广播影视出版社，2016，第 176～177 页。
② 张海涛、胡占凡主编《全球电视剧产业发展报告（2016）》，中国广播影视出版社，2016，第 177～178 页。

海外传播的能力也必然有着天然的障碍；做大做强本国的电视产业，这无论是对电视剧本身质量的提升，还是以强大的资本推动电视剧走向国际市场来说，都是至关重要的。

其次，从艺术品质来说，"内容为王"在电视剧的国际传播中必然适用，很多时候纵然文化和价值观在不同国家有较大差异，但诉诸共通情感下的精良的艺术品质，往往可以在相当大的程度上弥补这种裂痕。"近年来，多部题材新颖、构思巧妙的日韩剧和英美剧相继在中国走红，但不可否认的是，国产剧在最近几年也出现了不少佳作，不仅受到国内观众的喜爱，也同样输出到了国外。如《琅琊榜》就已经登陆多个国家，在韩国网络视频购买点击量排行榜上排位第7，被美国网友赞为中国版'基督山伯爵'，在日本和多个非洲国家也均有播出。随着电影资源向电视剧行业的流动，以及国产剧在制作层面的越发重视，相信未来几年会涌现出更多靠品质制胜的精良剧作，中国电视剧走向国际化也会成为必然趋势。"①

再次，从语言译制来说，语言差异是文化传播中不可回避的问题，中国电视剧要"走出去"，必须先过"语言关"。中国影视节目唯有语言本土化，才能获得当地观众的认同。甚至只有英文字幕也难以满足国际市场的需求，特别是在开拓非洲一些欠发达地区时，买家往往特意强调需要外文配音才能成交。近年来，国家有关部门显著加大了对节目译制配音工作的支持力度，如中非影视合作工程、丝绸之路影视桥工程、当代作品译制工程等国家扶持项目。我国在海外开办的中国频道或时段中播放的电视剧，很多都采取本土化译制的方法进行翻译配音，通过整合当地了解中国文化背景的译制团队，兼顾译制的准确性、艺术性。中国国际广播电台影视译制基地近年来在埃及、缅甸、巴基斯坦等七个国家探索实施"本土化译制"。②

最后，从文化适应来说，以"世界故事，中国讲述"的思路，中国传

① 《中国电视剧的国际化之路》，http://ent.qq.com/a/20170215/018513.htm，2017年2月15日。
② 张海涛、胡占凡主编《全球电视剧产业发展报告（2016）》，中国广播影视出版社，2016，第179页。

媒在国际传播过程中，要以中国气质为根基并着力寻求人类共通的表达方式，增强具有亲近性的分享感，减少具有明显"试图改变对方"的凌厉感，这正是我们在国际传播中从"宣传"目标走向"传播"目标的应有思维。[①]我们在传媒的国际传播中需要借助人类共通的语言，向人类共通的体验力找寻诉求，将灿烂的本土文化中某些元素提取、包装并转换为可供人类共享的文化，将千年中国传统文化的内核融入现代思考并转换为易于现代"地球村民"接受的文化，将无论是输出还是引进都"以我为主"的文化思维转换为双向融通、多向传播的文化思维。[②] 当然，这种适应文化接受者的行为，并非不顾及中华文化的主体性，而盲目、一味地适应对方，这种文化适应也是一种相互的适应、平衡的适应，以推动不同文化的真正交流融通。

三 中国电视综艺的国际传播情况概览

（一）版本引进：引进大于输出，是当前中国电视综艺国际传播的基本态势

1. 现状：海外版本的引进之路

中国电视产业化探索始于 2000 年前后。20 世纪 90 年代中后期以来，电视传媒市场化程度不断加深，电视的内容与市场、观众及收视日益紧密地结合在一起。产业化、集团化、市场、效益、效率、收视率、受众需求以及成本核算、营销、广告等影响着电视实践。[③] 中国电视全面进入了以"产品"为主导的阶段，节目创新也是围绕着"产品"进行的。而作为"产品"，其评价标准就转换成市场价值的实现，比如较高的收视率、较强的广告拉动能力或者市场的回收能力、开发能力，能否形成产业链、创造市场价

---

① 胡智锋、刘俊：《主体·诉求·渠道·类型：四重维度论如何提高中国传媒的国际传播力》，《新闻与传播研究》2013 年第 4 期。
② 黄培：《中国电影海外推广的战略思考》，载北京广播电影电视研究中心汇编《北京广播影视发展研究文集》，北京出版社，2011，第 287 页。
③ 黄升民：《媒介产业化十年考》，《现代传播》（中国传媒大学学报）2007 年第 1 期。

值等。

也正是在这一产业初勃的大背景下，电视节目模式在世界范围内对电视内容生产和产业发展的正向推动作用，使得中国电视在开始进行产业探索的进程中，在没有现成的本国本领域经验的情况下，自然而然地将视野转向世界前沿，在认同模式对产业的深刻影响力基础上，开启了海外模式引进的进程。

（1）模仿之路

世纪之交前后，中国大陆电视综艺节目的发展中，真正购买引进的海外节目模式数量并不多，不过这一时期出现了不少带有鲜明模仿痕迹的综艺娱乐节目，普遍处于"日韩模仿欧美，港台模仿日韩，内地模仿港台"的状态中。当然，之所以这一阶段是以"模仿"为主，部分原因是购买模式的花费与电视机构的经济效益回收不相称，完整全套的模式尚不具备引进价值。

（2）引进之路

据不完全统计，中国在 2002～2005 年引进了 4 个模式，2006～2009 年增长为 10 个，2010 年以来则引进了近 40 个模式，其中还不包括并不是正式购买版权的"借鉴""模仿"。

不少学者认为，2010 年模式引进节目《中国达人秀》的"现象级"火爆与成功，第一次"响亮"地宣告了正版模式引进在电视表现、商业收益上的双维成功，并以此点燃了中国电视在海外节目模式引进方面的实践与思考，也使得 2010 年成为开启狭义的"模式引进时代"的标志，"版本引进"的话题也在这个年份成为学界和业界共同关注的焦点。

（3）综艺大时代

除了 2010 年之外，这一话题下另一个重要的年份是 2013 年。2013 年上半年排名靠前的卫视热播娱乐节目，基本都是引进海外版权的模式节目；网媒关注前十名的卫视综艺节目中，有 8 个是模式引进节目。① 截至 2013

---

① 殷乐：《电视模式产业发展的全球态势及中国对策》，《现代传播》（中国传媒大学学报）2014 年第 7 期。

年上半年，国内主要上星频道播出的版权引进电视综艺节目已近 30 档。[①]据不完全统计，这一年共有 49 个模式引进节目登陆荧屏。[②]

我们之所以重视 2013 年这个年份，是因为它是 21 世纪划分中国电视综艺发展的节点。"虽然进入新世纪的前五年，湖南卫视《超级女声》的出现，让中国电视综艺节目的内容生产开始摆脱初级阶段而整体进入'选秀时代'，随之，我们对综艺节目的类型化发展也有了一种新的认识。不过，随后的近十年里，中国电视综艺节目的类型并不丰富，一段时间内基本上是单一类型或少数类型节目的大热，像歌唱类（含歌词类）、婚恋类、达人类等，如 2004～2006 年的《超级女声》，2007～2009 年的《星光大道》，2010～2012 年的《非诚勿扰》《中国好声音》等，这些节目和它们所代表的类型曾在很多年份里'独大'地占据着综艺节目的荧屏。而从 2013 年开始，2013～2014 年这两年间，突然有约 30 种新出现的综艺节目类型，呈'井喷式'地活跃在电视荧屏上，如果算上之前长期存在的经典类型，这两年活跃的综艺节目类型突然超过 40 种。不少新类型节目还成长为'现象级'节目，实现了对综艺娱乐风潮和社会文化话题的双重引领。"[③] 以中国电视史角度观之，以多元节目和类型的突然井喷为表征，2013 年成为中国电视综艺节目的突破之年，标志着中国电视综艺进入一个新的阶段，同时 2013 年必然也是中国电视节目模式发展的标志年。

这一时期不仅引进的模式与类型数量"井喷"，原版节目模式与类型的来源国也十分多元；既包括美国、英国、荷兰、韩国等主要的模式引进来源国，也包括瑞典、以色列、德国、澳大利亚、爱尔兰、西班牙、比利时、日本等诸多国家。

2013 年至今，无论是综艺"版本引进"问题，还是中国大陆电视综艺

---

① 陈莹峰、丛芳君：《借船出海：中国电视综艺节目发展的新思路》，《现代传播》（中国传媒大学学报）2013 年第 10 期。

② 马若晨：《"走出去"与"请进来"：中国内地电视节目模式引进现象研究》，西南大学硕士学位论文，2014，第 13～16 页。

③ 刘俊、胡智锋：《多元类型的"井喷"：中国电视综艺节目内容生产的新景观》，《中国电视》2015 年第 2 期。

的类型、数量、品质等方面，都进入一个新的繁盛而稳定的阶段，被称作"综艺大时代"。如《中国好声音》《我是歌手》《奔跑吧兄弟》《爸爸去哪儿》《最强大脑》《真正男子汉》《极限挑战》《极速前进》《朗读者》等收视率高、收入高、影响大的"现象级"综艺节目不断涌现。这不仅展示了中国大陆电视艺术内部的发展成果，也体现了电视艺术的一种向外辐射的社会文化影响力，是艺术效果、经济效益、社会效益的多重收获。

（4）引进的意义

最后需要说明的是，电视综艺的版本引进，包括中国影视21世纪以来在整体上对模仿和引进的重视，是有积极意义的。如电影模仿好莱坞，电视综艺节目引进欧美模式，电视剧学习美、英、韩剧，动画学习日本等。这无论是对缩小中国影视与世界影视在内容生产上的差距，还是对与世界对话、与国际接轨，以及建构和打造中国自己的影视工业体系，都有重要意义，是一个必经阶段。引进意味着对话，对话意味着全球化语境下的资源共享。同时，中国影视的引进过程也对世界影视市场的繁荣做出了贡献。

2. 反思：海外版权引进大盛背后的隐忧

（1）从电视领域内部来看，"原创力不足"成为模式大热下的最大难题

纵然我们对中国影视的引进之路都有描述和肯定，但我们也清楚地发现，盲目式跟风和简单化模仿，对西方节目模式的简单克隆，对洋节目模式、洋剧的过度崇拜，容易导致对自己影视文化和艺术的不自觉、不自信，也容易导致自身内容生产能力的下降。

"电视节目创新都需要付出相当大的资金与人力投入，并且可能会面临失败的风险。模式困惑进而强化了选择性恐惧，对失败的恐惧进一步压制了自主创新的勇气和信心，助长了模式复制与克隆的行为，从而形成了一个'焦虑—迷惑—恐惧—复制'的创新怪圈。"[①] 于是，模式引进大盛的背后，留给中国电视"内容生产"的一个重大困境，是一种原创力惰性和随之而

---

① 杨乘虎：《电视节目创新的路径与模式》，《现代传播》（中国传媒大学学报）2012年第6期。

来的忧虑，因原创力不足而带来的产业可持续发展力不强问题。

对此，我们的观点是一方面应以开放的姿态融入世界，通过"洋版本"的引进与世界对话；另一方面坚持民族文化主体立场，引进与借鉴绝不等于全盘抄袭，从而迷失了自我的主体性，荒弛了原创的活力。电视节目引进与原创是辩证统一的关系。电视节目引进与原创不是一个非此即彼的绝对敌对关系。没有节目引进不意味着本土节目就一定会有原创出现且取得成功，有了引进节目也不代表着本土节目就一定会失去原创能力。① 如果说不正确的模式引进方式，对本土电视内容生产的自主创新力，对本国电视产业发展的可持续性，都产生显著的损伤，那么我们过多把期望笃定地寄托在模式引进上，则必然令中国内容生产和产业发展的未来堪忧。

（2）从电视领域外部来看，"本土性旁落"成为模式大热下的最大问题

关于由模式引进而引发的"媚洋"问题，我们发现：十余年来中国电视创造收视佳绩的创新节目，大多是模仿、复制、引进国外电视节目模式的产物。毋庸讳言，中国电视现已成为全球电视节目版权销售的最大市场。我们不反对引进，但不尊重中国客观实际，不注重本土化特色，一味媚洋式的所谓节目"创新"，是危险的。如果中国电视只满足于扮演全球电视创意中国销售的"商贩"角色，其结果，不仅是在经济领域失去原创力和竞争力，更会在文化领域丧失优秀民族文化的创造力、传播力和影响力。②

近年来，影视创作、电视综艺在内容生产上，频繁出现世界观、人生观、价值观方面"三观不正"的巨大问题，特别是在引进过程中，我们固然鼓励文化多元、自由地流通、流动，但伴随着不恰当的外来文化渗透，在版权引进的综艺节目中出现不少价值观的模糊、混乱，甚至与社会应有的主流价值相悖的情形。

"模式输出方以规则的制定掌控对话的主导权，并间接实现文化渗透和

---

① 胡智锋、刘俊：《电视综艺节目，需在引进与原创之间寻求平衡》，《传媒评论》2014 年第 2 期。

② 胡智锋、刘俊：《进程与困境：模式引进时代中国电视的内容生产与产业发展》，《深圳大学学报》2015 年第 3 期。

观念重塑。"① 一味地引进"洋版本",特别是不加批判、消化、改造的引进背后,很可能是"洋价值观"的一元引进与呈现,是对电视艺术接受者的一味倒向与跟从西方价值的一种"鼓励"。

(二)版权输出:零星输出,不成规模,江苏卫视表现突出

当前中国电视综艺模式的对外输出,虽然有过一些成功案例,但个案性较强,尚不成规模。这其中江苏卫视长期致力于版权的国际输出。

2009年,中国向国外输出了第一个节目模式,由湖南卫视制作的《挑战麦克风》被销往泰国的真实视觉(True Visions)电视台。2012年,东方卫视《声动亚洲》的播出权成功输出到韩国、泰国、新加坡、马来西亚等国家,《百里挑一》的节目模式也走向国际市场。在2014年法国戛纳春季电视片交易会上,英国国际传媒集团 ITV 旗下发行部门 ITVSGE 宣布订购由央视综艺频道与灿星制作共同打造的大型原创音乐评论类节目《中国好歌曲》的国际发行权和英国播出权;该集团曾经成功制作播出过《英国达人秀》等众多节目。②

在近年来海外版权输出过程中,江苏广播电视总台一直深耕于此。早在2012年,江苏广播电视总台海外版权贸易创收就达100万美元,其中以《非诚勿扰》《非常了得》为代表的品牌栏目稳固了销售渠道,覆盖亚洲、中东阿拉伯地区和北美地区,并在马来西亚及中国香港和澳门地区播出。③2015年的法国戛纳电视节上,江苏卫视联手江苏广电国际传播有限公司,携原创节目《超级战队》闪亮登场,在 MIPTV 开幕之前的欢迎酒会上即广受追捧,有20多家合作伙伴当场追加要求参加第二天的细节讨论会。4月15日,江苏广电国际传播有限公司代表江苏卫视与 Nice Entertainment Group(Nice 娱乐集团)在 MIPTV 签订了模式预售协议,江苏广电总台授权 Nice

---

① 殷乐:《电视模式的全球流通:麦当劳化的商业逻辑与文化策略》,《现代传播》(中国传媒大学学报)2005年第4期。
② 胡正荣主编《全球传媒发展报告(2014)》,社会科学文献出版社,2014,第273页。
③ 胡正荣主编《全球传媒发展报告(2014)》,社会科学文献出版社,2014,第273页。

娱乐集团制作其原创节目模式《超级战队》在丹麦、挪威、瑞典、芬兰四国的版本，这是中国节目模式与北欧的首次"触电"。此次模式输出及国际联合制作，是江苏卫视继获得亚洲电视节大奖的《全能星战》之后的又一次突破。①

总之，类似的版权对外输出个案，近年来不断出现，但并不突出，力量不集中，规模也极其有限。在经过版权引进阶段，以及 2017 年开启的本土化原创阶段（以文化类节目崛起为标志）后，中国电视综艺如果能够持续保持并提升产业实力和节目品质、创新原创和对外传播理念，必然在未来国际电视节目模式市场上逐渐夺目崛起。

四　中国纪录片的国际传播情况概览

（一）2010年以来中国纪录片的再次快速发展

中国电视纪录片，曾经是电视艺术的重要样态，在 20 世纪 80 年代中期到 90 年代中期，中国纪录片的现实主义风潮不仅使得纪录片的发展极大地贡献于电视艺术的发展，也使得纪录片在影视艺术和社会文化生活中成为一种显性样态。

不过，此后电视纪录片的发展和其在电视艺术家族中的地位，开始明显弱于电视剧和电视综艺，这一方面归因于创作者、创作生产模式的亟待创新；另一方面也因为纪录片作为影视艺术所有形式中的"贵族"，其端庄的特质较之于市场化大潮中被裹挟的观影兴味，有明显的气质上的区别。市场化的方式和艺术化的品质相结合，一直是中国大陆纪录片发展不断探寻的道路。

中国电视纪录片在 21 世纪第一个十年的节点上，终于出现了新的发展

---

① 《江苏卫视原创模式〈超级战队〉惊艳亮相戛纳》，新浪网传媒频道，http://news.sina.com.cn/m/2015-04-16/164731725813.shtml，2015 年 4 月 16 日。

拐点。自 2010 年以来，纪录片的发展发生了战略转变，在国家层面，依据"精心打造中华民族文化品牌，提高中国文化产业国际竞争力，推动中华文化走向世界"的需求，纪录片塑造国家形象的作用受到重视和强调；在政策层面，2010 年 10 月国家广电总局发布第 88 号文件《关于加快纪录片产业发展的若干意见》，对中国纪录片发展加大扶持力度；在平台建设上，2011 年元旦中央电视台纪录频道开播，搭建起聚集纪录片资源、整合创作力量的有效平台。

在这种发展背景之下，近年来中国大陆电视纪录片佳作频出，如现实类的《舌尖上的中国》《我在故宫修文物》《超级工程》《再说长江》《茶，一片树叶的故事》，历史类的《大国崛起》《敦煌》《台北故宫》《大鲁艺》《长征》，自然类的《自然的力量》《野性的呼唤》等，都曾掀起收视热潮和社会热议。

2016 年，中国纪录片形成了以专业频道、卫视综合频道为主力，以新媒体为助力的基本格局。央视纪录频道、上海纪实频道、北京纪实频道与金鹰纪实频道作为四家专业纪录片频道依然是行业发展的核心动力，但央视其他频道与省级卫视频道扮演着越来越重要的角色；同时，新媒体自制节目开始发力。2016 年，中国（只计卫视频道、专业纪录频道）全年共播出纪录片约 77600 小时，同比增长 1.6%；首播节目总量为 24600 小时，同比增长 2.5%。纪录片产量增长趋缓，行业新增投入向大项目集中。2016 年，中国纪录片年生产总投入 34.7 亿元，同比增长 15%；年度产值超过 52 亿元，同比增长 12%。①

据不完全统计，2017 年中国纪录片生产总投入为 39.53 亿元，年生产总值为 60.26 亿元，同比分别增长 14% 和 15%。按生产投入体量由大到小排列，依次是电视台（21.13 亿元）、民营公司（7.27 亿元）、新媒体机构（6.00 亿元）和国家机构（除电视台之外，5.13 亿元）。电视台、民营公司

---

① 张同道等：《2016 年中国纪录片发展研究报告》，《现代传播》（中国传媒大学学报）2017 年第 4 期。

和新媒体机构都有不同幅度增长，其中新媒体机构涨幅最高，达到50%，新媒体机构的生产投入和产值首度超过国家机构。[①]

对比2010年的数据，我们可以清晰地看到：2010年中国纪录片通过电视传播或院线放映的节目总时长约9500小时，其中电视栏目是中国纪录片规模最大的传播平台，总时长为9343小时。据课题组不完全统计，中国纪录片总投资在5亿元以内，总收入7亿元左右，比2009年有所上升。[②]

而在2017年，纪录电影《二十二》的热播热议，也一改纪录电影票房长期未出现黑马的窘境，其1.7亿元的票房也标志了中国纪录片发展的一个里程碑，必然促使纪录片走向院线的热情不断强劲。

（二）本土输出和全球合作：当前中国纪录片国际传播的现状和方式

近年来，随着中国纪录片艺术和产业的繁荣，如艺术层面与国际接轨、产业发展不断规范，以及中国国家实力快速增长背景下各国对中国现实的了解兴趣不断提升，中国纪录片作为意在记录、反映中国现实和历史的影视艺术样态，受到国际市场和观众越来越多的关注。

1. 本土输出：产业、品质、获奖

近年来，中国纪录片国际销售市场日益扩大。仅2013年，中央电视台发行的国产纪录片节目达到84部、936集，累计发行节目1430集。国际营销发行区域覆盖美洲、欧洲、大洋洲、亚洲、非洲的51个国家（地区）和14条海外航空公司的国际航线，覆盖区域同比增长50%。中国纪录片国际交易价格明显提升。目前，中国纪录片国际交易价格已从十多年前的10元/分钟，飙升到10000元/分钟的超高水平。最有代表性的《舌尖上的中国》在半年内，海外授权金额就达35万美元，并在比利时国家电视一台、波兰

---

① 张同道：《2017年中国纪录片发展研究报告》，《现代传播》（中国传媒大学学报）2018年第5期。

② 《中国纪录片发展研究报告》课题组：《2010年中国纪录片发展研究报告》，《现代传播》（中国传媒大学学报）2011年第5期。

最大的商业电视台 Canal +、澳大利亚 SBS、美国 PBS 等欧美主流媒体播出。2012 年，中央电视台纪录片海外销售超过 220 万美元，是 2011 年的 140%。2013 年，央视纪录频道节目海外销售单价比 2012 年提升了 29%。[①] 当然这其中委托国际发行机构代理中国纪录片，也是中国纪录片国际销售和传播中的重要方式，即将中国纪录片的发行权委托给一家发行公司，由其寻找第三方实施纪录片的国际销售。

参加国际影视节展、参与国际评奖，也是中国纪录片产品输出、开展国际传播和提升影响力的重要方式。目前全球涉及纪录片的节展共有 80 余个。2013 年，中国（广州）国际纪录片节共吸引了来自全球 72 个国家与地区的2071 部纪录片参展，共促成纪录片交易 1.5 亿元。与此同时，在央视纪录频道海外推介会上，《透视春晚》《舌尖上的中国》《超级工程》等 9 部原创新片全部实现销售签约，英国天空卫视表示有意开辟专门的中国节目时段，澳大利亚 SBS 电视台购买了《熊猫淘淘》等 7 个节目，并在固定时段播出。而 2012 年 4 月《舌尖上的中国》也曾在法国戛纳国际纪录片大会、戛纳国际电视节上向全世界预热，到 2013 年《舌尖上的中国 2》则被海外客户提前预订。而目前国际纪录片奖项主要有奥斯卡最佳纪录片奖、美国广播电视"艾美奖"、法国戛纳纪录片奖、荷兰阿姆斯特丹国际纪录片奖等。近年来中国纪录片积极参加国际评奖，参加这些专业性国际评奖，既可提高国产纪录片的国际知名度，又可向海外市场推广中国纪录片。[②]

2. 国际合作：三个诉求和两种模式

近两年，在中国纪录片对外输出、国际传播不断发展的基础上，整个行业愈加重视纪录片的中外合作，中方的合作诉求大致有三类。

一是为了获取制作资源，获取国外投资、制作技术、专业人才、国际化观念等资源，提升作品品质和竞争力；二是实现文化和价值观传播，纪录片

---

① 国家新闻出版广电总局发展研究中心、湖南广播电视台课题组编《中国纪录片产业发展研究报告》，中国广播影视出版社，2014，第 7 页。

② 国家新闻出版广电总局发展研究中心、湖南广播电视台课题组编《中国纪录片产业发展研究报告》，中国广播影视出版社，2014，第 88～89 页。

在价值观传播和文化输出中占有重要地位，关系到现实和历史的解释权；三是谋求经济回报，实现商业营利目的。

而目前国际合作的模式主要有两种：一是中方投资，聘请外国人员参与创作；二是联合出品，不仅能够获取上述诸多资源，还能分担成本、降低市场风险。①

2016 年，中国纪录片行业进一步加快了国际合作、交流的脚步，国际合作项目的经济体量逐年增长，合作主体遍布整个行业。五洲传播中心近两年成功转型，国际合作与国际传播规模迅速升级；新影集团 2016 年与美国 A＋E 展开密切合作，共同开发全球传播的纪录片节目；央视纪录频道、上海纪实频道等几乎所有专业纪录频道都与海外机构在节目制作与传播方面展开各类合作；省级综合卫视中，江苏卫视在纪录片方面的国际合作比较密切；三多堂、大陆桥、澳亚传媒、雷禾、东方良友等民营公司都在国际合作中比较活跃，2016 年都有国际化项目在运作。

相关领域的具体案例逐年增多。央视纪录频道与美国 Roller Coaster Road 公司于 2016 年联合摄制的《金山》，就是一部借助国际力量传播中国声音的作品，讲述了中国人对美国西部建设所做的贡献和《排华法案》产生的巨大影响，该片由央视纪录频道全额投资，美国云霄制作公司承制，美国国家地理频道全球节目执行副总裁史蒂夫·伯恩斯担任制作人。再如云集将来传媒与贝尔成功合作《跟着贝尔去冒险》后，又合作完成了《越野千里》（中国版）。五洲传播中心继与美国探索频道亚太电视网合办《神奇的中国》栏目之后，又与美国国家地理频道合办《华彩中国》栏目，2016 年国庆期间在全球 171 个国家 41 条频道同步开播，覆盖亚太、欧洲和拉美地区的 3 亿多用户；2017 年 1 月，五洲传播中心与丝路沿线众多媒体机构合作共建的"丝路跨国联播网"开播，纪录片栏目《丝路时间》将登陆沿线十多个国家的本土主流电视媒体，并与韩国 KORTV 合作在苹果盒子开设

① 张同道主编《中国纪录片发展研究报告（2017）》，中国广播影视出版社，2017，第 151～153 页。

"影像中国频道"。2016 年，业内 2 家机构倡导、12 家机构联合发起"一带一路"纪录片全媒体国际传播平台，集纳国内和共建"一带一路"国家的纪录片资源和播出频道。[①]

在未来还需要注意个性化营销，即根据不同国家、不同媒体、不同受众，将中国纪录片作品按需再次进行重组，注重对作品的二次改编，注重多语种的针对性翻译；特别是网络短视频风行国际的当下，更需要有这种打碎、重组的思维，多渠道、密集地利用碎片化时间、创新个性化样态，提升中国纪录片的国际传播效力。

同时，当前中国雄厚的资本支持，是中国纪录片在国际合拍、海外播出的重要优势。"如今国外同行知道中国政府资金雄厚，也知道中国官方媒体比如央视具有更高的实力和可信度。这是纪录频道通过市场化、产业化进行国际传播的优势。另外，欧美近年经济不景气，他们的各个机构和文化基金对纪录片的投资压缩了大约30%，而我们的资金相对充裕，到账也快，这是频道投资的机会和优势。通过这些投资，把央视纪录频道变成如 BBC 这样国际传媒的联合制作方，成片在这些频道播出，也就间接扩大了频道的影响。"[②]

3. 他者视角：从自我澄清到他者塑造

长期以来，我们无论是在新闻传播还是传媒艺术的国际传播中，常常天然地将对外宣传、对外传播、国际传播等同于一种"自己说自己好""自己为自己塑造形象"的过程。我们常常天然地认为，这种传播的发出主体是本国传媒，我们要汇聚一切力量以提升本国传媒的实力，争取在"西过于强、我过于弱"的国际传播格局中，发出一些中国声音，得到国际社会、海外受众的一些认知认同与行为改变。

自然，提升本国传媒的国际传播力，这在任何国家的国际传播策略中都

---

① 张同道主编《中国纪录片发展研究报告（2017）》，中国广播影视出版社，2017，第 150 ~ 153 页。

② 苗棣、刘文、胡智锋：《道与法：中国传媒国际传播力提升的理念与路径》，《现代传播》（中国传媒大学学报）2013 年第 1 期。

举足轻重。但是，如果只是依赖本国传媒的发声能力，只是天然地将国际传播的主体聚焦于本国传媒，在当前我国的国际传播形势中就略显偏颇。

在国际传播中，一方面，我们要重视"以我为主"的"自我澄清""我为我说"；另一方面，我们还要重视"以外制外"的"他者塑造""别人替我说"。

纪录片《即将到来的对华战争》，由居住在英国的澳大利亚导演约翰·皮尔格拍摄，本片于 2016 年 12 月 6 日晚在英国电视台 ITV 播出，影响较大。据英国《每日星报》报道，这部纪录片认为美国当选总统特朗普正在动员一场大规模的毁灭性战争，美国试图挑起与中国的战争。英国《卫报》评论称，该纪录片暴露了美国令人不安的核战术，揭露了美国军队在太平洋地区的恐怖历史，以及其半秘密基地先发制人的侵略性。在本片中，影像为我们呈现了在"亚太再平衡"政策的指导下，美国大多数海军都已部署到亚太地区——400 个部署了军舰、核武器和轰炸机的基地，在中国周边形成了一个"完美的绞索"。该片指责美国官员视中国的强大为威胁，这使白宫把中国视为"最完美的敌人"。

该片在主题上塑造了美国咄咄逼人、负面的攻击形象，以被攻击对象的中国为具体内容落地，很大程度上替中国发声，出镜主持人在开篇便提出了"美国视中国的强势崛起为巨大威胁，但究竟谁才是真正威胁"的主干逻辑线，亮出了"美国得为巨额开支的军费找一个借口，而中国是一个完美的敌人"的美国威胁的动因。①

类似的还有上海外语频道制作的系列专题纪录片《中国面临的挑战》，这部纪录片的主持人罗伯特·劳伦斯·库恩被称为"中国通"，行走中国 20 余年，深入观察中国，著有《中国领导人是如何思考的》《他改变了中国：江泽民传》《中国三十年》等；也是全球多家媒体的观察员，如长期在 CNN、BBC、彭博社等担任中国问题嘉宾，他既有对中国的真知灼见，又非

---

① 刘俊：《传媒艺术国际传播的理念创新——纪录片〈即将到来的对华战争〉带来的启示》，《对外传播》2017 年第 2 期。

常熟悉西方的媒体，为节目提供了一个很好的切入角度。① 该片自 2012 年起已制作两季共十集，在展现中国经济飞速发展的同时，直面各种真实的社会问题。该纪录片第一季推出后不仅获得中国新闻奖一等奖等重要奖项，还登陆美国、德国、澳大利亚等多家海外主流媒体。其中，在美国公共电视台网（PBS）播出至今，在超过 189 个频道循环播出，累计播出超过 1350 次。这也是中国大陆制作的电视节目第一次达到如此广泛的影响力。最新的第二季《中国面临的挑战》，于美国洛杉矶时间 2015 年 5 月 9 日起，在美国公共电视网加州电视台（PBS SoCal）首播。2015 年 7 月，节目还登陆美国 WORLD 频道，WORLD 频道是 PBS 的高端频道，由全美规模最大、实力最强的两个公共电视台波士顿的 WGBH 和纽约的 WNET 组建。现在共有 158 个公共电视网的频道播出 WORLD 的节目，覆盖约美国 67% 的收视群体。《中国面临的挑战》能够罕见地进入西方电视媒体，并有一定播出热度，这和本片以库恩的西方视角观察，并平衡地呈现中国信息——在呈现中国快速发展、令人惊叹状貌的同时，更不避讳中国现阶段存在的一些问题——有直接关联。②

"国际纪录片的中国形象新近一两年发生了微妙的变化，无论是由 BBC 出品的《中华故事》《我们的孩子足够坚强吗？中式学校》，韩国 KBS 出品的《超级中国》，还是中外合拍的《运行中国》《鸟瞰中国》《中国春节：全球最大的盛会》，国际媒体上中国故事似乎不约而同出现了一批相对正面的表述。"③

总之，无论是对于国际传媒机构、传媒人还是受众而言，"具有侵犯性、试图改变其观点"的传播姿态，总是让人不愉快、不易接受的，我们在国际传播中的"自塑"常常效果不好，也有类似这方面的原因。而同样

---

① 《〈中国面临的挑战（第二季）〉研讨会在沪召开》，新浪新闻，http://news.sina.com.cn/o/2015-01-27/075931447883.shtml，2015 年 1 月 27 日。

② 刘俊：《平衡地满足好奇心：探寻中国国家形象塑造的"巧实力"——基于对纪录片〈中国面临的挑战（第二季）〉的分析》，《对外传播》2015 年第 8 期。

③ 张同道主编《中国纪录片发展研究报告（2017）》，中国广播影视出版社，2017，第152页。

的中国诉求，如果是海外传媒机构或人士制作播出，便可以将原本概念化、符号化的"硬"内容，转换成受众易于感知、深感亲近的文本，再配合适当的仪式化修辞，便可借创新的理念成就另一番中国国际传播的新图景。①

五 结语：多形式共繁荣的中国影视艺术 国际传播任重道远

除了上述影视艺术主要样态（电影、电视剧、电视综艺、纪录片）的国际传播问题外，我们还需要关注动画片的国际传播、影视教育的国际合作、影视国际节展等问题。例如，影视节庆活动，是影视文化的社会化、专业化呈现契机和平台。21世纪以来，不少中国本土举办、具有世界影响力的电影节、电视节发展起来，中国影视人也不断参与世界影视节展，取得优异成绩。像北京国际电影节、上海国际电影节、长春电影节、珠海电影节、北京大学生电影节、中国电影金鸡奖、中国电影华表奖、大众电影百花奖、上海国际电视节、金鹰电视艺术节、中国大学生电视节等中国大陆著名影视节庆，体现了不同群体对影视的理解和需求。全球目前一共有15个A类电影节，亚洲只有上海、东京、印度三大电影节荣列其中。中国影视艺术的国际传播，需要多种形式多个领域共同发力、共同繁荣。

总之，纵观近年来中国影视艺术的国际传播，取得了不少成绩，转变了不少思路，厘清了不少理念，可见中国意在不断提升国际传播力的举措逐渐发挥作用。但同样需要看到，毕竟我们在影视艺术国际传播中，曾经因为经济硬实力、政治影响力、艺术感染力、文化渗透力的理念与实践的不足，而欠债太多。影视艺术国际传播"先发制人"效应极为明显，后发者需要付出数倍、数十倍、数百倍的努力也未必能够见到明显成效。中国影视艺术的国际传播能力和效力的提升，尚任重而道远。

---

① 刘俊：《传媒艺术国际传播的理念创新——纪录片〈即将到来的对华战争〉带来的启示》，《对外传播》2017年第2期。

贴近海外受众需求，精准传播中华文化

翟慧霞　崔　潇　于运全*

摘　要： 中华文化博大精深、资源丰厚，不仅是国家形象塑造的重要载体，也是推进中华文明与世界其他文化交流发展的重要平台。近年来，中华文化的海外传播取得不少成绩，但与我们不断增强的经济、军事等硬实力相比，中华文化的国际影响力还有待进一步加强，中华文化海外传播在提质增效方面仍有较大空间。本文以近年来国内外实施的各类与中华文化有关的全球调查为分析基础，系统梳理分析海外民众对中华文化的认知现状与面临的挑战，并提出针对性的思考建议。

关键词： 中华文化　受众认知　传播精准化

文化是一个国家软实力的重要组成，也是一国与国际社会交流沟通、展示本国良好形象的重要载体。一定程度上可以说，文化是促进一国发展的智力支撑、精神动力和思想保障。在当前经济全球化、和平与发展成为世界主流的大背景下，主要大国之间的较量越来越集中于软实力方面，文化建设与文化海外传播也受到越来越多的国家重视。在此背景下，对中华文化海外传播的现状与影响力进行调查分析，并提出针对性的传播建议，是新时期提升中国国家形象和增强国家软实力的重要抓手。

* 翟慧霞，中国外文局对外传播研究中心副研究员；崔潇，中国外文局对外传播研究中心助理研究员；于运全，中国外文局对外传播研究中心研究员。

一 海外民众对中华文化认知的主要特点

了解中华文化海外传播的现状是今后我们提升中华文化海外传播效果的基础。通常而言，一般可以通过媒体分析和受众调查两种方式来分析海外民众对中华文化的认知。前者是指通过分析海外媒体有关中华文化的报道内容、报道特点、报道倾向性等要素来获得海外媒体眼中的中国文化形象。后者是指通过一系列问题设置，采取面访、电话采访或者网络调查的方式来获取海外民众对中国文化的认知。与媒体报道相比，海外民意调查是一种更加直接、更加反映民众认知真实情况的一种参考。本文以近年来国内外权威民调机构实施的有关中华文化海外传播与影响力相关的调查数据为分析基础，从宏观到微观，从整体印象到具体文化符号等不同角度，对海外民众的中华文化认知现状进行梳理与分析。

1. "历史悠久、充满魅力、东方大国"的文化形象是中国国家形象的主要符号

近年来的多次调查显示，海外民众对中国形象的最显著认知就是中国文化。与经济、政治、科技等其他有关中国形象的描述相比，中国历史悠久、充满魅力的东方大国形象最为突出。由中国外文局对外传播研究中心等机构发布的《中国国家形象全球调查报告 2016—2017》显示，中国在海外民众眼中最突出呈现的是"历史悠久、充满魅力的东方大国形象"。在 22 个受访国家①中，选择该选项的民众比例均超过 50%。其中，发达国家的选择比例为 59%，发展中国家的选择比例为 54%。值得注意的是，海外民众对中国形象的认知呈现较强的持续性。从 2013 年启动该项调查至今，文化形象一直是中国国家形象的最主要符号，并且选择比例保持平稳。调查还显示，年长者更了解和认同中华文化形象。相较于年轻受访者，年长者（51~65 岁）对中国文化形象的认可度更高。在"历史悠久、充满魅力的东方大国"这一选项上，有 65% 的年长者表示认可，比中年群体（36~50 岁）和青年群

---

① 这 22 个国家包括 G20 的 19 个成员（欧盟除外）以及西班牙、荷兰、智利三国。

体（18～35 岁）分别高出 6 个百分点和 14 个百分点。

2. 中华文化品牌海外推广取得一定成果，中国文化软实力的国际社会认可度逐年提升

推动中华文化"走出去"，是增强国家文化软实力、在综合国力竞争中赢得主动的迫切需要。21 世纪以来，中国在推动中华文化的海外传播方面采取了众多举措。以孔子学院为代表的一些中华文化推广品牌受到海外民众的好评。截至 2016 年 12 月 31 日，全球 140 个国家（地区）建立 512 所孔子学院和 1073 个孔子课堂。① 《中国国家形象全球调查报告 2014》显示，在了解孔子学院的受访者中，有 57% 表示认可。此外，文化要素的打分排名也成为近年来各类排行榜衡量一国软实力的重要参考。在有关软实力的排行榜中，由英国波特兰公关公司和南加利福尼亚大学共同发布的《全球软实力 30 强》具有较大的国际影响力，其排行结果受到国际主流媒体的广泛关注。2017 年 7 月发布的《全球软实力 30 强》显示，② 中国软实力排名三年来不断上升，从 2015 年的第 30 位，到 2016 年的第 28 位，再到 2017 年的第 25 位。③ 其中，从单项指标来看，中国在政府、全球参与、文化、教育这 4 项指标中的排名均有提高。报告认为，中国的软实力优势主要体现在文化领域。针对中国软实力的排名变化情况，俄罗斯卫星通讯社发布报道称，"中国软实力的进步反映出中国近年来提升'软实力'的坚定态度。"

3. 中餐、中医药、武术、文化风俗仍是海外民众对中国文化认知的主要代表，中外民众对中国文化符号认知差异明显

在丰富多元的中国文化资源中，哪些因素更被海外民众所熟悉和认可呢？连续三年的调查均显示，饮食、中医药、武术是海外民众眼中最能代表中国文化的元素。根据《中国国家形象全球调查报告 2016—2017》，在 21

---

① 数据来源于孔子学院总部官网，http：//www.hanban.edu.cn/confuciousinstitutes/node_10961.htm。

② 这项调查利用 25 个国家的民调和数据资料，评估各国影响力。考量因素包括各国吸引游客观光、外国学生到其大学就读以及文化魅力等。

③ 相关数据见全球软实力 30 强排名官方网站，https：//softpower30.com/country/china/。

个海外受访国①中，提起中华文化，有52%的受访者最先想到的是中餐（中华美食），有47%的受访者想到的是中医、中药；有44%的受访者想到的是中国武术。而由《环球时报》舆情中心开展的"中国国际形象和中国国际影响力环球调查"也显示，海外民众最想了解中国的"文化风俗"。针对"您对中国最感兴趣的是什么"的提问，"文化风俗"成为选择最多的选项。其中，2015年在20个国家中海外受访者的提及率为50.8%，超出排名第二的"中国制造"近20个百分点；2016年在16个国家中受访者的提及率为42.8%，超出第二名"人权情况"16个百分点。

与海外受访者对中国文化代表符号的看法相比，中国民众对中国文化有不同的观点。大多数中国人认为最能代表中华文化的是孔儒思想、文化典籍等传统文化，而这些元素在海外民众中的认可度并没有国人想象中高；但产品、科技发明等元素在传递中国文化上发挥的作用比国人想象中更大。《中国国家形象全球调查报告2016－2017》显示，有62%的中国受访者认为"孔子、儒家思想"是中国文化的代表，但只有26%的海外受访者持这种看法；有55%和56%的中国受访者认为文化典籍和传统历法是中国文化的代表，但只有22%和26%的海外受访者同意这种观点。有9%的中国受访者认可产品是中国文化的一个体现，但在海外受访者中有25%认可产品在文化传递中的作用；有15%的中国受访者认可科技发明对中国文化的作用，但有21%的海外受访者认可其是中国文化的代表。

4. 发展中国家对中华文化好感度更高，周边国家对中华文化的了解更深入

中华文化的海外传播呈现明显的国别差异。对不同国家和地区受访民众对中华文化的认知分析发现，与发达国家相比，发展中国家受访者对中华文化的了解和积极评价更多。在地区层面，非洲拉美国家民众对中国文化的好感度要高于欧美国家。由美国皮尤研究中心2013年开展的全球调查显示，中国文化在拉丁美洲和非洲比较受欢迎。在非洲和拉丁美洲，有46%和30%的受访者对中国的风俗习惯感兴趣。而对中国的音乐、电影电视作品感

---

① 这21个国家不包括中国。

兴趣的非洲和拉丁美洲受访者比例分别为 25% 和 34%。① 具体到不同国家，非洲的尼日利亚和加纳受访者更多对中国音乐、影视作品表示喜爱，选择比例分别为 54% 和 42%。在拉美，有 37% 的玻利维亚受访者表示了同样的看法。在风俗习惯方面，好感度最高的是非洲的塞内加尔，有 62% 的受访者选择，其次是肯尼亚和南非，分别有 58% 和 54% 的受访者选择。在拉丁美洲，萨尔瓦多、委内瑞拉和巴西也有超过三成的受访者给予积极评价。

而在我国周边国家中，除了不同文化圈的影响外，海外民众对中国文化的看法更多地受到现实政治的影响，呈现两极化倾向。根据《中国国家形象全球调查报告 2016—2017》，一方面，以印度尼西亚、俄罗斯等为代表的与我国外交关系稳健和经济联系紧密的周边国家，对我国文化的认知度和认可度比较高；另一方面，与我国关系紧张和疏离的日本、韩国、印度等国，对中国文化的认知度和好感度较低。经济共同体的关联性对文化认知起到越来越重要的作用。

对中华文化具体内容的看法呈现中华文化辐射圈由近及远的特点。周边国家对中华文化的了解更深入，对影视作品、文化典籍等深层次的"道、术"层面更感兴趣。《环球时报》舆情中心的《2016 年度中国国际形象和中国国际影响力调查》显示，在对中国感兴趣的因素方面，周边国家受访者对"'中国制造'产品""五千年历史""外交政策""影视作品"的兴趣度明显高于非周边国家，非周边国家对"文化风俗"的兴趣度明显高于周边国家。

5. 互联网成为海外民众接触中华文化的重要渠道，视频网站日益成为海外民众观看中华文化产品的首选

互联网时代，信息的获取与分享呈现更大的便捷性。尤其对于青年人而言，互联网已经成为一种生活方式。在信息获取方式上，有调查显示，互联

---

① 数据来源于皮尤官方网站，http：//www. pewglobal. org/2013/07/18/americas - global - image - remains - more - positive - than - chinas/。

网特别是移动端互联网已日渐成为获取信息的主要来源。① 外国人都喜欢通过什么样的渠道来获取中国文化信息呢？2015 年 6 月 6 日发布的《外国人对中国文化认知调查报告》显示，接近 2/3 的受访者将互联网作为接触中国文化信息的首选渠道。② 这份由北京师范大学对英国、法国、美国、澳大利亚、日本、韩国等 6 个国家 2400 名受访者开展的调查还显示，学历越高的外国民众，选择互联网获取与中国相关信息的比例越高。具体而言，在电视剧、电视节目等文化产品接触渠道上，视频网站成为外国多数受访者的首要选择，有 33.6% 的外国民众首选互联网；在观看中国艺术演出内容方面，相对而言渠道较为多元，有 33.3% 的外国民众选择视频网站、32.8% 选择电视转播的方式，有 24.3% 的外国民众倾向于前往演出现场观看；在观看中国电影方面，39.4% 的外国民众首选电视媒介、26.1% 选择视频网站，有 23.4% 的外国民众倾向于前往电影院观赏中国电影；在参与中国文化节事活动方面，40.5% 的外国民众希望通过互联网的便捷渠道参与，仅有 1/3 的受访者愿意前往节事活动现场。③

二　中华文化对外传播中面临的主要挑战

虽然中国文化的对外传播取得了一定成绩，"中华文化热"在国际上持续升温。但"走出去"的中国文化能否在国外落地生根，能否被海外民众认知和接受，还面临着很多困难和考验，主要体现在以下几方面。

一是"厚古薄今""重器物、轻理念"的传播内容与海外民众的目标期待有所错位。传统文化和器物层面的文化一直是中国向外传播的文化内容主

① 皮尤 2016 年新媒体年度调查报告显示，近 40% 的美国成年人表示，常常通过数字来源获取新闻，包括新闻网站或应用（28%），以及社交网站（18%）。不过，仍有 57% 的人通过电视获取新闻，而通过广播和纸媒获取新闻的美国成年人分别占 25% 和 20%。

② 《如何更好讲述"中国故事""互联网＋"带来新机遇？》，《人民日报》2015 年 7 月 9 日，第 17 版。

③ 于丹、杨越明：《中国文化"走出去"战略的核心命题"供给"与"需求"双轮驱动——基于六国民众对中国文化的认知度调查》，《人民论坛》2015 年第 16 期。

体，而对现代文明和思想文化的重视与挖掘远远不够。长期以来，中国对外传播的着眼点重在对历史文化的介绍和展示，"力求将中华五千年文明中'人无我有''人有我优'的部分展现给世人"。在对外文化交流中，我们展现的大多是出土文物、民俗文化、民间工艺、歌舞杂技等传统产品，而形式新颖、富含高科技的高端文化产品和对中国当代先进文化蕴含的价值观进行有效阐释和传播的比较少。这些做法确实增进了世界对中国文化的理解，但也使得外国民众对中国文化的理解更多停留在中国古代社会，停留在"器""物"层面，对"道""术"等思想和价值观层面的认知并不多，不利于构建全面、现代的中国形象。实际上，外国民众对中国的兴趣点不仅在于中国传统文化，也希望了解中国当代社会和当代文化。这是中国当前文化"走出去"的缺失所在。之所以出现这种情况，有学者认为很大程度上与中国现代文化的缺失有关。"中国还没有很好地提炼出改革开放三十多年来的文化，还没有形成一套与中国当前政治、经济和社会相适应的现代文化系统，难以对什么是中国文化做出明确完整的说明。"①

二是中西方意识形态和价值观的差异影响海外民众对中国文化的正确认知。"一个社会的核心价值观，积淀和浓缩了人们对该社会本质和基本利益关系的认知成果，是这个时代和社会特有的精神标志。受历史文化、政治、经济等因素的影响，不同的国家和民族往往形成不同的核心价值观。"② 中国文化传统注重集体利益与长远利益，注重认同感的建设和道德建设，而西方文化注重当前利益与个人利益，注重法治和社会价值规范的确立，这种文化差异决定了中西方受众对文化的不同看法和不同价值偏好。由于价值观、宗教信仰等主流意识形态的差异，中国文化产品进入西方社会时，其传播初衷与实际传播效果出现一定程度上的反差，表现在文化影响力上就是文化产品种类多，但文化精品和文化品牌少。尽管中国文化"走出去"的规模逐年扩大，但具有中国特色、蕴含中国理念、贴近海外受众、具有国际水准的

---

① 崔圣、田田叶：《文化因素对中国对外传播的影响与原因》，《今传媒》2012年第1期。
② 贾然然、李丹婷：《当代中西方核心价值观差异探析》，《商业文化》2012年第3期。

文化精品比较少，在国际上具有重要影响力的文化产品品牌和文化名人仍然比较少。

三是传播方式、传播渠道与海外受众获取信息渠道方面的偏差影响传播效果。首先在语言表达上，英语的强势地位给中国文化产品的海外传播带来不小压力。尽管我们在中国文化产品的外译方面做了很多努力，但仍存在着海外民众"看不懂""不理解"的问题。语言是文化传播的重要载体。英语是现代文化国际传播的主流语言，语言的优势使得西方国家在文化传播中掌握了更多的话语权。这种话语霸权为其对外文化传播提供了"坚实可靠的价值基础和理论支持"①，巩固了西方国家在文化传播中的主导地位，而中华文化则更多处于不利地位。其次在传播渠道上，我们更多注重于组织节事活动和图书出版、电影展映等传播交流方式，而海外受众更倾向于通过新媒体方式来了解中华文化。我们在中国现代文化符号的打造中，如何借助新媒体手段使其更具有可操作性，摆脱宏观层面的说教，吸引海外受众特别是年轻受众的注意是一个要考虑的重要问题。

三 有效推进中华文化海外传播供给侧改革

中华文化及产品能否顺利地"走出去"，与其本身所蕴含的价值、传播方式和渠道能否被西方所接受有很大的关联。推动中华文化的海外传播，应结合调查发现的海外受众对中华文化的认知特点和面临的挑战，增强文化需求意识，推进文化传播供给侧改革，提升中华文化海外传播的有效性。

1. 增加中国现代文化和思想文化的对外传播比重

"推动中华文化'走出去'，让国外民众触摸中华文化脉搏，感知当代中国发展活力，理解我们的制度理念和价值观念，应当是我们的不懈追

---

① 张昆：《国家形象传播》，复旦大学出版社，2005。

求。"① 在全球文化日益融合和传播技术日新月异的时代背景下，我们要以时代精神为坐标轴，定位对外文化传播的主体内容。一方面，要在承袭传统文化的基础上，创新表达内容，实现古今联通；另一方面，要借助现代科技与平台创新表现形式，将思想文化的传播与器物文化的传播相结合，以此推动当代中国优秀文化和思想文化的海外传播。

2. 立足国情差别，制定"一国一策"的精准化传播策略

中国产品在走出国门之前，要先了解当地的具体情况，要在深入研究国外不同受众对中华文化的心理需求、获取渠道的基础上，因地制宜、因人制宜，制定精准化传播策略，做到传播主体精准角色、传播内容精准设计、传播受众精准定位、传播渠道精准选择。提倡精准化传播，绝不意味着只顾部分不顾整体，而是"既要讲求区域协同，又要讲求国别差异；既要讲求长期谋划，又要讲求因时而动；既要讲求立场稳定，又要讲求策略灵活"②。以传播渠道的可信度为例，"美、英、法等国民众对从家人或朋友获得的中国文化信息更加信任，俄罗斯和南非民众对从互联网获得的中国文化信息更加信任，德国民众对从报纸杂志获得的中国文化信息更加信任"③。制定精准化传播策略需要针对目标受众展开调查研究并结合大数据技术进行融合分析。做到精准化传播，才能使中华文化不仅能"走出去"，而且能"走进去"。

3. 借助新媒体平台，增强中华文化对年轻群体的吸引力

互联网打开了一扇让世界洞悉中华文化的新窗口，它扩展了中华文化尤其是中华传统文化的传播空间、传播平台和传播效果。互联网传播的分众化、碎片化、移动化、专业化等特征，为促进中华文化海外传播提供了有利的媒介环境。"移动传播技术改变了社会交往模式、培养了个性化受众、塑

① 刘奇葆：《大力推动中华文化走向世界》，《光明日报》2014 年 5 月 22 日，第 3 版。
② 胡正荣：《国际传播的三个关键：全媒体·一国一策·精准化》，《对外传播》2017 年第 8 期。
③ 杨越明、藤依舒：《十国民众对中国文化产品与文化活动偏好研究——〈外国人对中国文化认知与意愿〉年度大型跨国调查系列报告之一》，《对外传播》2017 年第 4 期。

造了青年移动文化"①，我们要适应媒体融合的发展趋势，在巩固传统传播平台的同时，利用新技术、新媒体、新资源拓宽渠道，增强媒体聚合力。调查显示，"新媒体时代，自媒体在外国人生活中的重要程度极大提升"②。因此，针对海外民众特别是年轻民众的移动化信息接触习惯，必须借助新媒体力量，注重传播渠道的快捷精简，实现展示的多媒体化，使中华文化的传播更立体、更鲜活，从而增强中华文化对年轻群体的吸引力。

4. 加强中华文化海外传播的效果评估，不断优化传播策略

在中华文化海外传播的过程中，不能"只问耕耘、不问收获"，不仅要重视到达率，更要重视影响力。而要收获真正的影响力，效果评估是重要环节。在开展传播之前，要做好充分调研，了解海外民众对中华文化的认知状况和认知需求；在传播过程中，要根据受众的反馈实时进行调整；在传播活动结束后，要对整个活动进行评估，发现问题，总结经验，形成"事前有研判、事中有监测、事后有反馈"的全流程效果评估机制。对外传播效果的评估可从三个维度进行测量："一是传播广度，就是我们的声音所能辐射的范围；二是传播深度，就是我们的声音能够被对象国受众关注并讨论的热度；三是传播向度，就是受众对我们的意见和价值观赞同或反对的程度。"③

① Scott W. , "Campbell, YongJin Park," *Sociology Compass*, 2008, 2（6）：2030 – 2040.
② 赵莉：《新媒体时代区域形象对外传播路径与效果——以外国人媒介使用习惯及浙江省国际形象问卷调查为例》，《新闻前哨》2014 年第 10 期。
③ 戴元初：《大数据时代对外传播效果的评估与提升》，《对外传播》2014 年第 10 期。

"一带一路"背景下中国文化
国际传播的问题及有效路径

李嘉珊*

摘　要： 近年来，中国新年带动全球进入"春节时间"，自 2014 年国
务院颁布《关于加快发展对外文化贸易的意见》起，中国掀
起了文化"走出去"热潮，"走出去"项目数量攀升、"走出
去"资金充分……但与此同时由于文化"走出去"政策缺乏
战略层面的统一协调，大多数"走出去"项目仅仅是"出去
走一走"，缺失中国文化"走出去"的传播体系构建，缺乏
可持续的中国文化国际传播的长效机制等，导致中国文化国
际传播力不足，传播效果低下。本文提出，现阶段亟待从国
家层面制定具有前瞻性、可持续发展的"中国文化国际传播
战略"，重视中国文化内容传播、渠道传播、市场传播、民间
传播，以提升中华文化对外传播的质量和效果。

关键词： 中国文化　国际传播　内容传播　渠道传播

习近平总书记在中央全面深化改革领导小组第二十九次会议中指出，
"要从战略和全局的高度，充分认识推动中华文化'走出去'的重大意义，
切实增强做好工作的紧迫感责任感使命感"。中共十八届五中全会从推动中

＊　李嘉珊，北京第二外国语学院教授，国家文化发展国际战略研究院常务副院长，首都对外文
化贸易研究基地首席专家。

国文明协调发展的高度，对文化改革发展做出了全面部署，把文化改革发展工作提到战略高度，特别是关于"加强国际传播能力建设，创新对外传播、文化交流、文化贸易方式，推动中华文化走出去"的论述，充分体现了党中央对这项工作的高度重视。

"一带一路"倡议的提出，大大推动了中国文化"走出去"，文化交流、文化贸易在民心相通方面是最有效、最受欢迎的桥梁和纽带。《文化部"一带一路"文化发展行动计划（2016—2020 年)》提出要建成"一带一路"文化交流合作机制，完善"一带一路"文化交流合作平台，打造"一带一路"文化交流品牌，推动"一带一路"文化产业繁荣发展，促进"一带一路"文化贸易合作等五项任务。到 2016 年底，中国已经和共建"一带一路"的 60 多个国家签订了政府间文化交流合作协定，实现了全覆盖。建立了多项区域对话机制，上海合作组织成员国文化部长会晤、中国—中东欧国家文化部长合作论坛、中阿文化部长论坛、中国与东盟 10＋1 文化部长会议等，这些机制都从政府层面保证了共建"一带一路"国家文化合作的根本框架。"丝绸之路国际剧院联盟""丝绸之路国际图书馆联盟""丝绸之路国际博物馆联盟""丝绸之路国际美术馆联盟""丝绸之路国际艺术节联盟"等反响强烈，民间交流发挥重要作用。"丝绸之路文化之旅""丝绸之路文化使者""青年汉学家研修计划""中外影视译制合作高级研修班""中外文学出版翻译研修班"等活动大大推动了人员交流。到 2020 年实现与共建"一带一路"国家和地区的文化交流规模达到 3 万人次，拥有 1000 家中外文化机构、200 名专家和 100 项大型文化年、文化节、文化周、文化日活动。邀请 800 名著名智库学者、汉学家、翻译家来华交流、研修，培养 150 名国际青年文化修复和博物馆管理人才。

与此形成鲜明对比的是，海外重要媒体对于中国"一带一路"倡议的关注度不高，零点有数科技对 BBC、CNN、《华盛顿邮报》、《金融时报》等全球 20 家重点外媒进行的定期监测数据显示，2015 年 1 月至 2016 年 6 月，有关报道量仅 117 篇/季度。美国皮尤研究中心数据显示，越南、菲律宾、约旦、印度、土耳其、波兰、意大利等多个共建"一带一路"国家民众对中国的好感度低于40%，安全信赖度低，民意基础不扎实。

今天的中国对于世界的贡献是多向度、立体化的，但国际国内的如此反差，让我们反思中国国际化战略的系统协调、中国文化"走出去"的传播体系构建、可持续的中国文化国际传播长效机制的建立等问题。

一　构建中国文化国际传播战略的多元视角

1. 中国文化国际传播的时代视角

毋庸置疑，中国在经济全球化的进程中，特别是在世界贸易组织中的作用持续增强，中国也给予最不发达国家、发展中国家支持，促进南南合作，这一切都显示中国在全球经济贸易中的地位逐年上升，中国加入世界贸易组织后的多年发展告诉世界，成为开放型经济体可以带来巨大的发展和繁荣。中国对全球可持续发展的贡献、中国经济对世界经济的贡献，是积极推行国际合作，输出一种以基础设施投资为带动的经济增长模式，这是已经被实践证明了的成功经验，中国希望把成功的经验推广到世界其他地方。中国已经深度融入世界，世界也因中国而丰富精彩。伴随中国成长为世界第二大经济体的进程，中国文化必然走向世界，这是当今时代对于中国的强烈需要，"讲好中国故事、传播好中国声音"也成为当今时代迫切需要中国文化实现有效国际传播的"题中应有之义"。

2. 中国文化国际传播的世界视角

加强与中国的合作与交流成为部分西方国家文化发展战略的重点。2016年以来，发达国家纷纷出台新的文化政策，英国的《文化白皮书》（*The Culture White Paper*）、荷兰的《国际文化政策纲要》（*International Cultural Policy Framework*）、欧盟的《与欧盟议会、欧洲理事会的尖端交流——迈向欧盟国际文化关系新战略》（*Oint Communication to the European Parliament and the Council—Towards an EU Strategy for International Cultural Relations*），将本国或本区域的文化发展国际战略呈现于世，通过"文化交流""文化贸易""文化投资"等多种路径促进本国文化在全球的传播与发展。同时，中外人文交流机制日益丰富，中德政府磋商机制及中法、中欧、中英等丰富的人文交流机制使得中国与世界各国保持越来越密切的文化接触。加强与中国的合作与交流成为部分西方国家文化发展战略的重点，荷兰等国将中国作为文化发展国际战略中的重要合作对象，重视本国文化在中国的推广。近年来，中国成为西欧等发达国家进行文化投资的焦点国家，如德国地方政府出资支持中国文化活动的举办、中国文化主题艺术展览，英国财政拨款中英剧院合作演艺人才培训。西欧发达国家对中国文化市场的高度关注，以及对中国文化领域的投资大幅增加，督促我们将这种挑战转化为发展机遇。

3. 中国文化国际传播的自身视角

在这个特殊的历史机遇期，中国亟待布局全球，制定适宜的战略目标，构建起"中国文化发展的国际传播战略"。

发挥中国作用，引领文明进程。构建中国文化国际传播战略，在开放中实现文化外交的辐射效应，使国际社会更加了解、尊重、认同中国文化和价值观。中国迫切需要确立恰当的国际地位，建立良好的文化形象，消弭无谓的国际贸易争端，增强在国际事务中的话语权。减少中国快速发展所遭遇的阻力，有效实现我国经济影响力与文化影响力的全面提升，更好发挥中国参与全球经济治理和维护国家重大战略利益的作用。

增强亲和力，为"一带一路"有效实施保驾护航。"一带一路"倡议是平等的文化认同框架下的合作，体现和平、交流、理解、包容、合作、共赢的精神。文化产品和服务承载着价值观念和生活方式，将文化润物无声的渗透力凝聚成突破"文化围城"的穿透力，努力彰显中华文化的亲和力，使中华文化和谐地融入世界多样性文化中，从而巩固中国文化价值体系的国际地位。构建"中国文化国际传播战略"为"一带一路"倡议的平稳实施"保驾护航"。

培育文化自信，推动政策落到实处。中华优秀传统文化价值是中华民族的精神和灵魂，将优秀的文化资源转化为可交易的文化产品与服务，带入当代人的生活方式中，重塑民众对中华文化的自信和认同，稳固中国核心价值、增强民族自豪感、强化文化凝聚力。构建"中国文化国际传播战略"，整体规划发展方略，统筹广播、电影、电视、演艺、图书、动漫、网游、创意设计、博物馆、图书馆、体育、文化旅游等政策，使国家文化政策更具针对性和有效性。

二 中国文化国际传播存在的问题

近年来，在国际文化市场中，尤其在新闻宣传和国际舆论导向方面，以美国为代表的西方媒体占据主流地位。全世界每天新闻发稿量的80%来自美联社、路透社、法新社、合众社。全球95%的传媒市场份额被西方约50家媒体跨国公司所占有，美国媒体完成了全球75%的电视节目制作量，西方通讯社的舆论几乎左右了国际社会对中国的看法。[①] 一方面，海外媒体关注度低、正面评价不足；另一方面，中国传媒对自身的理解和认识不够、国际市场竞争力不足等因素，导致国际传播力低下、传播效果不理想。

1. 忽视中国文化系统整体传播

出于政府管理部门的分工等原因，条块分割严重，"各司其职、各管一方"的情形非常普遍。多年来，无论政府管理部门还是企业组织或个人，对中国文化国际传播的认识不充分，国际传播观念守旧，通常只是"为传播而传播""为报道而报道"，不能形成政府、组织、群体、个人从事跨越国界的系统信息传播。往往是只关注媒体呈现本身，而忽略其他群体和个人的传播作用；只重视新闻报道本身，而忽略其他产品、企业、市场等的媒介反馈；只重视政府层面的官方对外交往，而忽略其他层面的民间外交；只重视文化艺术交流本身，而忽略其他任何形式的交往互动；等等。

2. 忽视企业自身信誉形象传播

越来越多的国内企业成长为跨国企业和海外进出口商发生交易与交往，但企业的海外公众形象却因违约行为时常发生而大打折扣。诚信是社会运行

---

① 李小牧、李嘉珊：《关于发展文化贸易与提升国家软实力的思考》，内部资料。

的基本准则，尤其在经贸领域，诚信是企业经营和存在的基础，文化企业由于其特殊性往往面对更多诸如政治、文化保护因素的影响，不确定性风险更高，企业履行合同面对更大的压力，但也不应因此降低对企业信誉的要求，反而应该更加重视商业承诺和义务的兑现，因为诚信不仅关乎企业道德与企业形象，更直接影响着企业运行的效率——越是市场机制成熟的国家，更高的企业信誉等级往往意味着更高的融资额度以及更加宽松的监控和审查环境，从而越能给企业发展带来更多的金融保障和更低的经营成本。

3. 忽视社会组织外交影响传播

长期以来，中国式的国际传播注重强调政府间交往互动，重视主流媒介报道，注重高大上的传播方式，这在一定程度上制约了我们客观理解国际传播的功能和作用，而智库、社会组织等展开的民间外交往往直接影响政府决策。与此同时，中国能够"走出去"的企业相对较少，对与其核心业务关联程度高的投资方、客户、权力机构等更加重视，而往往忽略行业协会、非政府组织、新闻媒体和当地社区，这是中国企业轻视对外传播导致的普遍问题，对于中国企业的误解，甚至由此导致的企业项目遇到阻力大多与此有关。

4. 忽视中国文化对外"全域传播"

中国文化国际传播的效果不理想，主要原因是缺乏对中国文化"全域传播"的理解和认知。"全域传播"是渗透到骨髓的国际传播，在跨国交流与交往中无所不在。长期以来，中国更加关注媒介传播理论与实践研究，但是对于文化内容传播、多元渠道传播、国际市场传播、民间外交传播等并未给予足够的重视，传统与现代文化的国际传播、国有与私营主体的国际传播、交流与贸易的国际传播、纸媒与数字媒体的国际传播、传媒业与非传媒业互动的国际传播、群体与个体的国际传播、"走出去"与"请进来"的国际传播等都应包含其中。

三　促进中国文化国际传播的有效路径

"找准群体""找准路径""影响哪些人""如何影响这些人"，重视中国文化内容传播、市场传播、渠道传播、民间传播，以提升中华文化对外传播的质量和效果。

1. 大力发展文化贸易，通过市场交易平等传播

古丝绸之路通过贸易连接起亚欧非地区的人类文明，商人把各自所在国家的文化随着带往异国的香料种子一起沿途播撒，在推进"一带一路"建设的今天也离不开文化的传播与文明的对话，文化贸易成为切实有效连通"一带一路"的重要纽带。文化贸易是国际贸易中的重要内容，图书版权、电影版权、电视节目版权、演艺版权、动漫网络游戏版权、创意设计版权等作为贸易标的，具有强烈的渗透性和影响力，伴随中国整体经济实力的增强，中国已经成为全球最大的文化产品出口国，共建"一带一路"国家必然是中国开展国际贸易的重要区域。作为打开"文化围城"、实现民心相通的"金钥匙"，文化产品与服务的对外贸易将迎来优化升级和提质增效的新机遇。加快发展高质量、差异化且富含中国文化核心价值的产品和服务贸易，有效对接海外文化机构与文化产业资源，布局全球市场，通过国际市场交易规则，平等地传播中国文化。

2. 重视跨国企业主体，通过务实合作生动传播

中国参与国际贸易的主体越来越多元，至今已有80多家中央企业在共建"一带一路"国家设立了分支机构，国有企业是当前中国企业参与"一带一路"建设的先行者和主力军，民营企业也不断参与其中。应塑造中国企业国际文化形象，提升中国企业的文化传播能力。企业"走出去"与文化交流和文化传播的实现并不是因果关系，文化交流与文化传播并非文化企业"走出去"的目的或动因，而是当企业自主地选择开拓海外市场时，文化交流与文化传播的功能就随之自然发生。即在开展国际贸易与投资过程中，以产品与服务为载体，伴随交易的发生，文化交流与文化传播自然而然地发生。

3. 重视商学精英阶层，通过交流互动精准传播

学界精英，尤其是国际问题专家，对外交决策有重要影响力；商业精英，最可能促成贸易与投资合作；青年领袖，尤其是大学社团的积极分子，

是国家政界、商界、学界精英的储备力量，在社交平台活跃度高，往往对其他社会阶层有着特殊的影响力。重视针对外方智库、退休官员、有影响力的商界和学界精英的文化传播，重视针对外方第三方机构、行业组织及非政府组织的文化传播，加强人文交流，通过与外方重点领域、重点机构、重点人物的互动、互信、互鉴，以外方具有相当影响力的学界精英、商界精英以及青年领袖之口，讲述中国故事，提升中国文化国际传播的效果。

4. 重视青少年群体，通过数字科技娱乐传播

青少年群体是世界的未来。中国文化国际交流与传播载体将紧随科技的进步而变化。目前传统载体仍占有较大比重，但其重要性和市场份额将逐步降低，越来越多的科技型文化产品与服务将成为市场主流，年青一代也将成为消费主体，科技娱乐、文化装备、网络游戏与网络节目的版权交易等将成为热点，因此，应促进创作、孵化有感染力的数字科技娱乐产品与服务，参与世界文化市场竞争，使得在世界任何角落的青少年都可以触摸和感知富含中国文化基因的数字科技娱乐产品与服务，在娱乐和体验中认知中国文化，进而喜爱中国文化。

5. 重视华人华侨群体，通过同源同族巩固传播

随着中国综合国力的不断提升，海外华人华侨数量不断增加，据估算有超过5000万人，同时海外华人华侨的分布遍及世界各地，特别是在共建"一带一路"国家和地区聚集程度高，在海外影响力不断提升，文化市场需求得到格外重视。华侨是指保留了中国国籍，但拥有其他国家的永久居留权或者长期工作生活在海外，仍然受到本国法律保护的人士；华人是指祖先来自中国大陆，或者自己本身是中国人，后来取得了所在国国籍的人士，例如美籍华人等。但是这个群体特殊而复杂，虽是同根生，却对中华文化的理解与认同存在差异。海外华人华侨包括二代移民、三代移民、华裔，同族、同源，需重视培育和巩固海外华人华侨群体传播中国文化。

6. 重视传媒机构合作，通过投资贸易共同传播

媒体是沟通民心的桥梁，对引导舆情发挥着重要作用。寻求可靠的互助合作伙伴，发挥媒体各自的优势，加强双边、多边人员往来，使外媒更多理

解和认识中国发展的鲜活实践，共享新闻信息，"找对人，做对事"，以实现从世界各处发出更多好声音，这是最为有效的途径。对外文化投资是促进中国文化国际传播的有效方式之一，帮助传媒企业取得海外市场中当地文化企业等机构的经营权、控制权，利用当地资源有效对接需求与供给；同时以文化投资的实体机构为媒介，汇聚文化市场各方参与主体，最大限度地为中国文化产品与服务"走出去"创造适宜的市场环境，也为文化产品与服务的本土化提供更多保障，并通过搭建渠道畅通、信息对称的服务平台，进一步提升中华文化国际传播的有效性。

7. 利用一切可用资源，通过"无用"传播提升品质

美国华盛顿波特马克河畔种满日本的樱花树、大英博物馆参观导览器上的大韩航空赞助、西班牙巴塞罗那奥运主场馆外韩国冠军的雕塑和纪念石碑等鲜活的案例细节，都充分体现出文化的国际传播无所不在。一切形式的交往和互动都应纳入中国文化国际传播的整体方案中。海外民众眼中的中国符号，利用一切可以利用的资源和信息，通过"无用"传播，渗透于民众的日常生活方式中，真正提升中华文化对外传播的质量和效果。随着国际投资方式日益多元，设立海外分公司、跨国并购和签署合作协议等都成为企业对外文化投资的重要方式；投资主体不仅局限于文化企业本身，更多实行多元化经营的公司将文化产业视为重要领域，制造、地产、金融等领域的规模以上企业将凭借其雄厚的经济实力和资金储备更多地参与对外文化投资。目前，中国对共建"一带一路"国家非金融类直接投资超过 500 亿美元，并在 20 个沿线国家建设的 56 个境外经贸合作区累计投资超过 185 亿美元。

人才是发展的关键。以战略高度破解复合型人才培养瓶颈，培养和储备具有"中国情怀"的国际化人才，以实现中华文化有效传播为目标，以创新交叉学科建设为抓手，政产学研联动，国际国内互动，共同培养和储备具有"中国情怀"、热爱传播中国文化、熟知海外文化环境、懂得运用国际交往惯例、推动中国文化融入世界多样性文化的复合型、国际化优秀人才亦是当务之急。

文化具有独特的渗透力，文化产品和服务承载着价值观念和生活方式，

其社会价值超过商业价值，与其他方面相比，在文化影响力等方面会对消费者潜移默化地产生影响。设计制作更多的符合受众偏好和创意的文化产品与服务，培育国内国际文化市场，在世界文化经济生态圈中找到中国文化应有的位置，培育海外民众对中国文化的认同感，使得中国文化和谐地融入世界多样性文化中，从而达到稳固中国核心价值、增强民族自豪感、强化文化凝聚力的目的。随着共建"一带一路"国家文化市场与中国文化市场更紧密的联通，中国强大的文化消费需求将逐步外溢到共建"一带一路"国家，中国文化产品与服务必将更多地参与国际竞争，通过"需求—供给"传导机制倒逼国内文化产业供给侧深化改革，文化市场同步完善，从而催生出高品质的文化产品与服务。共建"一带一路"国家文化产业的发展大多起步较晚，发展速度缓慢，挑战与机遇并存，中国与共建"一带一路"国家的文化产业合作需要建立各方共同建设、共担风险、共享收益的利益共同体，需要借助市场力量，最大限度地促进生产要素有序流动、资源高效配置，才能实现文化市场的深度融合。

习近平主席曾说"加强世界各国文化交流，扩大不同文化背景下人民的心灵沟通是推动建设和谐世界的重要途径"。当前，中国迫切需要确立恰当的国际地位，建立良好的文化形象，消弭无谓的国际贸易争端，增强在国际事务中的话语权。把社会主义核心价值观体现到精神文化产品创作、生产和传播的全过程，通过承载中华优秀文化的产品和服务的输出，占有更多的国际文化市场份额，努力彰显中华文化的亲和力，赢得国际的理解和认同，从而巩固中国文化价值体系的国际地位。

国际合作传播视野下海外中国文化中心的综合服务平台功能创新[*]

钟新　姚玮[**]

摘　要： 本文以国际合作传播为研究视角，从传播主体、内容、渠道、平台四个方面梳理海外中国文化中心在快速发展过程中实现的功能创新，并指出海外中国文化中心可能的未来发展方向。主体合作方面，部省合作，地方文化"走出去"；内容合作方面，本土合作，融通中外新表达；渠道合作方面，加强互动，新技术助力传播；平台合作方面，国情宣介，建立综合性平台。

关键词： 国际合作传播　海外文化中心　国际文化交流

海外文化中心是促进国际文化交流的重要平台。海外中国文化中心由文化和旅游部主管，属于官方非营利文化机构，其主要职能包括举办文化活动、教学培训、思想交流、信息服务。

中国自 1988 年起开始在海外设立文化中心，截至 2012 年末，共设有 13 个海外文化中心，这一时期发展缓慢。自 2012 年起发展势头迅猛，而在 2014 年一年之内，中国就增设了 7 个海外文化中心；截至 2017 年 9 月，海

---

* 本文为国家社会科学基金重点项目"习近平总书记的大国传播与公共外交思想研究"（项目批准号 15AXW005）的阶段性成果。

** 钟新，中国人民大学新闻学院教授、察哈尔学会高级研究员；姚玮，中国人民大学新闻学院硕士研究生。

外中国文化中心数量达到 30 个。据《文化部"十三五"时期文化产业发展规划》，海外中国文化中心总数在"十三五"期末达到 50 个，且优先设立在共建"一带一路"国家。

可以预见，海外中国文化中心将成为国家软实力建设的重要平台，也将在"一带一路"倡议实施过程中承担人文交流合作的重要使命。

国内学者及业界人士从不同方面对海外中国文化中心进行了研究。郭镇之和张小玲以孔子学院在海外遇到的发展困境为鉴，提出海外中国文化中心应谨慎发展，保持作为文化机构的超脱地位，尽量避免过多的政府色彩；[①]卫志平和陈璐指出了海外中国文化中心在人员、经费、成效和布局上存在的问题，并提出了部分解决建议；[②]雷同玲则以在海外中国文化中心工作的亲身经历为例，描述了文化中心的发展状况，提出了构建完善对外交流体系这一建议。[③]

公共外交从独白、对话到合作层层递进，合作被认为是最高层次的公共外交模式。[④]作为公共外交的重要平台之一，且面临"接地气、聚人气、有士气"等一系列发展要求，海外中国文化中心需将国际合作传播作为其发展理念，与中国国内和驻在国的多元主体开展多层次多模式的合作，这不仅有助于减缓文化中心迅猛增长所面临的资源、内容、渠道匮乏等方面的压力，也有助于其实现综合服务功能创新，实现文化中心平台效益最大化。

本文旨在以国际合作传播为研究视角，从传播主体、内容、渠道、平台这四个方面梳理海外中国文化中心在快速发展中实现的功能创新，并指出海外中国文化中心可能的未来发展方向。

---

① 郭镇之、张小玲：《海外中国文化中心发展策略思考——以孔子学院为镜鉴》，《新闻春秋》2016 年第 2 期。

② 卫志平、陈璐：《提升海外中国文化中心的传播能力》，《红旗文稿》2015 年第 4 期。

③ 雷同玲：《见证中国文化中心在非洲的成长和发展》，《非洲研究》2016 年第 2 期。

④ Geoffrey Cowan and Amelia Arsenault, "Moving from Monologue to Dialogue to Collaboration: The Three Layers of Public Diplomacy," In Geoffrey Cowan and Nicholas J. Cull, (2008) (ed.), *Public Diplomacy in a Changing World*, Sage Publications Ltd.

一 研究方法

本文以中国文化中心官方网站①上"中心动态"栏目中所列新闻稿为主要研究对象，研究海外中国文化中心的功能创新之处。这些新闻稿包含所有海外中国文化中心举办的活动，总体较为全面，有代表意义。

但由于其总量过大，我们难以对所有对象进行研究。为具体分析传播主体和传播内容的变化趋势，我们采取简单随机抽样的方法，确立以每年8月的活动为样本，采集了官网上2015～2017年连续三年的8月活动新闻稿作为研究样本，对传播主体、传播内容进行了三年同期的纵向分析。最终我们采集了90篇新闻稿，其中2015年8月共28篇，2016年8月共22篇，2017年8月共40篇。在传播渠道和传播平台的研究上，因为海外中国文化中心这两方面的功能创新属于萌芽阶段，难以形成可量化的统计趋势，所以我们选取了典型案例进行分析，研究个案中单次活动的创新之处。

二 研究发现

（一）主体合作：部省合作，地方文化"走出去"

为了支持海外中国文化中心的迅速发展，需要更多力量参与文化中心的建设。从事国际文化交流活动所需的经费、人力、物力可谓无底洞，单靠文化中心的国家财政拨款实在是独木难支。除此之外，地方省区市和中资企业等，也有借助中国文化中心这一平台向海外公众传播自己文化或品牌的需求。合作正是有效满足双方需求的最好途径。

作为文化中心活动举办者的主体合作主要有三种：机构合作、企业合作、部省合作。机构合作主要是与国内外文化机构进行合作，多为博物馆、

---

① 中国文化中心网站，http://cn.cccweb.org/portal/site/Master/index.jsp。

大学、民间艺术文化团体，还有文化部下属的事业单位和社会团体等。企业合作主要是与中资企业合作，但目前来看此种合作框架下举办的活动较少。部省合作是指文化部与地方各省区市之间开展合作，将地方优质文化内容输送到文化中心这一平台上来。部省合作近期发展尤为迅速，且在合作模式和合作层次上都出现了创新之处，因此本文将其作为海外中国文化中心传播主体创新的研究重点。

我们摘录出报道样本中每次活动的主办方、承办方、协办方，以此统计分析海外中国文化中心的传播主体构成。在海外中国文化中心 2017 年 8 月所举办的 40 场活动中，有 12 场得到省级部门的协作支持，比例达到 30%。表 1 显示，2017 年部省合作活动数量的增长势头相当可观。这一增长除了由于地方政府在海外中国文化中心的投入加大外，也可能缘于部省合作模式下合作水平的提高。

表 1　海外中国文化中心部省合作趋势（2015～2017 年）

单位：场，%

时间	活动总数	部省合作活动频数	部省合作活动频率
2017 年 8 月	40	12	30.0
2016 年 8 月	22	4	18.2
2015 年 8 月	28	5	17.9

部省合作最基本的形式是单次活动的合作，地方文化部门提供展示内容，海外中国文化中心提供展示平台。通过对近年来文化中心部省合作框架下所举行的活动进行总结，我们归纳出"一对多""多对一"两种新型合作模式。

"一对多"指地方政府文化部门提供一场活动的内容，但在多个文化中心平台上进行展示。例如，顺德区政府提供的"'源味中国'——中国（顺德）美食品鉴晚宴"分别在巴黎、新加坡两地中国文化中心开展。"一对多"合作方式提供的内容大多具有普适性的文化魅力。其最明显的优点在于能减少人力、物力成本，帮助地方政府更加专注于将某一项活动打造为精品。更进一步，这有助于树立起地方活动的品牌效应，帮助优质文化内容更好地走向世界。

"多对一"指地方政府文化部门连续提供多场活动内容给一个文化中心。此种合作方式的主要表现形式是"文化月""文化年"等。如 2017 年的"2017 泰国—中国河北文化年""2017 新加坡—中国重庆文化年"等。"文化年"等活动一般由海外中国文化中心和地方文化厅共同承办，平均 1～2 个月在海外中国文化中心举行一场"文化年"框架下的部省合作文化活动。合作伙伴的相对固定也更能加深合作层次，让海外中国文化中心所在地的公众对中国地方产生更深的认知。认知则是情感、信任、认同的基础。

不限于以上两种形式，部省合作的层次还进一步深化，从单纯的项目合作发展至人员、资金的进一步合作。典型的代表之一就是文化部与地方政府共建文化中心。2015 年，文化部与上海市共建布鲁塞尔中国文化中心，这是首个采用部省（市）合作共建模式的海外中国文化中心。2016 年，文化部再次与江苏省政府共建海牙中国文化中心。部省合作共建文化中心这一形式，使地方政府与文化中心从"界限分明"的合作者转变为一个紧密的共同体。这提升了文化中心调度地方资源的优势，也将文化中心的发展与地方文化"走出去"的需求紧密结合。双方合作成为"命运共同体"，也进一步加强了地方政府与文化中心合作的积极性，为文化工作注入活力。

（二）内容合作：本土合作，融通中外新表达

在对外传播中，习近平强调要"创新对外宣传方式，着力打造融通中外的新概念新范畴新表述"。文化中心所提供的文化服务要做到融通中外，就要求既反映中国文化特色，更能够被外国公众理解接受。同时，随着中国世界地位的提升，国外的媒体、机构等对中国也抱有相当大的兴趣。在进一步了解中国的过程中，其也需要来自中方机构的助力。文化中心与所在地的本土机构进行合作，既能促进双方互相了解，也更容易帮助其产出的文化内容实现从"走出去"到"走进去"。

表 2 显示，海外中国文化中心与本地机构合作开展活动的频率较为稳

定，2017 年略有上涨。但就频数而言，2017 年的内容合作次数实现了一倍的增长。这表明与本地机构、个人等的内容合作是海外中国文化中心开展活动的重要来源。

表 2　海外中国文化中心本土内容合作趋势（2015～2017 年）

单位：场，%

时间	活动总数	本地机构、个人等提供内容的活动频数	频率
2017 年 8 月	40	14	35.0
2016 年 8 月	22	7	31.8
2015 年 8 月	28	9	32.1

海外中国文化中心的主要合作形式是邀请当地学者专家开办讲座或展览当地艺术家作品等。这些合作应产生怎样的文化内容？优秀的对外传播内容应同时具有与当地文化的"共性"和"差异"。"共性"是让外国公众接受的前提，"差异"则是让他们保持兴趣的关键。"差异"来自外国公众不熟悉的中国文化，而"共性"这一部分，可通过与本地机构的合作来帮助实现，让海外中国文化中心传播的中国文化内容拥有一张"亲切的面孔"，实现中外内容的融合贯通。文化内容的传播不一定要达成说服性的效果，也不追求短期的速成型影响。最重要之处就在于克服"水土不服"，实现"细水长流"。

2017 年 6 月 27 日，在柏林中国文化中心举行的展览"德国设计师的中国情缘"就是文化中心本土合作的一个典型案例。该场展览是已故德国设计师施陶巴赫的作品展示。施陶巴赫设计室与中国中车集团共同设计制造了数量可观的城市轨道交通工具，如武汉、上海、广州和沈阳的有轨电车，波士顿、布宜诺斯艾利斯、哈尔滨、成都、南昌的地铁以及北京地铁十四号线等。柏林中国文化中心主任陈建阳在展览开幕致辞中提到，施陶巴赫作品中与"中国制造"相结合的范例反映了中德两国在经济和技术方面的成功合作。

"德国设计师的中国情缘"展示的不仅是"中国制造"，更有"中国制造"中所凝聚的德国对"中国制造"的贡献、中德的合作情缘，向德国人民传递出合作使我们共同强大的讯息。寻找中国与文化中心驻在国的联系是一种"融通中外"的表达。

（三）渠道合作：加强互动，新技术助力传播

媒体合作的形式越来越多样化。新媒体时代，人们对传统媒体投入的注意力逐渐下降。海外中国文化中心除了维护传统媒体资源之外，更要加强拓宽新媒体渠道方面的合作。通过对 2017 年海外中国文化中心活动梳理可看出，除了邀请传统媒体对文化中心所举办活动进行报道外，直播、弹幕等新传播技术都出现在文化中心的对外传播中。

2017 年 8 月 26 日，开罗中国文化中心所举办的"行走金砖＋"系列直播活动：中央电视台驻开罗记者在文化中心进行了手机直播，向全球观众介绍开罗中国文化中心。截至当天 20：00，在央视新闻客户端、新浪微博、今日头条等观看直播视频的观众已超过 12 万人次。[1]

手机直播这一传播形式，相较于传统的文字报道和电视节目而言，具有以下几个优势。第一，情感渲染。不同于传统媒体中记者通常扮演的"隐身人"角色，手机直播的"主播"这一角色往往在传播中具有更强的参与性和互动性。正因如此，作为主播的记者在传播过程中与受众显得更为亲近，也更容易实现对外传播过程中情感的渲染和引流。第二，直观感知，身临其境。在传播过程中，我们不可避免地会遇到传者建构和受者解读之间的偏差。而在手机直播过程中，受众随着记者的脚步移步换景，直接体验忠实于原场景的视觉记录。这样的直观感知一定程度上减少了"编码—解码"过程中的噪声，有助于实现"原汁原味"的传播。第三，直播时长不受限制。在开罗中国文化中心"行走金砖＋"直播活动中，直播时长达到 50 分钟。这 50 分钟里，记者对开罗中国文化中心进行了详尽的介绍，而这样的直播时长是在传统电视节目中难以想象的。

---

[1] 齐正军：《开罗中国文化中心活动首次进行网络直播》，http：//cn. cccweb. org/portal/pubinfo/001002003003/20170829/309873069c504d7685181bb34cbcba92. html。

另一种崭新的媒体合作形式是通过弹幕网站进行直播。2017 年春节，东京中国文化中心与日本 dwango 公司、木兰创意文化发展公司、中国电视公司进行合作，在日本弹幕视频网站 NICONICO 上实况直播了 2017 年中国春节联欢晚会。东京中国文化中心在实况直播春晚时，将直播标题定为"中国版·红白歌合战"。红白歌合战是由 NHK 组织，在日本每年 12 月 31 日播出的歌唱晚会，性质类似中国的春晚。这一直播标题显然是为了便于日本观众理解。此外，直播附上了部分日语字幕（语言类节目无字幕），且东京中国文化中心在实况直播中向观众介绍本次春晚的看点。网站数据显示，该直播历史观看人数达到 73000 人，弹幕数超过 55000 条。①

文化中心选择的直播网站是 NICONICO。这是日本最大的弹幕网站，中国的 bilibili 正是借鉴了其模式。弹幕网站的一个特性就在于弹幕具有高互动性，提高了受众的参与度。在弹幕上，日本观众经常会提出观看春晚时自己的不理解之处，如"'小鲜肉'是什么意思？为什么要将人称为'肉'？""奥运选手傅园慧还是相声演员吗？"针对这些在弹幕上出现的问题，实况直播的工作人员会给予回答，减少由于文化差异而出现的传播障碍。

直播、弹幕等新传播技术的出现，增强了海外中国文化中心对外传播中的互动能力，拓展了文化中心的传播空间。中国对外传播中遇到的一大问题就是国家的真实形象与国际公众所理解认知的中国形象的偏差。这往往来源于两个问题：一是跨文化的阻碍；二是国际社会中的中国形象往往被西方媒体所把控。也就是说，对外传播过程中，我们不可避免要重复进行修正偏差这一工作。修正偏差的难点在于，传者难以了解受者究竟是何处出现了解读偏差，也难以将修正的话语传达到受者。而新传播技术的强互动能力则在一定程度上解决了这个问题。在直播和弹幕等新技术条件下，即使是大众传播中，传者和受者也能实现即时的沟通。也就是在"编码—解码"这一体制

① 《中国版·红白歌合战 13 億人と共に見よう "春節聯歓晩会 2017"》，http：//live. nicovideo. jp/searchresult? v ＝ lv288658093&pp ＝ closed，0&zroute ＝ search&sort ＝ recent&keyword ＝ % E6％98％ A5％ E8％8A％82％ E8％81％94％ E6％ AC％ A2％ E6％99％9A％ E4％ BC％9A&btm ＝ c。

之下，引入了一个强有效的反馈过程。受者的疑问能及时反馈给传者，传者的回应也能及时反馈到受者。

（四）平台合作：国情宣介，建立综合性平台

传统而言，海外中国文化中心更倾向于是一个单一的文化服务平台；但文化部"十三五"规划提出，海外中国文化中心应"开展国情宣介、思想交流、文化展示、信息服务等活动，使中国文化中心成为中华文化传播的综合服务平台"。此前海外中国文化中心因同样从事教学培训，与孔子学院在功能上出现了交叉。新规划中未提及原四大职能之一的教学培训，而重新提出了"国情宣介"这一职能。规划的新表述可能表明未来文化中心不再与孔子学院承担相似的职能。这既减少了两机构因为职能交叉可能面临的资源竞争和冲突，也便于中国在对外传播中更好地规划两机构的定位。

海外中国文化中心的未来发展方向是一个"综合服务平台"。这与新提出的国情宣介这一职能相吻合。这意味着海外中国文化中心的活动涵盖范围将进一步扩大，不仅仅只是宣扬中华文化，同时需要通过各种活动让所在国公众对中国当前国情国策有所认知，平台承载内容将更加丰富。

例如对中国"互联互通"这一战略的宣介。2017年9月6日，新加坡中国文化中心举行了中新（重庆）信息通信合作推介会。此活动为"重庆文化年"重要活动之一，由中新（重庆）战略性互联互通示范项目管理局、重庆市经济和信息化委员会、中国联通（新加坡）运营有限公司联合主办，以"互联互通、共赢发展"为主题。会后，来自重庆的11家重点产业园区及企业和100余家新加坡本地企业进行了面对面对接洽谈，部分企业已初步达成合作意向。

该活动的性质属于推介会，是为中国企业和新加坡企业互相了解提供一个信息交换平台，促进民间组织之间的相互交流。在这一活动中，文化中心不再仅仅是一个展示文化内容的平台，而是利用其现有的对外传播能力，通过与中新（重庆）战略性互联互通示范项目管理局等机构合作，建立起一个经济交流、企业合作的平台。但为了保持文化中心作为文化机构的中立态

度和淡化政府色彩，在进行这样的传播活动时，我们更需要谨慎。文化中心应保证以共赢为前提，采取一种谨慎而不造成威胁的姿态，保持一种中立平台的态度，而不对本国机构有所偏倚。

当然，更多的国情宣介活动还是以文化色彩为主基调，也发挥了海外中国文化中心在文化资源方面的优势。如柏林中国文化中心"一带一路"沿线风情摄影展、马耳他中国文化中心"影像丝绸之路——甘肃风情"摄影作品展、开罗中国文化中心"一带一路"座谈会、东京中国文化中心"当今丝绸之路"特别讲座、乌兰巴托中国文化中心《丝路情》歌舞晚会等活动。这些活动显然是对我国"一带一路"倡议的宣介，但更多的是通过文化艺术等内容进行柔性表达方式下的传播，也并不会产生立竿见影的效果。相较于推介会后"企业达成合作意向"这样的传播效果而言，文化传播的效果可能更像是"润物细无声"，但面向的受众面更广，且也不容易引起受众的抵触心理。

三　研究结论

上述分析显示，海外中国文化中心近年来不仅实现了数量上的迅速增长，在功能上也表现出诸多创新之处。公共外交的最高层次是合作；作为重要公共外交平台的海外中国文化中心所展现出的这些功能创新，也基本上来源于不同层次的多元合作。对此进行归纳分析，对于我们探索公共外交和进一步做好对外传播工作，都具有重大的指导意义。

传播主体的创新主要表现为部省合作的逐渐深入，帮助地方文化内容更好地"走出去"。地方政府与文化中心从单次项目式的合作这一基本形式逐渐深入，发展出"一对多"的品牌活动，"多对一"的文化年、文化月等系列和连续合作模式。部省合作逐渐走向常态化，地方文化内容也更容易借助文化中心平台向世界推广。此外，部省合作还发展出共建文化中心这一合作模式，这让地方政府与文化中心成为"命运共同体"，文化中心能更好地整合地方政府资源，地方政府也能有效利用文化中心这一平台，以两者合力来更好地进行对外传播，强化文化中心驻在国公众对中国地方的认知。

内容合作的创新更多体现为与当地机构等的合作，塑造出融通中外的新表达。独白式的话语难以真正融入海外中国文化中心所在地的本土语境，而合作一方面通过"输血"来帮助文化中心适应当地文化；另一方面培养其"造血"能力以创造融通中外的表达方式。当地机构就像海外中国文化中心的"领路人"，帮助文化中心更好地深入当地公众。对于当地公众而言，文化中心与当地结构合作生产的内容显得更为亲切熟悉，减少了跨文化传播中的心理隔阂。对于文化中心而言，与当地机构的合作不仅减少了内容成本，更有利于减少文化折扣现象，帮助中国文化内容实现从"走出去"转向"走进去"。

渠道合作的创新表现为对新传播技术的利用，提升了对外传播的效果。直播、弹幕等新传播技术改变了传统的传播过程。传播内容变得更加直观，更容易让人实现身临其境的代入感，这使得受众更易产生情感的卷入和共鸣。并且在新传播技术下，传者和受者之间能够实现即时的互动并进行有效的反馈。对外传播过程中传者建构形象和受者解读形象的差距可以在互动和反馈中逐渐被弥合。除此之外，在受众注意力逐渐转向新媒体这一时代背景下，探索与新媒体的合作方式，也能够帮助文化中心的传播内容覆盖到更多的受众。

平台合作的创新表现为加强国情宣介，建立综合性的传播平台。根据文化部"十三五"规划对海外中国文化中心提出的新要求，海外中国文化中心逐渐向综合性服务平台发展。作为中国对外传播的重要基站，海外中国文化中心将在国际合作中扮演更重要的平台角色，促进两国之间人流、物流、资金流和信息流的往来。但总体而言，文化服务仍然是海外中国文化中心的主基调。文化中心应把握自身中立柔性的定位，以促进两国人民之间的了解和友谊为本，实现"细水长流"的传播效果。

中华传统文化国际传播策略创新

——从《黄鹤楼》与《高山流水》德文故事书说起

周　俊　高铭远*

摘　要： 本文以《黄鹤楼》和《高山流水》这两个传统故事为例，探讨中华传统文化国际传播的策略创新。首先，挖掘传统故事创作源头需与当代城市发展相融合，传统故事情节的创新设计需与当代普世价值形成共同点，而传统文化战略资源的作用发挥需与生态文明建设相契合。其次，传统故事再版过程中应充分利用小百科介绍和文化外宣的巧妙性设计，将传统故事的创新出版与人类文明进步和世界和平发展联系起来。最后，文化的创新传播方式应助力城市国际合作和产业转型升级。

关键词： 国际传播　中华传统文化　传统故事　文化传播

一　传统故事创作源头的挖掘与当代城市发展的融合

"高山流水"典故最早见于《列子·汤问》，作为同名古典名曲《高山流水》则属于中国十大古曲之一，一直是中国音乐走向世界的经典曲目，不管是曲调的抑扬还是古琴的魅力一直吸引着众多国外观众，管平湖先生演

---

* 周俊，教授，德国明斯特大学中国研究中心主任；高铭远，德国明斯特大学中国研究中心。

奏的《流水》曾被录入美国太空探测器"旅行者一号"的金唱片，并于1977年8月22日发射到太空，向茫茫宇宙寻找人类的"知音"。应该说大家对曲目《高山流水》并不陌生，而一件偶然的事情，让我们发现了这个曲目和它背后故事的断层，以及一个感人的城市故事的缺失。

德国明斯特大学中国研究中心（以下简称中心）曾组织一场受众来自中德各界名流的中国演出，舞台上不管是唱歌、舞蹈，还是钢琴、小提琴演奏，都无法抵挡一曲《高山流水》的古筝演奏，大家如痴如醉。我们现场采访不少听众，问他们为什么着迷，他们说独特的东方文化气息是吸引他们的亮点。当听说这首曲子背后还有一个感人的有关两位东方男人友谊的故事时，他们瞪大了好奇的眼睛，因为他们没想到曲子背后还有这么一段令人心碎、叫人心动的真实历史故事，显然大家被曲目背后的故事深深感动吸引。观众的情感反馈引发了我们的思考：①《高山流水》的曲子受欢迎；②《高山流水》背后的故事更能打动人；③大家只知道这个曲子，不知道曲子背后的故事，更不知道这个故事发生在哪儿，也就是和今天的哪座城市有关联。

"曲子—故事—城市"这三个元素，处于失联的状态，如果能将目前处于单个个体的状态重新组合和链接，会发生些什么奇妙的变化？作为一个致力于城市文化传播的研究机构，我们为自己的灵感发现而欣喜：一个"高山流水"的知音故事，一首子之心而与吾心同的古典曲目，一件神秘的东方乐器，一座充满厚重人文情怀的城市，最后浓缩为传递武汉城市形象的魔力音符！

其实，很多时候我们在做城市形象宣传时，苦于元素的找寻收集，要么用高楼大厦、大全景、高科技光线组合成绚丽夺目的画面……通常十个城市宣传片看下来，大家记不住一个，为什么？因为严重的同质化，不同城市宣传片都是同样的思路和表现形式。我们应该从已有的独特的地域传统文化中发现和挖掘一些有当代价值和世界影响力的故事。传统文化是最深厚的文化软实力，而一个国家综合实力最核心的还是文化软实力。而《黄鹤楼》与《高山流水》在传播武汉城市形象方面有着特殊的优势和优越条件。

非常荣幸的是，我们的这一创意想法得到中共武汉市委宣传部的大力支持和赞同，武汉也成为全国首家推出传统文化国际传播系列的城市，武汉"勇于创新，敢为人先"的城市精神再次在传统文化国际传播上得到充分体现。

二　传统故事情节的创新设计与当代普世价值共同点的挖掘研究

在《高山流水》创作改编的时候，我们也遇到不少问题。第一个难点是关于性别的问题。因为这是一个关于两个男人的故事，如果故事内容和情节拿捏得不好，很容易让异域读者从一个感人的友谊故事导向同性恋的故事。因此，我们咨询了不少从事中德文化交流的专家学者，他们说很多人不敢碰这个题目，就是担心把握不好，传到国际上关于同性恋的非议大于友谊的故事，不仅冲淡了故事的原意，而且结果适得其反。他们说，把这个问题说清楚，是一个非常大的挑战，所以很多外国人尽量回避这个话题的创作。

为了将这个问题阐释清楚，我们查阅了大量中国的、西方的资料。从古希腊神话故事到好莱坞大片和当代中国影响世界的影片及故事，进行中西元素对比分析，总结出伯牙和子期能吸引他们的核心是精神上的同道和灵魂中的契合，他们不以物质得失为条件，以心换心，追求并达到精神上的理解和支持，而这种精神上的志同道合与性别无关。法国大片《无法触碰》就是讲述一个生活无法自理的贵族菲利普与其帮佣黑人青年德瑞斯两人相互帮助成为知音的故事，在古希腊神话里也有不少关于男人之间友谊情感的故事。这些佐证打消了我们的顾虑，所以在创作改编时我们从伯牙和子期相识、相知的高贵情谊入手，从他们追求精神上的共鸣点展开，哪怕最后伯牙琴断心碎，读者都是被他们心灵相通所感动感染，而没有产生同性相恋的歧义，这在后期的读者反馈中也得到充分证实。

第二个难点是关于两者身份地位的问题。在传统的中文典故里，为了弱化两者身份地位的悬殊，将樵夫子期的身份做了拔高。伯牙是著名音乐家，为了合理解释子期能听懂他的音乐，原中文版本做了铺垫，追述了子期的家庭背景，并对家庭背景做了大量描述，子期虽为樵夫，但他来自音乐世家，其父也是一名音乐达人，只因家庭变故沦为樵夫，原版本在寻求一种合理的解释，伯牙、子期能相互理解，是因为他们来自同一个阶层，有共同的音乐背景……从故事情节的角度，我们放弃了原版本的人物设计，而是将两者的身份地位拉开，因为只有这样，才更能深刻表现和体会知音难遇的现状。生活中，两个来自不同家庭、不同身份地位的人寻觅到知音，远比同阶层遇到知己更难，更能打动人，也更能理解为什么伯牙摔琴的举动，这样的改动，不仅情节更吸引人，也更符合生活的原貌。不仅对身份地位做了改编，在年龄上我们也做了差异化对比，一位老人和一位年轻人的相遇，有矛盾冲突，有差异化对比才能更好地推动故事情节的发展。

在原版本中还有一个没有解释说明的疑点，子期在约定第二年相遇的时候去世了。子期怎么去世的，如何去世的？在我们查阅的大量中文版本中都没有一个合理解释，仅仅说意外去世，对于这个故事中的关键主角，大家都很好奇一位健康的年轻人是怎么去世的。为了让这个人物合情合理，同时将中华文化的孝道在作品中体现出来，我们做了大量情节设计和改编。

孝道是中国传统社会十分重要的道德规范，也是中华民族尊奉的传统美德。在中国传统道德规范中，孝道具有特殊的地位和作用，已经成为中国传统文化的优良传统。在这样一部作品中，我们如何既能将孝道合情合理地融入，展示给西方世界，同时又完善故事情节？

在伯牙和子期第一次相遇畅谈通宵，伯牙邀请子期随他同行时，子期说，家中尚有父母需要赡养，不能随伯牙同行，在亲情和友情间他选择了亲情，这也是伯牙敬重子期的地方。第二年，他的不幸去世，也是因为生计，上山砍柴过程中，不慎失足跌入山涧受重伤。这是对中华民族"父母在，不远游，游必有方"的孝道传统的完美诠释。为了亲自孝敬父母，子期尽了应尽的孝道。临死之前，他躺在父亲怀里，心中惦记的却是不要忘了中秋节与伯牙的约定……他嘱托父亲帮他完成遗愿，这样一个有情有义、有血有肉、既遵孝道又重友情的人物鲜活地展现在大家面前，如何不让人为之动容，潸然泪下，这也是打动德国读者的一个重要情节设计。

三 传统文化战略资源作用的发挥与生态
文明建设的契合

如何利用知音故事中的战略资源，破解世界认知中国的当代难题？知音故事又和人类命运共同体有何关系？很多人认为这是完全不相干的话题，很难也无法将它们结合起来。然而在我们的作品中，巧妙又自然地将这些看似不相关的题目融合在一起。原作中，为了描述伯牙的琴声悦耳，连自然界都感染了：马儿都驻足聆听……

中心是从事中德城市管理对比研究的机构，文化传播是我们的一个子项目，正因为从事对比研究，我们能从双方的对比中发现异质点，并能很好地找到对接点。我们知道德国人对中国的环保工作非常感兴趣，而在环保领域，他们又对动物保护最为关注。好多德国人不仅知道熊猫，还知道我们中国有这样一种动物——白鳍豚，它被认为是当前最接近灭绝的水生哺乳动物，有"长江女神""水中大熊猫"之称。因此，在故事创作的前期调研中，我们查阅了大量资料，研究国际上对白鳍豚的保护有哪些关注点和疑点。

传统中有一些做法，越是有争议的问题，越是采取回避、掩盖、逃避的态度，往往导致负面效应越来越扩大。而中心在从事国际文化传播过程中倡导一个观点，那就是越是大家有争议、不清楚的话题，我们越是把这个题目拿出来，因为只有共同的探索和关注，才能让事情真相越来越明晰。就像北威州议会有一幅名画，用钉子钉的一个螺旋圈，给我们留下深刻印象。该州议会主席曾专门向我们解释它的寓意：钉子象征有争议的话题，圆圈从外到内逐渐明晰，只有大家不断关注不断争论争辩并做出努力，才能让一件事情变得越来越透明，并揭示出事情的真相。

我们不仅了解了国际上对保护白鳍豚的看法，又收集整理了国内在保护白鳍豚方面做的大量工作，官方的、民间的……为了破解国际上对中国环保的质疑和偏见，让他们看到中国在环保方面做出的积极努力，我们决定把白鳍豚引入作品中，而白鳍豚刚好又生活在长江流域。在我们的作品中描述了这样一幅画面：一轮金黄的圆月悬挂高空，伯牙月下船头抚琴，优美的琴声吸引了鱼儿和可爱的白鳍豚在水中嬉戏跳跃……这个画面唯美又浪漫，很多德国读者看到这个画面都惊叹不已，原来我们喜爱的白鳍豚来自长江，来自武汉……在书的后面，我们又专门对白鳍豚进行了科普介绍，这样就把白鳍豚的保护融入其中。

中央社会主义学院潘岳书记说，生态文明是讲好中国故事的一个有力抓手，因为生态文明更容易引起共鸣、凝聚共识。针对西方社会对我们的非议和误解，从生态文明的角度切入，推动构建人类命运共同体，更容易拉近东西方的执政理念。而在后期的读者反馈中，如欧洲环保行业协会主席哈仁康普的反馈，也证实了潘岳书记的观点。哈仁康普主席说，他从这本书中看到的不仅仅是两个男人寻找精神上的同道和灵魂中的契合，还看到了中国在治理生态环境中发出的寻找共同推进构建人类命运共同体的呼声。在被这个友谊故事感动的同时，作为环保建设的知音，他愿意携手中方，共同推进中德间的环境保护建设。尤其在垃圾分类方面，哈仁康普主席有成熟的实践经验和理论体系（他同时担任德国明斯特环卫局局长），其成功经验不仅在德国被推广学习，欧洲各个国家环保部也邀请他作报告，学习借鉴他们的经验，就连日本都专程到德国来学习他们的模式。他知道中国从 2000 年开始在大城市推行垃圾分类的试点工程，这么多年遇到不少困难和瓶颈，他愿意和中方携手，分享自己的经验，共同推进垃圾分类建设。他说，生态文明建设不是哪个地方政府、哪个国家的课题和使命，这是全人类关注和共同努力的方向，需要全球知音的参与。如果说过去的伯牙和子期因为音乐相通留下千古佳话，他希望今天能在生态文明建设上和中方共谱跨国合作的知音故事新篇章。

四　传统故事再版中的小百科介绍与文化外宣的巧妙性设计

我们再次强调书后面小百科介绍的重要性，这不仅仅因为这是我们的首创，更重要的是它给读者带来的实用价值和多功能效应，这介绍已经在

《黄鹤楼》故事中得到体现，此次在《高山流水》知音故事中再次彰显了其四两拨千斤的独特功效。

在小百科中，我们首先介绍了知音的故事背景和它表达的意义，这对读者来说是个非常好的补充。这可能是国际传播中书籍出版大于电影的优势。在我们的作品中，首次将小百科作为故事情节的补充，让跨国跨文化传播中的一些背景疑点难点得到充分解释说明，让读者更好地理解作品和作品传递的多元文化。

小百科故事的传承性。中德文化交流资深专家蔡和平评价说："《黄鹤楼》与《高山流水》都是武汉城市故事系列，在小百科中介绍武汉和黄鹤楼，这样在推动文化传承方面是一个完整的系列，而不是断层的，这个不仅仅体现在小百科中，在前面的故事绘画中，读者都可以找出黄鹤楼的某些元素痕迹，比如龟蛇等，虽然是小的细节，但两本书在发挥各自优势的同时，又得到资源互补，充分体现德国精细化风格和工匠精神，这也是很多读者喜爱这两本书的原因，他们不仅享受到来自古老中国的传统文化，而这种精细化风格和工匠精神让他们有熟悉的味道，有着共同思路和方法的人更容易走近和相互理解。"

在小百科中我们还介绍了中国传统文化。伯牙和子期相遇在中秋，很多德国读者不知道中秋节，在小百科中我们介绍了中秋习俗，吃月饼，赏桂花……这些元素的介绍，也吸引了不少读者，让德国人对中秋文化有了认识和了解。此外，我们专门介绍了古老的乐器古琴，因为很多德国人不熟悉但很好奇，所以我们作了专门介绍。为了把书法艺术融入其中，我们也动了不少心思，细节的融入，既要自然，又要符合故事情节，不能让读者有生硬强塞的感觉，而是让读者欣赏享受中华传统文化元素，所以封面上"高山流水"四个字，我们没有从电脑上下载，而是找寻孔子第七十五代孙，国家一级美术师、著名书画家孔奇来题写，他的四个字把高山流水的意境体现出来，与画面形成一幅静止的流动音符，很是吸引大家眼球，很多读者说看到封面的第一眼就被深深吸引住了。

同时，为了达到立体传播效果，我们专门在封底设置了二维码，读者通过扫描二维码，就可以在网上欣赏到高山流水的音乐。应该说，德文版《高山流水》知音故事中我们经历了两次创作，第一次是中文版重新创作，第二次是德文版的创作，如同《黄鹤楼》童话故事一样。

五　传统故事的创新出版与人类文明进步和世界和平发展的促进

《高山流水》知音故事德文版从策划、创作到完成历经一年，整个创作组投入了大量心血和精力，一分耕耘一分收获，读者的反馈有我们预期的部分也有超出我们想象的惊喜。

德国杜伊斯堡市长林克来信说："非常感谢你们再次将我们的中国友城——来自武汉的感人故事传递到德国。《黄鹤楼》童话故事我推荐给了我们的市民，大家都非常喜爱，这次的《高山流水》知音故事又是一个精彩的动人故事，我会再次推荐给市民阅读。因为伯牙和子期的友谊故事深深打动了我，我想也会打动我们的市民。杜伊斯堡在推进'一带一路'建设中发挥着'桥头堡'作用，这个'桥头堡'作用不仅仅只是经贸合作，也包括人文交流，'一带一路，文化先行'。就像杜塞尔多夫总领事冯海阳先生说的，增进民间交流与友谊的过程，需要经贸、人文两个轮子一起转。你们向德国推出传统文化故事系列，在这个方面做出了非常好的典范：注重惠民合作，加强心灵沟通。"

德国沃贝克中学校长费尔韦女士非常高兴地说，"知音故事有三个点选择得非常好，我非常喜欢：一个是音乐，音乐是无国界的，高山流水的音乐可以不受空间和时间的限制传遍全球；二是儿童绘本，这又是全球相通的文学载体，而且是深受大家喜爱的文学表现形式；三是关于友谊，这是一个全球共通的话题，寻找共同理念和精神相契合的人是大家内心最纯真的渴望和追求，无关身份、地位、年龄、性别，只关注是不是心系彼此。我们学校有音乐欣赏课，可以把这个东方名曲引入我们的教学课堂，同时我们还有童话故事课，专门研究对比世界各地的童话故事，也可以把这个故事引入我们的课堂，让同学们在欣赏音乐的同时，了解音乐背后的感人故事。"

波恩狂欢节组委会的负责人卡特琳说："在看到这本书的第一眼我就喜欢上了，它的图画的色彩非常吸引我，太美了！书的画面和构图非常有感染力，而这个故事也非常动人，这是我送给孙子的最好礼物！"

不少德国图书馆的馆长纷纷来信，介绍了《黄鹤楼》童话故事受大家欢迎的程度，有的还创下上年借阅率最高的纪录，在给大家分享过去的成果时，说《高山流水》知音故事的出版又是一个惊喜。

魏玛图书馆馆长佩特拉说："非常感谢《高山流水》知音故事这本书！这是一个关于友谊的神奇故事，对儿童来说非常有吸引力和时代意义。它向我们介绍了中国的传统文化，这对于今天的德国孩子来说是一个非常陌生的领域，因为他们不了解这些异国文化，而这本书向孩子们描述了另一种文化，丰富了孩子们对中国文化的认知，尤其是故事后面的小百科介绍非常创新，对孩子们认识了解中华文化的背景知识有非常大的帮助！我们非常荣幸将其收藏于我们的图书馆！"

马尔堡图书馆馆长桑德拉说："一个非常美丽动人和精心创作的故事，我们非常高兴再次将其珍藏于我们的图书馆里。另外告知一个好消息，《黄鹤楼》童话故事去年借阅了 9 次，最长的一次延续借阅了一个多月，这是我们图书馆一个非常棒的借阅记录。您看，您创作的故事感动和吸引了多少我们图书馆的粉丝！非常期待您给我们带来更多更好的来自中国的故事！"

不来梅图书馆馆长芭芭拉说："您的第一本书《黄鹤楼》童话故事非常受读者的欢迎，去年已创造借阅 13 次的纪录。相信知音故事又会成为小朋友最喜爱的来自中国的读物！"

纽伦堡孔子学院德方院长徐艳博士来信说："《高山流水》知音故事是一部创作非常好的感人作品，让孩子们认识了解中国传统文化。我们不仅收藏让大家阅读，而且还会围绕这部作品举办专题活动，让孩子们能更深刻地认识了解来自东方的家喻户晓的优秀文化。"

德国童话促进会主席苏珊娜则写了长长一封信,谈到她的观点和看法,"《高山流水》知音故事这本书我非常喜欢,所以尽管很忙,时间也过去两个月,我却还有一种欲罢不能、一吐为快的感觉,所以一定要亲笔给您回信,谈谈我的个人体会和感受!虽然我研究的是德国和欧洲及斯堪的纳维亚半岛区域的童话,但对于来自一个陌生国度的文化故事我有着浓厚的兴趣。这本书故事结尾对于友谊和知音的总结非常好,尤其吸引我。这是一个关于两个不同阶层不同年龄的人之间有着深厚友谊的感人故事,他们之间不是一般的友谊,而是上升到灵魂深处的心灵交流,这种在生活中很少、独特、个别或者很难见到的灵魂知己,哪怕生命消逝,还通过音乐表现出来,让人感动,震撼!对我个人来说,非常遗憾的是,伯牙在子期去世后由于没人再听懂他的音乐极度伤心而摔琴,如果按我个人的意愿和想法,伯牙其实可以不用摔琴,而是继续演奏,因为子期会在另一个世界里听懂、明白、理解他的,或许这就是中西方文化的不同。从这个故事的结尾我看到了中西方文化的差异。插图对我来说非常连贯和印象深刻,我也非常喜欢插图的色彩。"诚如不少其他馆长表达的,他们后期会不断收集整理大家的看法,有的也邀请我们共同举办知音读书会。

大家的来信反馈也让我们深深体会到只有交流互鉴,文明才能充满生命力。在国内通常认为这本书仅仅是给儿童看的,而在德国,很多成人也从这本书、这个故事中看到其传递的思想和主题,这或许是我们在推进德国市场中新的发现、感受和体会。就像德国人对《黄鹤楼》童话故事的总结,它不仅仅是给儿童看的,也是给成人看的。德国关注童话故事、儿童读物的成年人相比中国来说要多很多。比如前面提到的欧洲环保行业协会主席哈仁康普从这本书中看到的不仅仅是两个男人寻找精神上的同道和灵魂中的契合,还包括中国在治理生态环境过程中发出的寻找共同理念和知音的呼声,如果进一步延伸开来,不仅仅是生态环境,在人类命运共同体的各个方面,都在寻找心灵相通的知音,诚如习近平主席所言,唯以心相交,方成其久远。国家关系的发展,说到底要靠人民心通意合。文明交流互鉴才是推动人类文明进步和世界和平发展的重要动力。

六　文化的创新传播方式与城市国际合作和产业转型升级

正因为我们前期对传播市场进行了科学的调研，了解了用户思维，对传统文化进行了创造性转化和创新性发展，挖掘了传统文化的当代价值和世界意义，运用了国际化传播方式和手段，从传统的短期动态转向长期可持续性传播，所以在《黄鹤楼》童话故事和《高山流水》知音故事推向国际市场后，引起的不仅仅是文化教育界的关注，也包括德国政界、经济界等各层面的关注。

德国前国务秘书、联邦政府新闻发言人奥斯特先生看了这两本书，第二天打电话给我们说，"我从中国改革开放起就与中国政府打交道，与各个时代的国家领导人都有接触，也看过不少来自中国城市的宣传片和资料介绍，而你们的书是我第一次看见一个城市用讲传统文化故事的方式介绍自己，这让我眼前一亮。我看到了武汉这个城市的创意和创新精神。传统的中国城市推介，用精美的画面、山水加航拍特技组合……看后总感觉背后有一个导演在指挥，我们记不住，因为没有特质。最关键的是，他们只是介绍自己的城市有什么，从没考虑到受众想看到什么，这是你们最大的区别。而且传统的宣传片都是碎片化的，而你们是用讲故事的方式，让大家通过一个又一个故事走进一座城市，这和德国很多城市通过讲故事推介城市的思路一致，你们的思路和方法让我看到你们对中德文化的深刻理解和融会贯通，和你们合作会减少跨文化差异下带来的种种摩擦、冲突和不适。很多中德项目合作很艰难或者很难推进，都是文化差异带来的，而很多中国的城市管理者不明白这个道理。"

德国环保部部长舒尔茨说，"以前我对武汉这个城市根本不了解，你们的书让我对这个城市有了非常好的感觉和印象，因为它知道如何用创新的方式介绍自己，德国非常注重创新精神，这本书让我看到了武汉这座城市的创新精神，它一定是个充满活力的城市。我非常喜欢书前面讲故事，后面有真实介绍的这种形式，前面的童话故事是虚的，后面的小百科介绍是实的，这种虚实结合的表现形式不同于传统童话故事，但对跨文化传播来说，确实是非常棒的一种创新和表现形式。"正因为舒尔茨部长通过这本书对武汉有了好感，其主动提出为武汉与德国的合作提供帮助，而在后期，她确实在推进武汉与德国的合作项目中提供了不少实际帮助。

杜伊斯堡市长林克不仅推荐市民阅读来自武汉的城市故事，而且称赞武汉做了表率。他说，"我们的城市也有自己的故事，我们没有想到用中文介绍我们的城市故事，武汉走到了我们的前面，我们应该向友城武汉学习。"他对我们提出的"'一带一路'友城共进"方案非常感兴趣，说为友城双方合作寻找到新的经济增长点和合作共赢点，主动提出担任这个项目的德方监护人，推进落实。事实上，不久德国市场出现了第一座以"武汉号"命名的城市列车。

通过巧妙设计传统文化元素来开展城市文化传播，用一个个小故事来塑造一个城市的国际品牌形象，给城市国际化合作带来新的机遇和市场。

2018年，中新社浙江分社承办浙江首届中德高端制造业高峰论坛，中心主要负责引进德国高端制造业、新材料、自动智能化等企业。在合作过程中，我们就用了通过城市品牌传播引进德国产业的思路。我们没有将中方的资料直接翻译成德文，而是重新研究中方城市及其产业特色，又研究德方市场——因为掌握用户思维不仅是讲好中国故事的关键，也是企业合作成功的重要节点。然后我们针对中德双方市场需求通过大数据对德方做精准市场推介，当我们把中方的需求与德方对接时，北威州经济政策司司长雅克布博士说："我与中方打了很多年交道，每年收到的这类邀请函非常多，和招商引资材料一样，都是一个版本，地价便宜，政策优惠。试想一下，不管广东、山西、四川还是湖南，每个地方都这么介绍，对于德国企业来说都一样，没有丝毫独特吸引力。而你们却不同，首先你们了解德国企业的需求，其次城市介绍非常有特色，这两点对德国企业来说非常有吸引力。"中心不仅在短时间内引进企业，成功举办会议，又按照德国人严谨的工作特点，为中德双方进行项目对接，开展可持续性的推进服务。

以往，国内活动结束后，大家各回各家，不再联系。我们却不同，回到德国后，中心又组织参会企业聚集开会，总结在中国的经验并商讨后续项目的推进，让传统的一次性会议变为一种可持续性落地项目。所以在城市品牌塑造中，我们不仅传播城市传统文化，还会为城市量身定制，通过分析城市产业结构，精准施策，为城市国际化合作寻找匹配的产业链。比如武汉是大学城，我们在书的结尾小百科介绍中推出武汉大学城的概念，在后期传播时对接德国的大学城，明斯特作为大学城也非常乐意在大学城的共建上与武汉开展合作。中心在对比研究中发现中国大学城的建设还处于粗放式的量化阶段，而德国已到了精细化的质的发展阶段，根据双方差异，在武汉政协会议上，作为海外列席代表，笔者提出建设武汉大学城城市国际联盟的方案，得到相关部门的肯定和支持。

七　文化外宣的思考与人类命运共同体构建

2019 年 5 月 15 日，亚洲文明对话大会在北京开幕。大会以"亚洲文明交流互鉴与命运共同体"为主题，倡议进一步继承并弘扬亚洲和世界各国人民所创造的文明成果，同时更好地促进不同国家、文明之间相互交流、相互借鉴，进一步推进人类文明发展进步，构建人类命运共同体。这就是中国对传承和弘扬文明的一种守望坚持，也是中国促进世界和平发展、推动构建人类命运共同体的大国担当。

每一种文明都延续着一个国家和民族的精神血脉，既需要薪火相传、代代守护，也需要与时俱进、勇于创新。那么华夏文明"走出去"过程中，我们应该用什么样的创新传播方式，用什么样的国际化思路和方法呢？我们认为需要解决好以下两个问题。

一是树立大系统观点和大局意识。文化"走出去"是一项大系统工程，没有一个全局大系统论的理论构建，是很难达到预期效果的。因为它包含传播对象的研究、传播产品的生产、传播体系的构建、传播渠道的建设以及传播战略的决策和文化传播的可行性研究等系统，而每个系统里面又包含若干个小系统，比如传统文化的创造性转化和创新性发展；传统文化的当代价值和世界意义的挖掘；如何发挥传统文化的战略资源作用；如何发挥城市文化和品牌传播在城市国际化合作中的功能和作用；城市外宣、招商、文旅等部门如何打破各自为政的局面，通过通力合作发挥最大效益；如何通过文化传播对外展示形象，对内承担起举旗帜、聚民心、育新人的使命任务……这都是需要解决的问题，而这些问题不是仅靠某个部门或某个机构就能完成的，它需要统筹规划和顶层设计，统一协调各个独立的部门，建立系统中的大系统，需要有大局意识。

二是人的因素。做国际传播的人，其思路和方法需要和国际接轨。作为最直接的国际传播者，如果不对其思路和方法进行创新，不用国际思路和方法指导具体实践，就很难把中华文化传播出去，所以需要对文化"走出去"相关部门人员进行系统培训。

有了具有大局意识和国际化思路的传播者，才能更好地把跨越时空、超越国度、富有永恒魅力、具有当代价值的文化精神弘扬起来，让中华文明同世界各国人民创造的丰富多彩的文明一道，为人类提供正确的精神指引和强大的精神动力。

传　媒　篇

基于中国内地大学生的电子竞技
产业新业态分析[*]

段　鹏　刘叶子[**]

摘　要：　电子竞技产业借助"互联网＋"和协同创新的推动力，实现了全产业链的生态系统创新，进而拉动经济增长尤其是带动相关产业快速发展。本报告集中调查研究电子竞技产业链特点——上游的硬件制造商和产品开发商、中游的电子竞技平台和赛事组织、下游的游戏直播和周边产品；作为电子竞技主要受众的大学生电脑使用行为、玩家行为、消费行为；中国电子竞技产业发展移动化、社交化、主流化的新业态。

*　本文系教育部人文社会科学重点研究基地重大项目"中国主流媒体融合创新研究"（编号：16JJD860005）的阶段性成果。
**　段鹏，中国传媒大学副校长，移动互联与社会化媒体研究中心主任，教授、博士生导师；刘叶子，中国传媒大学互联网信息专业社会化媒体方向2016级硕士研究生。

关键词： 电子竞技产业　游戏直播　电竞社交

近年来，电子竞技产业借助"互联网＋"和协同创新的推动力，发展态势十分迅猛，中国音数协游戏工委、伽马数据发布的《2016 年中国电竞产业报告》显示，2016 年中国电子竞技游戏的市场规模达到 504 亿元，上涨34.7％。① 同时中国电竞产业实现了全产业链的生态系统创新，进而拉动经济增长尤其是带动相关产业快速发展，由此受到社会各界的重视。

一　电子竞技产业概念厘清

（一）电子竞技

国家体育总局给出的电子竞技定义：电子竞技就是利用高科技软硬件设备作为运动器械进行的人与人之间的智力对抗或竞争的一种新型体育项目。根据此定义可以看出：电子竞技是在信息技术营造的虚拟环境中，以高科技设备为载体，电子游戏与竞技运动的完美结合的产物。这一定义是广义的电子竞技运动概念，而狭义的电子竞技运动是指以对抗和比赛为核心，在统一的竞赛规则保障下公平进行的全新的体育运动。

广义的电子竞技运动根据是否网络原生可以分为原生电子竞技运动和非原生电子竞技运动，原生电子竞技指的是最初在网络上产生发展的电子竞技运动，比如在国内外比较流行的英雄联盟、绝地求生等；非原生电子竞技运动是指现实中的经过电子化的传统体育和民间娱乐项目，这些项目不依赖网络而存在，比如网络象棋、网络足球等。

---

① 中国音数协游戏工委、伽马数据：《2016 年中国电竞产业报告》。

（二）电子竞技产业

电子竞技产业包括计算机硬件开发、游戏策划、直播媒体等多个产业部门，形成上下游的纵向关联，上游环节包括硬件制造和电子竞技产品的开发，中游环节包括电子竞技平台的运营和赛事组织，下游环节包括广告投放及周边产品售卖等市场交易活动。[①] 上游环节是电竞行业发展的基础和载体，电脑和智能手机等硬件设备的性能和产品本身的开发直接决定着玩家的体验；中游环节的运营和赛事不断增加玩家黏性，为电竞提供持续发展的动力，尤其是赛事组织聚集大量资本加速产业化发展；下游环节通过探索商业模式激发电竞行业的市场变现能力。

二 中国电子竞技产业发展现状

电子竞技的发展史，是一段在波动中整体上升的历史。早在 2003 年电子竞技就被国家体育总局正式定为第 99 项体育项目，而在 2004 年广电总局发布《关于禁止播出电脑网络游戏类节目的通知》，电子竞技在相关政策的管制下，发展一度处于停滞状态。2008 年，国家体育总局对现有体育项目进行重新整合，电子竞技再次被设为第 78 项体育运动项目，电子竞技重新回归公众视野。近年来，大量资本的注入、政策的扶持、人才的培养使得电竞向产业化发展，逐渐形成一条完整的产业链。如 2014 年南京青年奥运会将电子竞技设为非正式比赛项目；2016 年文化部牵头成立电竞分会；2016 年全球最大的第三方电竞赛事 WCA 宣布获得银川政府的 2 亿元投资；2017 年中国传媒大学艺术学部正式开设数字媒体艺术（数字娱乐方向）专业等。

[①] 阳骏滢、黄海燕、张林：《中国电子竞技产业的现状、问题与发展对策》，《首都体育学院学报》2014 年第 3 期。

（一）中国电子产业链

1. 上游：硬件制造商和产品开发商

艾瑞数据显示，2014 年中国游戏直播用户购买主播推荐产品的行为当中，最高的一项为电脑硬件和周边类，占比 53%。[①] 由于电竞用户体验与硬件设备直接相关，专业的游戏硬件是每个电竞玩家的刚需。雷蛇、赛睿、达尔优等专业游戏设备公司年利润激增，以雷蛇为例，2017 年获李嘉诚旗下维港战略投资数百万元。雷蛇搭建了键盘、鼠标及耳机等全套游戏外设产品链，随后涉足电子竞技的游戏开发、云服务、可穿戴设备甚至是电子货币解决方案。[②] 如今关注于电竞设备的公司越来越多，戴尔、三星、宏碁等传统电脑公司也开始关注电竞这一垂直细分领域。如惠普的暗影精灵Ⅲ代，是 LPL 唯一指定游戏本；宏碁全球首款曲面电竞笔记本 Predator，整合眼球追踪技术彻底颠覆玩家的既有游戏体验；以及华硕专为超频狂人和游戏狂热者设计的 ROG 电竞游戏笔记本等。

目前我国独立进行电子竞技产品开发的企业非常少，核心主流的电子竞技产品研发还是以国外厂商为主，我国采用代理的方式引入国内。动视暴雪和美国艺电公司是全世界最大的两家游戏开发商和发行商。动视暴雪旗下为大众所熟知的暴雪娱乐推出多款经典系列作品：魔兽系列、星际争霸系列、暗黑破坏神系列等，还有《守望先锋》也颇受游戏玩家的喜爱。动视暴雪发布截至 2016 年 12 月 31 日的 2016 年第四季度财报，财报显示第四季度动视暴雪营收达到 20.14 亿美元，较上年同期增长了 49%，动视暴雪 2016 年全年营收达 66.1 亿美元，同比增长 42%。[③] 美国艺电公司公布 2016 财年第四季度以及全年的财报，财报显示，艺电第四季度总净营收为 13.08 亿美

---

① 《电竞热潮来临，中国游戏产业正进入硬件时代》，http：//www.chinaz.com/news/2015/0911/445219.shtml。

② 《电竞行业的魔力与威力：中国电竞市场规模全球第三》，http：//www.sohu.com/a/202925758_99897610。

③ 《动视暴雪第四季度营收 20.14 亿美元 同比增长 49%》，http：//tech.sina.com.cn/i/2017-02-10/doc-ifyamkzq1217683.shtml。

元，高于上年同期的 10.70 亿美元；净利润为 8.99 亿美元，同比上年的 3.95 亿美元增长 128%。①

但是 2016 年以来国外流行的移动电竞产品大多数都是由国内企业开发并运行的，如《王者荣耀》由腾讯公司自主研发；《荒野行动》由网易公司独立开发。国内主要的代理销售与运营商开始转向研发和发行游戏等领域，提高电竞产品的独立研发能力对我国电竞行业的发展至关重要。

2. 中游：电子竞技平台和赛事组织

（1）流行的电子竞技平台

Steam 是一个整合游戏下载平台，2002 年与 CS1.4Beta 一起问世，目前，其运作十分成功广泛，无数游戏发行公司的游戏在此平台上发行、更新。Steam 最大的优点在于在此平台上下载游戏的速度非常快，一般情况下可以达到满速，被人们形象地称为"蒸汽般的迅速下载速度"，Steam 在全球各地建立的伺服器可以使用户立刻下载游戏并且即时更新，目前有 7 个国内下载点可以使用。SteamSpy 的统计数据显示，中国约有 600 万已激活的 Steam 账号。② 对于国内玩家来说，Steam 平台和网页支持中文浏览，Steam 支持银联支付和支付宝，下载速度异常快，购买一次便可终生使用。

Xbox Live 2002 年 11 月在 Xbox 游戏机平台上推出，由微软公司管理和开发，是 Xbox、Xbox 360 和 Xbox One 专用的多用户线上对战平台，后来此服务从游戏机平台延伸至 PC 平台和 Windows Phone 系统，为用户的 Xbox 360、Xbox One、Windows Phone、Windows 8、Windows 8.1、Windows 10 提供线上服务。Xbox Live 能够让玩家线上享受各种娱乐，同时可以通过家中电视终端享受许多美妙的娱乐体验，包括欣赏各种影片、游戏秘诀及其喜欢的各种内容。可以通过此平台即时更新 Facebook 上的状态、分享玩乐时的照片与影片，或在电视上面对面聊天。同时此平台拥有非常丰富的游戏资源，每个人都可以在上面找到适合自己的游戏。

---

① 《艺电第四季度净利 8.99 亿美元　同比增长 128%》，http：//news.zol.com.cn/582/5824639.html。
② 《中国玩家 Steam 账号达 600 万平均每人有 8 款游戏》，http：//games.ifeng.com/a/20160104/41533924_0.shtml。

Origin 平台由美国艺电游戏公司于 2011 年正式发布，Origin 平台集游戏数位版购买、实体版启动、下载、资料云存储、社交等功能于一体，是美国艺电游戏公司花重金打造的游戏社交平台，Origin 平台游戏数量和种类繁多，并且游戏功能、数量、种类与日俱增。游戏与社交功能的结合使得玩家在游戏时可与好友进行聊天，实现游戏战略配合。与 Origin 平台紧密合作的协力厂商游戏公司有：Warner Bros（华纳兄弟）、Capcom（卡普空）、Atari（英宝格）、SEGA（世嘉）、Bandai（万代）、DreamCatcher Interactive 及多家著名独立游戏工作室，2013 年 2 月正式与育碧游戏公司开展全面合作。[①] Origin 提供一个游戏平台，玩家可在此平台上选购自己喜爱的游戏，下载过程简单快捷。

（2）电子竞技赛事

2016 年国内影响力较大的赛事共计 94 个，相比于往年赛事数量上升明显，MOBA 类电竞赛事参与度和关注度大幅领先于其他类型赛事。就赛事奖金而言，排在前三的是 WCA 世界电子竞技大赛，由银川市政府、银川圣地国际游戏投资有限公司主办，赛事奖金为 20000 万元；DOTA2 国际邀请赛由 Value 主办，赛事奖金为 11700 万元；由阿里体育主办的 WESG 世界电子竞技运动会，赛事奖金为 3600 万元。

3. 下游：游戏直播和周边产品

随着直播平台的出现，游戏直播成为电竞行业中重要的组成部分。游戏直播行业由早期的起步阶段进入发展阶段，现处于调整阶段。调整阶段以电竞游戏使用者为主，直播内容呈现多元化，包括电竞游戏、赛事及明星开展丰富的电竞娱乐活动，平台自制节目、独立游戏、移动游戏均有涉足。以明星主播为核心的直播平台呈现"一超多强"的局面。例如斗鱼作为最早涉足这一领域的直播平台之一，日活跃使用者规模已超过 2 亿，占据"一超"这极。

斗鱼直播的全称为"斗鱼 TV"，是一家为用户提供赛事直播和视频直

---

① 百度百科，https://baike.baidu.com/item/origin/70992#viewPageContent。

播的弹幕式分享网站。直播内容涵盖综艺、娱乐、体育等多个类型，但最主要的直播类型是游戏直播。据协力厂商权威网站 Alexa 统计资料，斗鱼已经进入全球网站前 300 名，浏览量在国内视频类网站中排名前十，游戏直播平台中排名第一。有协力厂商平台资料显示，2016 年斗鱼 TV 日活跃用户达1200 万，月活跃用户数量为 1.3 亿~1.5 亿。① 拥有广泛活跃用户的斗鱼引发了资本注入热潮：2016 年 3 月 15 日腾讯领头 B 轮融资 1 亿美元，天神娱乐、红杉资本以及南山资本等继续投资。

熊猫直播是由王思聪创办的一家弹幕式视频直播网站。2015 年王思聪在微博上宣布，"PandaTV"游戏直播平台上线。熊猫 TV 借助强大的资本支持和王思聪本人的专业性抓各路"实力派"主播，同时在游戏直播中，明星的出现更是吸引眼球，借助粉丝效应可以形成巨大影响力。如 Angelababy签约当主播、周杰伦《英雄联盟》开黑直播，相信未来还有很多喜欢电竞的偶像派明星加盟熊猫 TV。2017 年 5 月熊猫直播宣布获得 10 亿元 B 轮融资，由兴业证券兴证资本领投，汉富资本、沃肯资本、光源资本、中冀投资、昌迪资本、明石投资跟投。②

于 2012 年成立的虎牙直播是中国领先的互动直播平台，前身是 YY 直播。截至 2016 年，虎牙直播已拥有 2.1 亿注册用户，其中月活用户 9600万，每月营收超过 1.5 亿元，用户黏性和平台互动均保持极高水准，日人均观看时长达 135 分钟。③ 虎牙直播重视内容的生产，拥有众多世界冠军级战队和主播，引进国内外赛事的直播权，同时启动全明星主播战略，如林更新、陈赫都签约虎牙直播，还有很多一线明星的直播首秀都是在虎牙直播上完成的。

战旗直播成立于 2014 年 1 月，同年 5 月上线，战旗是浙报传媒围绕游

---

① 武琳：《网络自制视频节目营销推广策划方案——以〈奇葩说〉为例》，西安外国语大学硕士学位论文，2017。
② 《熊猫直播宣布获得 10 亿元 B 轮融资 月活用户 8000 万》，http：//tech. sina. com. cn/roll/2017 - 05 - 25/doc - ifyfqvmh8809678. shtml。
③ 《2018 年网络直播平台排行榜单一览》，http：//www. mrcjcn. com/n/254295. html。

戏打造的游戏直播平台,战旗直播是传统媒体与新媒体融合的典型代表,在这种媒介融合的大背景下,它是以游戏媒体为主,电视媒体、纸面媒体为补充的全媒体覆盖游戏平台,并且其内容生产和传播有着传统媒体的助推。战旗依靠完整的赛事线和围绕电竞游戏展开的泛娱乐自制节目成功突围,除在电子竞技类游戏直播领域之外,战旗还发展了许多电竞周边原创节目,以游戏直播用户为核心,与用户进行深度交流是战旗直播的核心战略。

除电竞直播外,电子竞技的快速发展也带动了其相关的周边产品的发展,如今的电竞产品呈现多种类型,如电竞硬件、电竞眼镜、电竞服装、电竞包等。比较知名的电竞周边产品品牌迪锐克斯(DXRacer)自主设计和制造电竞专属的战队服装、包包、帽子、围巾等电竞文化周边产品。周边产品的销售其实在传统体育项目中是一个十分常见的现象,伴随着电竞行业的发展电竞周边产品将越来越火爆,更多的电竞粉丝愿意为电竞周边产品买单。

(二)电子竞技受众

腾讯出品的《2017年度中国电竞发展报告》显示在电竞用户中,25岁以下占据六成,电竞用户渗透率在二线城市达到48%,电竞用户中学生占比最高,达到24%。[①]笔者通过调查分布全国各地的41所院校100多种专业的大学生电竞用户,拟研究作为电竞用户主体的大学生的电脑使用习惯、消费者行为、玩家行为。

1. 电脑使用习惯

通过分析受访者目前使用的电脑品牌,我们发现当前最受大学生欢迎的电脑品牌为联想,其次是戴尔和苹果(见图1)。使用联想电脑的受访者使用电脑的型号包括 Y50C、Y700、Yoga3、拯救者、T470 等;处理器型号包括 i7 - 6700HQ、i7 - 4710 @ 2.5GHz、i5 - 6200U 2.3G.s;显卡型号包括 GTX960、Intel(R)HD graphics 4600、Quardo K1000M、NVIDIA GeForce 940M、Nvidia GeForce GTX1050ti 等。

[①] 企鹅智库:《2017年度中国电竞发展报告》。

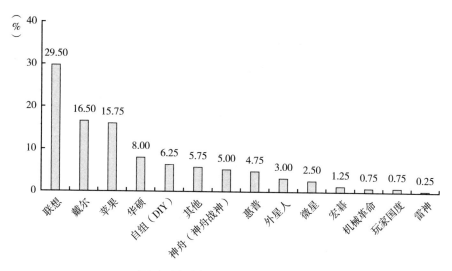

图1 最受大学生欢迎的电脑品牌

2. 消费者习惯

我们进一步调查了消费者购买电脑的考虑因素、消费水平、对外观设计风格的偏好、购买电脑的渠道、获知电脑资讯的渠道、了解电脑详细规格与功能的渠道、青睐的促销活动以及其他影响购买行为的要素。多数受访大学生在挑选电脑时对内存规格有一定概念，约占总人数的61.50%，对音效系统表示有一定概念的仅占35.00%（见图2）。

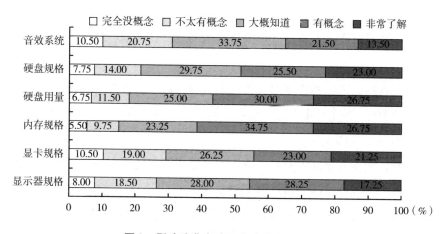

图2 影响消费者购买电脑的主要因素

受访者在购买电脑时主要考虑因素的排序如图3所示，其中硬件效能、外观造型和预算考量是他们最多考虑的方面，分别占12.00%、11.00%和11.00%，其次是内存容量大和显卡性能强，均占10.00%。

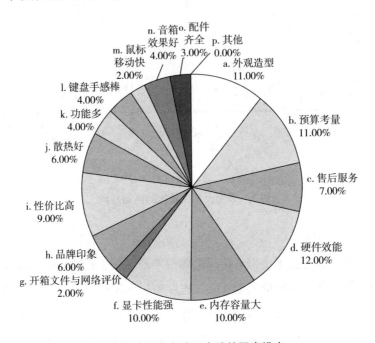

图3　影响消费者购买电脑的因素排序

外观设计风格是消费者选购电脑产品时的一项重要考虑因素，在调查结果中，多数受访者更青睐于外形简单利落的设计，占总人数的56.75%（见图4）。

消费者购买电脑的渠道以实体专卖店和电商平台为主，两项综合占总人数的75.87%，其余在电脑城、电脑品牌官网、家电卖场渠道购买的人数所占比例不多（见图5）。

同时，消费者获知电脑基本资讯的渠道主要来自朋友同学推荐，其次为电视广告节目和社群网络营销及促销活动的广告消息，从杂志、户外广告、报纸、电影、直播视频营销等渠道获得资讯的比例不高（见图6）。

然而，他们进一步了解电脑详细规格和功能的渠道则大不相同，其中从

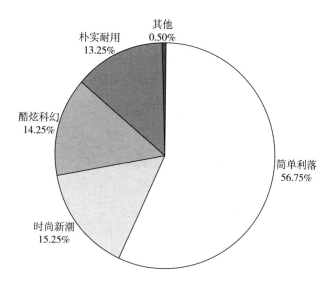

图4　消费者对电脑外观设计风格的排序

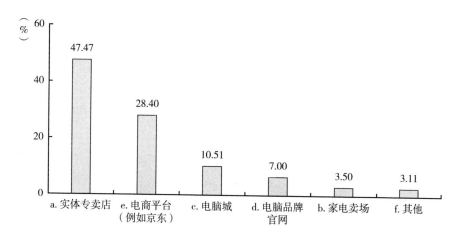

图5　消费者购买电脑的渠道

品牌官网获得详细资讯的占据 1/5 以上，为 24.00%，其次为亲朋好友介绍和电商平台商品页面，分别占到 19.00% 和 17.00%（见图7）。

商家促销行是通常是影响消费者购买行为的重要因素，我们考察了受访者对电脑品牌促销活动的个人倾向，在调查结果中我们发现满减类活动和限

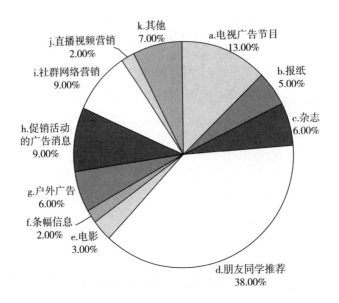

图6 消费者获知电脑基本资讯的渠道

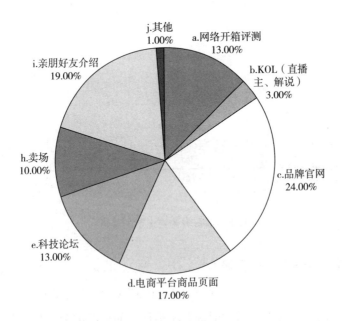

图7 消费者进一步了解电脑详细信息的渠道

时优惠（如双 11 大促）更加能吸引消费者购买，所占比例分别为 35.75%
和 29.50%。其次则为延长保修和赠品类，名人签名在其中影响效应不高，
仅占总人数的 4.75%（见图 8）。

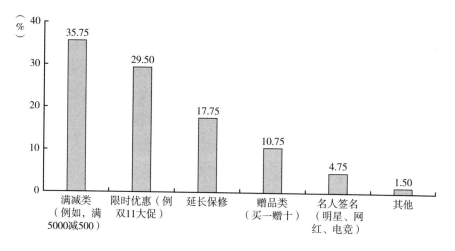

图 8 吸引消费者购买的促销行为

为了探究其他影响消费者购买行为的重要因素，我们进一步调查了名人
网红推荐对于消费者购买行为的影响，其中 87.55% 的受访者表示没有影
响。此外，我们假设消费者会受到一定程度的名人网红影响，排除完全不受
影响的 41.00% 的受访者，剩下部分中，开箱评测 KOL 和明星的影响占主要
部分，其次是直播主、解说和电竞选手（见图 9）。

3. 玩家行为

我们进一步挖掘了受访者的玩家行为，包含玩游戏的类型、场所、设备、
时间、资讯获取平台等内容。在当前调查群体中，喜欢动作类游戏的玩家居
多，占 15.00%，其次为多人在线游戏和射击类游戏（见图 10）。

其中最受欢迎的游戏为英雄联盟和绝地求生大逃杀，分别占总人数的
20.00% 和 14.00%（见图 11）。

玩游戏的主要场所集中于宿舍，占总人数的 51.50%，其次为家里和网
吧（见图 12）。

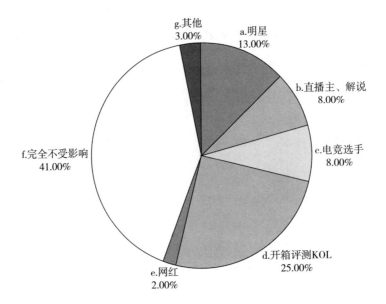

图9 名人网红推荐对消费者购买行为的影响

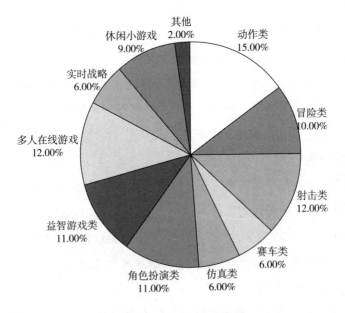

图10 玩家的主要游戏类型

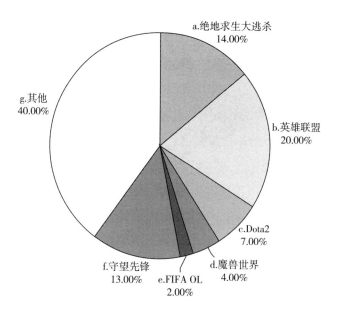

图11　最受欢迎的游戏

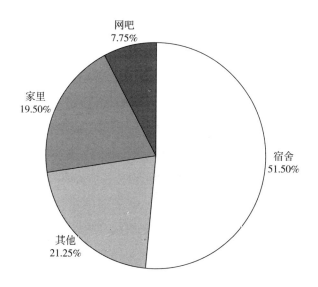

图12　玩游戏的主要场所

　　玩游戏的装置以手机和笔记本电脑居多，分别占29.00%和26.00%，其次为台式机和平板电脑（见图13）。

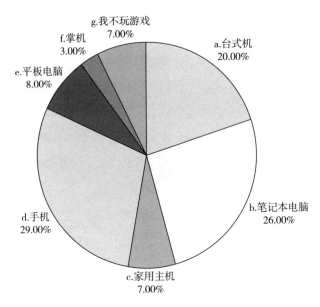

图 13　玩游戏的主要装置

在受访者的玩游戏时长中，每周使用电脑玩游戏的时间以 5 小时以下为主，占总人数的 42.75%（见图 14）。

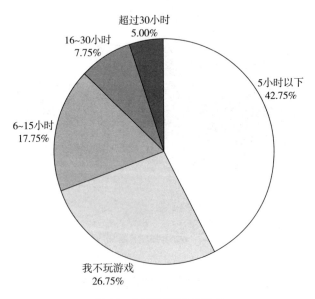

图 14　每周玩游戏的时长

通过调查他们获取游戏资讯的平台，我们发现其以游民星空、Steam、4399、游侠网居多（见图15）。

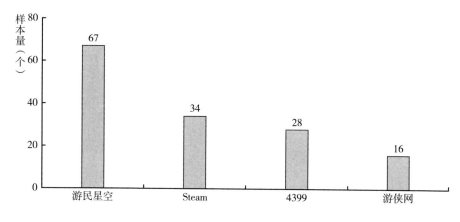

图15　获取游戏资讯的平台

三　电子竞技产业发展新业态

（一）移动化：现象级移动电竞成年度热点

中国互联网络信息中心（CNNIC）《第38次全国互联网发展统计报告》显示，截至2016年6月，中国网民规模达7.10亿，中国手机网民规模达6.56亿，网民中使用手机上网的人群占比由2015年底的90.1%提升至92.5%。[1]随着以智能手机为主的移动终端普及，移动互联网时代到来，传统的电子竞技项目开始由PC端向移动端转移，发展至一个全新的移动化阶段。每一项体育运动都是社会生产力发展和社会变革的产物，田径运动产生于农业时代，赛车诞生于工业文明，而信息时代则兴起了电子竞技，"移动电子竞技"是移动互联网和移动智能终端不断发展的产物。[2]因移动电子竞

---

① 中国互联网络信息中心：《第38次全国互联网发展统计报告》。

② 陈亮、于文谦：《移动电子竞技发展研究》，《体育文化导刊》2017年第4期。

技的火爆发展，2017 年可以称为"移动电子竞技元年"，尤其是两款游戏的流行使得移动电竞超越传统电竞成为可能：一是《王者荣耀》；二是《荒野行动》（俗称"吃鸡"游戏）。

艾瑞咨询发布的《2017 年中国移动电竞行业报告》显示，2016 年中国移动电竞市场规模为 129.5 亿元，增长率为 148.1%；与此同时，该报告还指出 2017 年将成为移动电竞在市场规模上超越 PC 电竞 300 亿元的关键年份。① 在传统电竞时代，由于移动终端受屏幕和性能的限制，手机游戏在大众眼中通常以休闲类游戏为主，MOBA 类游戏（多人在线战术竞技游戏）更是难以实现。《王者荣耀》是腾讯开发并运行的一款 MOBA 类手机游戏，玩家之间利用英雄进行 1v1、2v2、3v3 等多种方式多 PVP 竞技对战。尤其是基于《王者荣耀》的 KPL 职业联赛将移动电竞带入大众视野，来自艾瑞咨询的数据显示 2016 年中国移动电竞规模的主要增长来自《王者荣耀》，并且预测 2017 年其市场规模将推升至 462 亿元的新高。《荒野行动》是网易游戏出品的容纳 100 人开局对战的竞技手游，该游戏是以 3D 射击为主的枪战题材类动作手游，在荒野世界生存冒险、随机分配地图资源和设定地图资源、自由搭配枪械体验流畅射击，这种创新的刺激体验深受受众喜爱。《荒野行动》在上线后实现爆发式增长，2017 年 12 月 5 日，网易宣布"用户数超过 1 亿"。② 同时类似题材的游戏也层出不穷，如《终结者 2》《小米枪战》《光荣使命》《穿越火线》等。

移动电竞产品中呈现着马太效应和二八分布的现象，整体收入集中在少数几个移动电竞现象级产品上。《王者荣耀》和《荒野行动》的流行直接推动了移动电竞的发展，职业电竞行业向全民电竞行业转型，广泛的受众粉丝群体为电竞行业提供了新的市场增长点，不断提升游戏体验的移动电竞以惊人的增速在白热化的电竞行业竞争中跻身前列。

---

① 艾瑞咨询：《2017 年中国移动电竞行业报告》。
② 《钛媒体：〈荒野行动〉1 亿用户破发，网易在"吃鸡"竞争中领跑靠什么？》，https://baike.baidu.com/tashuo/browse/content? id = 7a442b409e780dc8e0b3fb9f&fr = qingtian&lemmaId = 22144375。

（二）社交化：虚拟场景构建新型电竞社交方式

在传统电子竞技中，网络世界以游戏为核心构建一个区别于现实世界的虚拟空间，玩家进入游戏便进入虚拟世界，虚拟世界和现实世界泾渭分明。而现在虚拟游戏空间和现实社会的界限越来越模糊，社交元素在电子竞技中的运用加强了现实社会中的人际关系，在触发新的人际关系中也发挥着不可忽视的作用。马克思曾说"人的本质是社会关系的总和"，根植于游戏玩家的社交期待增加其对电竞用户的黏性。

"开黑"是电竞玩家之间的新型流行用语，用以指代在多人对战类游戏中，在同一队伍的玩家通过文字、语音、视频或者面对面的方式交流游戏信息，在进攻和防守中保持优势的配合方法。"开黑"的社交方式在电子竞技中十分常见，一方面增加熟人玩家之间组团游戏的积极性；另一方面陌生人之间可在游戏中随意匹配形成新的社交关系。除去"开黑"外，电子竞技积极利用微信、微博、QQ 等社交软件的关系链：玩家可以通过软件将游戏数据即时分享到这些社交平台，也可随时发送信息邀请好友参与对战游戏。陌生人也可通过游戏匹配结识许多志同道合的朋友，尤其是 LBS（基于位置的服务）功能的加入，陌生人通过实时 GPS 定位，可由线上好友发展成为线下好友。传统社会基于血缘和地缘的交友模式向趣缘（基于兴趣爱好）模式转变，甚至可从普通交友渗透到婚恋交友。

目前电竞行业中社交元素的运用十分普遍，几乎存在于所有电竞游戏中，真真切切地进入"无社交不电竞，无电竞不社交"时代，但是在游戏中社交方式仍然存在同质化和单一化的缺点。社交在传统电竞时代往往作为增加用户黏性的附加手段，现在正从附加元素向核心元素转变。电竞行业需不断优化游戏中的社交体验，在网络虚拟空间中构建新型电竞社交方式，这将推动游戏受众向广泛性和纵深性发展。

（三）主流化：电子竞技与高校教育并轨前行

在中国传统文化中，玩游戏被认为是"玩物丧志、不学无术"之举，如韩愈的"业精于勤而荒于嬉"。① 这种传统文化的影响根植于当今主流价值观中，在"游戏无用论"的主流价值观支配下，电子竞技在曲折中发展，一直备受争论和误解。尤其是电子竞技的不良影响被不断夸大：沉迷游戏荒废学业和工作，过于血腥和暴力等。电子竞技的社会认同度很低，作为电子竞技主要受众的青少年常常被家长禁止玩游戏。

近年来，随着社会发展、自我意识强化和国家政策的扶持，电子竞技作为亚文化的主要类型开始突破文化界限，进入主流文化的视野，社会认同度逐渐提高。电子竞技运动被视为体育项目的一种，不仅有利于锻炼和提高游戏玩家的反应速度、思维水平、协调能力，还有利于培养团队成员之间的合作精神，推动个人乃至全社会的发展。另外，传统体育项目与电子竞技相互渗透和影响，如街头篮球、火柴羽毛球等。传统体育通过电子竞技不再受时间和地点的限制，吸引更多受众焕发新的活力。电子竞技和高校教育并轨更是加速了电子竞技的主流化进程，许多高校已开设电子竞技相关专业，未来将向电子竞技行业源源不断地输送人才。电子竞技在中国长期处于"污名化"和"标签化"的状态，尤其主流媒体在电子竞技的正面报道中是缺位的。近年来，主流媒体开始对电子竞技进行正面报道，推动了电子竞技行业的主流化，全民电竞时代即将到来。

---

① 胡杨、董小玉：《游戏的人与游戏精神：移动社交时代的"游戏化生存"》，《新闻界》2017年第 10 期。

新形势下电视国际传播的挑战与对策

——以中国国际电视台（CGTN）为例

赵文江　李宇　李雪琼*

摘　要： 中国电视国际传播承担着讲好中国故事、传播好中国声音、展示中国良好形象的重任，是中国"连接中外、沟通世界"的重要载体和渠道。当前，中国电视国际传播需要面对复杂多变的国际政治局势、激烈的国际媒体竞争格局，以及日新月异的媒介技术变革。作为中国电视国际传播的中坚力量，中国国际电视台积极创新、锐意改革，在新的形势下不断探索国际传播的新理念、新路径、新方式，着力推进品牌建设、内容建设和渠道建设，并取得了初步成效，也为中国电视国际传播的未来发展提供了参考和借鉴。

关键词： 中国国际电视台　电视国际传播　新兴媒体　媒介融合

随着新兴媒体技术发展和国际形势变化，电视国际传播领域的竞争日趋激烈，成为政治博弈、经济比拼、技术较量的重要领域。随着中国国际地位的提升，中国在国际上提升话语权、传播中华文化的需求更加凸显。在此背景下，中国国际电视台（中国环球电视网，CGTN）开播于2016年12月31日，是中央电视台适应媒体融合发展趋势、全面整合台内资源、强化国际传

---

* 赵文江，中央电视台海外传播中心主任；李宇，中央电视台海外传播中心综合部副主任；李雪琼，中央电视台海外传播中心综合部文秘组组长。

播竞争力的新举措。自 20 世纪 90 年代以来，中国电视国际传播稳步发展，致力于讲好中国故事、传播好中国声音、展示中国良好形象，是中国"连接中外、沟通世界"的重要载体和渠道。当前，中国电视国际传播需要面对复杂多变的国际政治局势、激烈的国际媒体竞争格局，以及日新月异的媒介技术变革。作为中国电视国际传播的中坚力量，CGTN 积极创新、锐意改革，在新的形势下不断探索国际传播的新理念、新路径、新方式，着力推进品牌建设、内容建设和渠道建设，并取得了初步成效，也为中国电视国际传播的未来发展提供了参考和借鉴。

一 新形势下电视国际传播面临的挑战

电视国际传播作为一种跨越国家边界、文化和意识形态等差异的传播形态，面临着政治、技术等因素变化的挑战，也需要应对同业竞争。长期以来，电视国际传播置身于复杂的国际环境中，故而在进行顶层设计、制定传播策略、推进传播目标时，需要充分考虑这些因素。

1. 国际政治因素的挑战

电视国际传播是不同政治体制间的传播行为。传播国主要为了宣扬政治理念、开展舆论斗争、占领话语权高地。但对于接收国来说，电视国际传播意味着突破意识形态的控制，在国际话语权领域开展竞争。从政治传播理论来说，电视国际传播是一种跨国宣传，是国际政治斗争的重要手段。正因为如此，电视国际传播往往会受到政治因素的干扰。2017 年，沙特阿拉伯、阿联酋、埃及、巴林四国与卡塔尔发生了"断交风波"，并对卡塔尔提出了13 项和解条件。其中一项要求卡塔尔关停该国政府兴办的半岛电视台及其下属频道。联合国人权事务高级专员扎伊德（Zeid Ra'ad al-Hussein）就此要求曾发布评论，认为这创下"强国或国家集团可以严重破坏其他国家和本国的言论自由权"的先例。卡塔尔外交大臣穆罕默德（Sheikh Mohammed bin Abdulrahman Al-Thani）也多次表示，"这无关恐怖主义，而是打击言论自由"。此前，俄罗斯的今日俄罗斯电视台（RT）也曾多次遭到其他国家政府的制裁或处罚。例如，2014 年 11 月，英国通信管理局（Ofcom）认定"今日俄罗斯电视台"关于 2014 年初乌克兰事件的报道违反了英国新闻传播相关法规第五节中关于报道公正性的要求，具体违反了 5.1、5.11 和 5.12 条款，扬言要对其进行停播等处罚。2016 年 10 月，英国巴克莱银行（Natwest Bank）冻结了"今日俄罗斯"（RT）的账户。巴克莱银行隶属于苏格兰皇家银行集团（Royal Bank of Scotland Group），该集团旗下的所有银行也采取类似措施。巴克莱银行给出的解释是，"今日俄罗斯"总裁基谢廖夫被列入欧盟制裁名单，英国需遵守欧盟规定。在英国银行采取制裁之前，波兰、德国等国已采取了类似行动。对此，俄罗斯外交部提出强烈抗议。俄罗斯政治分析家阿布扎罗夫指出："不是因为极端主义，不是因为恐怖主义，不是因为非法犯罪，而是因为自己的观点遭受制裁，这件事本身就非常奇特。"另外，2015 年 5 月，摩尔多瓦电视广播协调委员会（CCA）宣布，永久性禁止"俄罗斯频道"（Rossiya）在摩尔多瓦播出，原因是该频道在报道乌克兰局势时经常扭曲事实和误导公众。虽然这些事件最终并未影响今日俄罗斯电视台的正常运营，但无疑对其品牌和公信力造成了不良影响。除了针对单个频道，有时候整个国家的外宣电视频道都会被卷入政治危机之中。例如，在俄欧关系紧张时期，欧盟国家领导人在 2015 年 3 月欧盟会议召开期间一致通过了关于抵制俄罗斯虚假信息传播的议案，并决定制定《欧盟战略传播行动纲要》。在这次会议上，还制定了一份针对俄罗斯媒体行业的制裁名单，包括俄气传媒集团、全俄国家广电、第一频道电视台、独立电视台，以及俄塔社、今日俄罗斯国际新闻通讯社主要负责人等。

此外，部分国家针对境外媒体的传播行为，尤其是宣传行为进行立法，这也是政治因素在电视国际传播领域的重大挑战。虽然美国以鼓吹"媒体自由"而著称，但美国时任总统奥巴马在 2016 年 12 月 23 日签署了《波特曼－墨菲反宣传法案》（*Portman-Murphy Counter-Propaganda Bill*），该法案也被称为"反制虚假信息和宣传法"。根据该法案，美国国防部在 2017 年建立一个跨部门的机构，并拨付专门预算，以加强反对外国政治宣传的能力。《波特曼－墨菲反宣传法案》着力采取两方面举措：一是制定一个全联邦政府的反政治宣传和谣言战略，由全球作战中心（the Global Engagement Center）整合全联邦政府资源，对外国政治宣传和谣言进行反制和曝光；二是加强与非政府专业人士及团体合作，通过设立专项基金，向非政府组织、民间社团、智库、私营部门、媒体组织和政府外的专家提供资助，并参与记者培训。

2. 国际电视媒体的竞争

在电视国际传播的竞争中，国际新闻一直是重中之重。很多国家认为，新闻就意味着表达权和话语权，是国际表达与国际公关的必然选择；而在国际电视新闻频道的竞争中，英语新闻频道的竞争尤为激烈。当前，美国有线电视新闻网（CNN）和英国广播公司（BBC）、德国之声（DW）、半岛电视台（AJ）、新加坡亚洲新闻台（NewsAsia）、中国中央电视台英语新闻频道（CCTV–NEWS）、今日俄罗斯电视台（RT）、法兰西24台（France24）、日本广播协会世界电视频道（NHK WORLD）等都在积极参与国际新闻竞争，或者说抢占舆论高地。近几年，国际英语新闻频道还在不断涌现。2011年9月，以色列开播了第一个该国24小时国际新闻频道JN1。2013年7月17日，以色列又开播了一个名为"i24新闻"（i24News）的24小时国际新闻频道。2015年6月22日，德国之声电视台（DW）开办了一个新的英语新闻和资讯频道。2016年4月，非洲新闻台（Africanews）正式播出。该频道属于欧洲新闻台（Euronews），已在33个非洲国家播出。2017年2月，美国全国广播公司（NBC）向欧洲新闻台（Euronews）投资3000万美元，购入25%的股份。欧洲新闻台将更名为欧洲新闻全国广播公司频道（Euronews NBC），并由全国广播公司新闻频道总监黛博拉·特尼斯（Deborah Turness）出任主要负责人，兼管全国广播公司国际新闻业务。全国广播公司一直致力于在海外发展国际新闻业务，并着力与美国有线电视新闻网（CNN）在国际新闻领域一争高下。本次入股欧洲新闻台，就是全国广播公司进军国际新闻领域的重要举措。另外，一些大的国际新闻频道也在不断拓展语言种类，例如英国广播公司开办了英语、阿拉伯语和波斯语国际频道，美国有线电视新闻网开办了英语、西班牙语、土耳其语、阿拉伯语等国际频道，今日俄罗斯电视台开办了俄语、英语、阿拉伯语和西班牙语国际频道。根据计划，今日俄罗斯电视台（RT）于 2017 年底开播法语频道（RT France）。该频道的年度预算金额为 2000 万欧元，员工总数为 100 人，其中一半为法语记者，办公地设在法国中北部城市波洛格内 - 比兰科（Boulogne-Billancourt）。除了新闻领域之外，电视国际传播在影视剧、纪录片、体育、综艺、音乐等领域的竞争也非常激烈，尤其在影视剧方面的竞争已经达到白热化的程度，因为影视剧既有利于开展文化传播和意识形态渗透，又能产生市场价值、赢得经济收益。

3. 国际媒介技术因素的挑战

电视国际传播是通过卫星、空间悬浮载体、互联网等传播渠道跨越国界传送节目信号的过程。电视国际传播的竞争力与技术实力密切相关，一些国家往往会凭借经济和政治优势，通过卫星信号或高空信号强制覆盖，抢占互联网空间等方式，突破国界进行传播，因此要始终保持技术敏感性和先进性，积极利用最新技术来提升电视国际传播的竞争力。新兴媒体发展对于电视国际传播产生了重大影响，集中体现在节目拍摄、制作、播出、传输、收视等各个环节上。根据 2017 年法国维旺迪集团一份研究报告，伴随着互联网成长起来的年轻一代观众（也被称为"网生一代"或"数字土著"）在节目内容需求方面呈现显著的特征。他们对于短视频格式的电视剧（每集十分钟）情有独钟，对于网络电子体育（esports）的喜爱胜过传统体育。研究发现，2/3 的"网生一代"观众每天都会在手机上观看短视频格式的电视剧。另外，他们对于网络电子体育的热情超过了传统体育，而且这种趋势正在蔓延至其他年龄段的观众中。2017 年第一季度，瑞典观众收看网络电子体育内容的人数超过了观看传统体育赛事节目的人数。[①] 可以看出，电视国际传播在节目制作方面亟须更新理念，以更为多元的制作模式满足不同年龄段、不同国家受众的需求。新兴媒体发展不仅促使媒体机构变革节目制作和播出方式，也推动国际传播领域新一轮竞争的发展，尤其在运用新兴媒体技

---

① www. broadbandtvnews. com/2017/03/09/digital - natives - have - different - tv - content - habits.

术拓展传播渠道、延展播出平台、优化收视体验等方面展开激烈角逐。在新的媒介技术竞争形势下，电视国际传播媒体一方面利用最新节目制作和播出技术来提升内容竞争力，如英国广播公司积极研究在新闻报道、纪录片制作、体育赛事转播中应用虚拟现实技术；另一方面利用最新内容分发技术来拓展播出渠道，如美国全国广播公司（NBC）近年来积极在海外发展网络电视业务，先后推出了"希速"（Seeso）、"海欲"（Hayu）等品牌业务。从全球范围来看，当前电视国际传播在新的技术环境中正呈现三个显著特点：一是业务融合、产业整合加剧；二是市场化、商业化色彩日益明显；三是发达国家和发展中国家在信息技术等方面的差距拉大，发达国家在电视国际传播领域的优势地位进一步增强。不过，究其根本，电视国际传播要适应新兴媒体时代观众的需求变化，尤其是个性化、互动化的收视需求。

二 中国国际电视台的发展策略

随着综合国力的大幅提升，中国大力推进国际传播能力建设，提升国际话语权，这也是应对当前复杂的国际形势、激烈的媒体竞争以及迅猛的媒介技术变革的必然选择。在此形势下，CGTN 应运而生，成为中国电视国际传播的中坚力量和旗舰。CGTN 包括 6 个电视频道（英、西、法、阿、俄语频道和纪录国际频道），3 个海外分台（北美分台、非洲分台和欧洲分台），1 个国际视频通讯社（国际视通），1 个以移动新闻网为核心的新媒体业务集群（CGTN. COM），以及 1 家下属公司中国环球广播电视有限公司。其中，CGTN 英语频道是主打的 24 小时新闻频道，在全球 100 余个国家拥有 2 亿多用户。电视国际传播战略的核心是建立品牌，提高传播者在受众心中的认知度和公信力。从电视国际传播的发展策略来说，内容和渠道是两大关键，正如学者莫拉纳（Hamid Mowlana）在 20 世纪 80 年代提出的国际传播模式，信息（内容）和技术（渠道）是国际传播的纵横两轴，或者说国际传播的两大维度。目前，CGTN 主要在三个方面重点发力，首先是加强品牌建设，另外则是在内容和渠道建设方面全面发力。

1. 加强国际站位，建设一流品牌

CGTN 作为国家开展国际传播的旗舰媒体，秉承"加强整体规划设计，打造国际一流品牌，更好地服务党和国家工作大局和对外战略"的方针，坚定文化自信，坚持新闻立台，着力打造一流媒体品牌。

媒体的国际影响力和品牌知名度往往与其所在国的综合实力密切相关。随着中国综合国力和国际影响力的不断提升，世界各国了解中国、加强与中国沟通的意愿不断增强，这为中国媒体走向国际舞台、构建国际一流品牌提供了条件。CGTN 是中央电视台下属的、相对独立运作的国际传媒机构，通过组建国际化专业团队，统一指挥调度全球多媒体新闻生产和运行。它也是在整合中央电视台国际传播业务资源的基础上组建的，是中国最权威、最有实力的媒体，不仅最了解中国，而且拥有国际化专业团队，可以向全球受众提供关于中国最权威的报道和资讯。CGTN 总部设在北京，在美国华盛顿设有北美分台，在肯尼亚内罗毕设有非洲分台，在英国伦敦筹建欧洲分台。其中，北美分台每天制播 5 小时的本土化节目，非洲分台每天制播 2.5 小时的本土化节目，是全球媒体中每天在非洲当地制播本土化节目最多的。CGTN 以融媒体的思路进行顶层设计，按照"电视主打，移动优先"的原则，通过建设融媒体中心来重构内容产品制播流程，形成多形式采集、多平台共享、多渠道分发的新型融媒体业务集群。最重要的是，CGTN 采用全球招聘的方式组建国际化专业团队，并时刻提醒自己，要通过自己的专业努力，体现真实、准确、平衡的报道原则，突出"所见不同"（See the Difference），为全球受众提供更好、更专业的服务。目前，通过卫星、有线电视、IPTV、OTT、移动网等方式，均可接收、收看 CGTN。CGTN 在提升国际站位的同时，也在强化国际品牌建设，不断提高传播力、公信力、影响力，努力将自身打造成为世界知名媒体，以更丰富的内容、更高的专业品质，为全球受众提供更好的服务，为全球受众提供观察世界、了解中国的不同视角。

2. 立足中国视角，打造精品内容

CGTN 以中国的视角为全球受众提供多语种、多类型的内容产品（包括多类型、多样态的新闻、文化节目），并通过国际化专业团队呈现多元、不同的观点。其中，西语、法语、阿语、俄语频道不仅提供不同视角的新闻报道，还提供影视剧、纪录片、动画片和综艺、专题等丰富多彩的节目。国际视频发稿通讯机构（国际视通）采用国际通行的视频新闻发稿标准，每天24小时用英、西、法、阿、俄五种语言，向全球媒体提供新闻素材、内容定制服务和重大新闻事件的直播信号。特别是 CGTN 有覆盖全球的报道网络，努力呈现多元的观点。在中国有 32 个记者站，在海外有 70 个记者站，是全球电视媒体中记者站数量最多的。其中，北美、非洲、欧洲分台具有本土制播能力，节目贴近海外受众。CGTN 将继续加大全球外语报道网建设力度，完善全球传输覆盖落地网络，广纳各国传媒精英，广泛开展国际合作，以更高的专业水准服务于全球观众。

新闻是 CGTN 的核心节目内容，是立台之本。CGTN 秉承真实、准确、平衡的报道原则，突出"所见不同"的内容定位，即"同样的世界，不一样的报道""同样的报道，不一样的观点""用事实说话"。CGTN 在关注全球的同时，更关注亚洲、非洲、拉丁美洲的发展中国家和新兴市场国家，以中国的视角来大篇幅报道发展中国家和新兴市场国家，而这些国家经常被一些全球著名媒体所忽视。概而言之，CGTN 坚持文化自信，坚持新闻立台，全面贴近受众，实施融合传播，以丰富的信息资讯、鲜明的中国视角、广阔的世界眼光，讲好中国故事、传播好中国声音，让世界认识一个立体多彩的中国，展示中国作为世界和平的建设者、全球发展的贡献者、国际秩序的维护者的良好形象，为推动建设人类命运共同体做出贡献。

3. 注重融合发展，构建多元渠道

在新兴媒体时代，CGTN 必然采取融合发展的路径，构建多元的传播渠道。在传统播出渠道建设方面，CGTN 着力推进海外落地播出工作，以西方发达国家为战略突破口，以周边国家为战略首要点，服务国家周边外交战略以及"一带一路"倡议，相继进入国外有影响力的主流运营商平台。此外，CGTN 拓展精品节目海外植入式播出，以本土媒体影响主流观众。例如，在2017 年"一带一路"国际合作高峰论坛期间，CGTN 在德国五家电视台《中国时间——来看吧》栏目和泰国泰华卫视，用德语和泰语播出该台"一带一路"相关节目，蒙古国 TV5 电视台播出《舌尖上的中国》《与全世界做生意》等纪录片。

在新兴媒体方面，CGTN 坚持移动优先，深化融合传播，重点办好 CGTN 移动新闻网，在移动端打造新闻资讯、视频图片、电视直播、社交分享的聚合平台。具体而言，CGTN 着力推进三个方面工作，一是打造融合平台，打通新闻阅读、移动直播、手表轻阅读及 PC 端等多个终端，实现多媒体内容的多渠道落地和点播收看。二是打造视频直播平台，首次实现环球运营主网站，组成 CGTN 多语种、多地区的官方移动新闻网。三是在国际知名社交媒体平台上打造 CGTN 品牌，所有社交账户更名统一到 CGTN 旗下，建设由主账号、北美、非洲、CGTN 多语种账号构成的账号集群。

三 中国国际电视台国际传播的初步效果

CGTN 成立以来，全面深化内容创新，推进传播方式改革，加大媒体融合力度，取得了积极的效果。CGTN 联合专业调查机构在 2016 年和 2017 年进行了多次受众调查和收视数据分析，调查和分析结果显示，CGTN 在海外观众中取得了一定的品牌认可度和节目满意度，整体发展态势良好。

1. 品牌知名度稳步提升

根据 CGTN 与专业调查机构合作开展的海外受众抽样调查、收视数据整合分析和舆情分析，有 68.3% 的被访者对 CGTN（相比于原来的 CCTV 外语频道）表示满意，超过 70% 的观众认可新名称国际化、具有融媒体特质的说法，频道在颜色和包装上的改变也得到大多数被访者的肯定。调查发现，CGTN 电视频道在海外的知名度为 6.7%。而 CGTN 在各个大洲的知名度有所差异，其中在亚洲的知名度最高，达到 16.1%，在大洋洲的知名度为 7.2%。由于欧美多国本身拥有强势的电视频道，CGTN 电视频道在欧美两地的知名度不如亚洲，均在 5.5% 左右。从各个国家的角度来看，CGTN 电视频道在亚洲各个国家的知名度均在 10% 以上，在泰国和印度两个国家的知名度分别高达 25.7% 和 21.0%。而在主要欧美国家中，在英国的知名度相对较高，为 8.1% 。

2. 节目认可度整体向好

根据 CGTN 与专业调查机构合作开展的海外受众抽样调查、收视数据整合分析和舆情分析，英语新闻频道、纪录频道、西语频道、法语频道、阿语频道和俄语频道的满意度、信任度、权威度和推荐度打分均高于 3.5 分（满分 5 分），其中英语新闻频道和纪录频道的各项打分均列前两位。除电视频道受到好评外，CGTN 的新媒体也受到用户认可，近六成被访者对 CGTN 现有的新媒体表示满意，同时用户对 CGTN 新媒体的满意度、信任度和喜好度打分也保持在 3.6 分左右。

3. 受众触达率表现较佳

调查发现，CGTN 电视频道的接触率在国际主要知名电视频道中排名较为靠前，达到 2.5% ，即全球 14 个国家的调研范围内，2.5% 的被访者表示家中能够收看到 CGTN 的电视频道。不过相比于 BBC 和 CNN，CGTN 的接触率仍有提升空间，这两个国际频道的接触率均在 4% 以上。从各个大洲的接触情况来看，亚洲仍是 CGTN 电视观众接触率最高的区域，有 6.9% 来自亚洲各国的观众家中能够收看到 CGTN。欧洲以 2.0% 的电视观众接触率超过了美洲和大洋洲，在调研的各个大洲中接触率排在第二。从各个国家的接触率来看，亚洲的高接触率主要来自泰国和印度两个国家，CGTN 在泰国的电视观众接触率高达 14.7% ，印度的接触率也达到 9.2% ，CGTN 电视频道在欧美国家的接触率还有待提升。就新兴媒体的接触率而言，在所有知道 CGTN 品牌的被访者中，CGTN 新媒体的使用率高达 47.9% ，即知道 CGTN 品牌的被访者中近半数会关注或使用 CGTN 的新媒体平台/账号，此比例相当可观，同时也证明了新媒体在当前融媒体时代的影响力之大。

四　中国电视国际传播未来发展的思考与展望

电视国际传播始终处在一个复杂的国际环境中，需要直面政治因素的干扰和同业媒体的竞争，还要有效应对跨文化传播和技术变革带来的挑战。对于包括 CGTN 在内的中国电视国际传播媒体机构而言，下一步要大力提升国内电视产业的国际化、专业化和跨文化传播水平，通过国内实力的向外投射，大大提升在国际上的竞争力；要强化全球竞争思维，优化全球战略布局，要针对不同国家的传媒体制、监管政策、文化特征、技术特点等采取相应的进入策略，因国施策，制定和实施有效的传播战略和举措。

1. 坚持文化自信，强化品牌建设

根据 CGTN 与专业调查机构的调研数据，13 个国家英语新闻频道的海外观众认为，中国的最大吸引力在于旅游，其次是中国的文化和经济，这三者的比例都接近或超过七成。中国外文局在 2016 年 8 月公布的《中国国家形象全球调查报告 2015》也显示，希望通过中国媒体了解的内容中，文化、科技比重占得最多，分别是 39% 和 37%。可以看出，中国文化对于海外观众的吸引力不容忽视，而且随着中国综合实力和国际地位的提升，中国文化的吸引力必然会进一步强化。因此，中国电视国际传播要坚持文化自信，强化有中国特色的媒体品牌建设。

2. 坚持中国视角，强化内容建设

根据 CGTN 与专业调查机构的调研数据，13 个国家英语新闻频道的超七成海外观众更期待在该频道上看到有关亚洲的内容，其中中国、日本和新加坡是观众最关注的三个亚洲国家。随着中国在国际事务中发挥的作用增强，中国必然成为全球媒体报道的焦点和全球受众关注的重点；在这方面，中国媒体掌握着讲好中国故事的先机。因此，中国电视国际传播要充分契合国外受众的关注点，加强选题策划，科学设置议程，在以中国视角报道国际事务的同时，充分讲好中国故事。

3. 坚持融合发展，强化渠道建设

新兴媒体正在成为国外受众了解信息的重要渠道。根据 2017 年英国路透新闻研究所发布的《2017 年度数字新闻报告》，巴西 65% 的民众将手机作为主要新闻获取渠道之一，阿根廷为 62%，智利为 74%，墨西哥为 70%。另外，智利 76% 的民众将社交媒体平台作为新闻来源；在阿根廷和墨西哥，这一比例分别为 74% 和 72%。[①] 可以看出，电视国际传播需要将融合发展置于核心战略地位，兼顾传统和新兴媒体渠道建设。

五　结语

中国电视国际传播正处在一个关键的发展阶段，也肩负着艰巨而光荣的历史使命。包括 CGTN 在内的中国电视国际传播媒体，既要应对好外部国际政治因素、国际同业媒体和全球媒介技术变革等方面的挑战，也要加强内部变革，变革传播理念、创新传播模式、优化传播内容、革新传播技术、拓展传播渠道，担负起讲好中国故事、传播好中国声音、展示好中国形象的重任，有效促进世界对中国的认知、认可和信任，并在重塑世界话语体系、构建人类命运共同体的过程中发挥积极作用。

---

① Reuters Institute for the Study of Journalism, "Digital News Report 2017", p. 47.

"世界休闲之都"——中国澳门媒体形象中非博彩元素符号研究

吴玫 赵莹*

摘　要： 本研究应用符号融合理论和幻想主题分析法，探究中英文媒体中关于中国澳门城市形象的非博彩元素，为澳门摆脱"赌城"形象，设计"世界休闲之都"品牌身份提供新的思路。本研究选取了报纸中的报道、旅游局的旅游手册以及个人博客中关于澳门城市的描述，将其区分为赚得媒体、自有媒体和分享媒体，挖掘出关于澳门的与博彩无关的符号元素，并对比它们在各媒体中的分布。研究发现，在自有媒体、赚得媒体和分享媒体中相关非博彩幻想主题共有 11 个。但这些主题均没有形成有历史记忆的幻想类型和有索引价值的语义视野。不同的媒体呈现关于澳门城市的意识图景有所差异，呈现的符号现实多为表象的感官体验和景观描绘，并未有深层价值观层面的符号想象。

关键词： 城市品牌　媒体类型　符号融合理论　幻想主题分析　澳门

一　绪论

中国澳门作为一个具有中西文化交融特色的小城，一直以来保留着中

---

* 吴玫，澳门大学传播系教授，澳门大学当代中国社会科学研究中心主任；赵莹，澳门大学硕士，珠海横琴博易数据技术有限公司研究顾问。

国传统文化和欧陆风情的人文景观和闲适的生活特色。自澳门赌权开放后，其城市主要以"世界博彩之都""亚洲拉斯维加斯"等赌城形象示人，而博彩业也成为澳门的支柱型产业。在硬件设施如建筑、街道、园林等充分表现澳门中西文化特色的同时，中西文化的交融也孕育着澳门在博彩文化之外的多元混合文化的独特形象。自 2008 年，国务院在《珠江三角洲地区改革发展规划纲要（2008—2020 年）》中首次提出澳门作为"世界旅游休闲中心"的定位以来，[①] 博彩元素之外的经济多元化发展成为澳门城市建设的发展方向。澳门城市的形象如何在基于"亚洲拉斯维加斯"发展"世界旅游休闲中心"的过程中强化其城市品牌，成为一个重要课题。目前关于澳门城市品牌的研究大多数基于澳门城市形象的探析，如品牌定位、品牌塑造等方面。而媒介作为品牌传播的载体，通过符号的呈现激发受众关于城市特点和形象的联想，在城市形象的塑造和传播过程中有着不可忽视的作用。因此，媒体如何呈现澳门在赌城形象之外的多元化形象值得探讨。

本文将美国传播学家欧尼斯特·鲍曼提出的符号融合理论和幻想主题分析法用于澳门城市品牌研究中，为此提供了一个新的具有操作性的理论和方法。主要目的是在访澳旅客人数最多的国家和地区的媒体中，描绘并对比其对澳门所呈现的符号现实。本文选取了不同地区的 14 份不同报纸，共 22 篇中文及英文报道，同时在澳门政府旅游局网站中选取了 7 本旅游手册及 38 篇个人博客作为分析样本，找出幻想主题及其所延伸的语义视野，描绘该文本所呈现的符号现实（意识图景）。对自有媒体、赚得媒体和分享媒体三种不同媒体中所呈现的关于澳门博彩元素之外的符号现实进行对比，从而有针对性地实施相应的传播策略，继而为澳门城市品牌的多元化塑造与传播提供相应建议。

希望解决的研究问题是：①在不同媒体中有关澳门的非博彩形象的幻想

---

① 国家发展和改革委员会：《珠江三角洲地区改革发展规划纲要（2008—2020 年）》，http：//www.cuhk.edu.hk/oalc/doc/RiverPearl.pdf，2008 年 12 月。

主题是什么？②这些幻想主题又聚合形成了怎样的符号现实？③在这样的符号现实基础上如何丰富多元化的澳门城市品牌形象？

二　文献综述

（一）澳门城市品牌

澳门由澳门半岛、氹仔、路环以及路氹城组成，400 多年来西方文化从各个方面融入澳门这座城市。随处可见东方建筑和西方建筑比邻而立，历史城区与现代化商业圈共存。澳门于 2006 年赌博营业额超越拉斯维加斯，成为世界第一赌城①，并有"亚洲拉斯维加斯"之称。

2005 年，澳门历史城区的 22 座建筑及 8 个广场、前地被列入《世界文化遗产名录》。② 2015 年 11 月，澳门特区政府公布的《澳门特别行政区五年发展规划（2016—2020 年）草案文本》中，已明确指出澳门未来的发展定位是"世界旅游休闲中心"。而早在《2012 财政年度施政报告》中已经明确"世界旅游休闲中心主要包括三个层次：游客主体结构具有国际性及游客结构多元化、服务内容与质量具有世界水平、文化具有世界包容性……就澳门情况而言，可利用深厚的文化底蕴发展多元化的非博彩类休闲项目，如文化旅游、美食购物、体育旅游、保健养生等"。因此，在赌城形象的基础上挖掘非博彩元素的其他多元化元素，是澳门走向"世界旅游休闲中心"的必经之路。

本文将澳门非博彩元素的相关内容作为主要分析对象，利用文本中所涉及的关于澳门的信息，挖掘非博彩元素的幻想主题，进一步描绘媒体所构建澳门形象的符号图景，并对比其在不同媒体类型中所形成的不同图景。

美国杜克大学富奎商学院的凯勒（Ryan Kevin Keller）在《战略品牌管

---

① 《澳门超越美国拉斯维加斯成为世界第一赌城》，新华网，2006 年 12 月 26 日。
② Historic Centre of Macao - 联合国教科文组织（英文），2005 年 7 月 15 日。

理》一书中提到"像产品一样，地理位置或某一空间区域也可以成为品牌"。即目的地品牌，结合目的地所具备的系列因素的综合应用，通过构建其积极正面的形象，使目的地具有一定的鉴别度和区分度。关于目的地品牌的研究涉及旅游营销、城市政策、产品和服务品牌。基本的术语涵盖了国家品牌、区域品牌和城市品牌，在战略传播和公共外交研究中被学者广为重视。有学者在对旅游目的地品牌的文献综述中说明了如何将品牌作为一个研究领域，从原来的"三流"，即产品品牌、城市政策和市场营销三方面，发展为深度（如品牌代言、品牌延伸、品牌资产、品牌架构、品牌识别）和广度（国家品牌、区域品牌和城市品牌）两方面。过去的研究主要限于"正负资产"、"有形和无形元素"、物理环境、经济条件、文化活动、心理元素等。最近的研究从以下几个方面总结了城市品牌的基本概念：①符号和意义层面，城市品牌与城市形象和城市认可度相关；②战略传播层面，城市品牌关注于传播的策略过程；③商业维度，城市品牌旨在强化竞争力和优化城市股权；④关系维度，城市品牌旨在发展品牌关系网络。这些维度使得城市品牌成为战略传播中的主流研究方向，第一，城市品牌的研究从目的性的组织行为开始，以加强城市竞争力和利益相关者权益为任务；第二，以建立积极的城市形象为主的系统性战略传播；第三，理解居民和访客对城市的印象至关重要；第四，城市品牌涉及所有利益相关者。

大多关于城市品牌的研究都基于地理位置可以被品牌化的思想，即"将某种形象和联想与这个城市的存在自然联想在一起"。品牌是顾客对其价值和质量的感知，是对其联想和感觉的集合。城市品牌是存在于顾客头脑中的理性与感性知觉的混合物，即城市品牌在受众头脑中形成的意识图景构成了城市品牌的一部分。成功的城市品牌要能够给公众以美好的印象和联想。

受众对城市的感知受其与城市的互动程度影响，内部与外部的利益相关者对城市品牌的感知就有所不同，"内部利益相关者由于身居城市，其满意度的形成主要通过城市软硬件环境的'亲身体验'；城市的外部利益相关者心目中的形象主要来自短暂的体验、其他人的介绍、城市内部品牌和城市宣传。"即受众对城市的知晓程度和满意程度反映了城市品牌的外在形象，而媒介作为承接城市形象传播的载体，通过信息符号在受众头脑中构建一定的意识图景，使受众对其产生相应的联想，这些联想具备一定的城市特性，从而形成了对这个城市品牌的认知。澳门这一城市在旅客或其他体验者头脑中的形象构成了属于澳门的独特品牌，在走向"世界旅游休闲中心"的过程中，挖掘其多元化元素，以达至澳门城市品牌的更新。使公众感知澳门多元化元素的同时，在公众头脑中形成属于澳门的独特印象和联想。

近年来，关于澳门这一城市的研究多为城市形象方面的探析，如针对澳门城市形象的历史以及转变过程的研究，从最初的小渔村到葡萄牙入侵，再到澳门回归，直至如今的整个历史转变过程中，探讨澳门城市形象的转变过程。有研究探讨澳门在体育方面的发展，探究通过体育盛事的举办提升澳门的国际地位。另有研究根据澳门经济适度多元化发展的战略指向，结合澳门的产业和文化资源优势，探究澳门城市形象定位以及培育策略，提出应从产业发展、历史文化、世界遗产的保护和利用以及城市环境建设和景观设计等方面培育澳门新形象。有些研究讨论澳门城市形象中旅游业、博彩业、会展业等方面的发展，认为澳门应抓住博彩旅游业发展机遇，加强泛珠三角合作等。其中，有研究专门从珠海多元传媒信息体系的角度，研究珠海市民对澳门城市形象的看法。还有从澳珠共同发展的角度研究澳门城市形象，以及基于横琴岛及澳门产业资源优势来探究澳门未来城市形象定位。

现有研究多从人际传播的角度使用受众调查这样的量化研究方法，也有研究以个案研究方法探究澳门城市形象，而基于符号学，以符号融合理论为基础，使用幻想主题分析法研究澳门城市品牌的则为少数，尤其是探讨澳门除博彩以外的元素，构建不同媒体类型中的语义图景则为个例。本文以符号融合理论为基石，挖掘各类媒体上与博彩无关的澳门符号，从而为澳门城市品牌研究提供新的理论和方法探索。

（二）媒体类型

随着信息技术的发展，社交媒体逐渐走进人们的日常生活，并在传播活动中发挥着重要的作用。在营销领域，多种不同的媒体类型被应用于品牌营销和受众关系建立的过程中，不同媒体因其线上和线下活动的不同，分为以下几种类型：付费媒体、赚得媒体、自有媒体和分享媒体。[①] 本文主要涉及的媒体类型为自有媒体、赚得媒体和分享媒体。

1. 自有媒体（owned media）

有学者从所有者的角度将其下定义为：品牌自己所拥有并在其控制之下的媒体，如官方网站、专属页面、品牌手册及新闻通稿等。品牌所有者决定该媒体发布的内容。Paul Milton（2012）认为自有媒体在操作上较其他媒体方便，尤其是在对受众的目标指向性和传播效果上，自有媒体都优于其他媒体类型。本文中自有媒体主要为澳门政府旅游局网站的旅游手册。

2. 赚得媒体（earned media）

相比于自有媒体，赚得媒体不受品牌的直接控制，而是通过口碑传播和新闻媒体的无偿报道，以达到品牌宣传的目的。从营销的角度来讲，品牌需要赢得线上和线下的信息覆盖，而不需要刻意有偿购买广告。因此，赚得媒体是品牌营销过程中想要达到的结果。赚得媒体主要指报纸、杂志、电视等。本文中的赚得媒体主要为报纸。

3. 分享媒体（shared media）

分享媒体是基于互动行为的媒体，也是一种社交媒体，由于社交媒体具有分享的互动属性，信息的传播和扩散更加便捷且迅速。通过社交媒体实现信息在不同节点的传播，分享的互动行为便在品牌与受众之间产生。分享媒体已经成为媒体类型中最受欢迎的公共关系平台，包括脸书、推特、博客等。本文中的分享媒体主要为个人博客。

自有媒体、赚得媒体和分享媒体相互联系又相互区别。在媒体的领域，它们并没有清晰的界限，尤其是社交媒体可以在不同情况下成为这三种媒体中的任何一个，要依据其在品牌传播中的角色进行判断。在营销领域，它们都为品牌营销承担各自不同的角色，自有媒体的可控性最强，在品牌传播中

---

① http：//www.toprankblog.com/2011/07/online－marketing－media－mix/.

起主导作用。赢得媒体是赢得受众高度信任的媒体，在品牌营销中是关键的角色，通常是良好的品牌营销行为的结果。分享媒体可为自有媒体提供参考策略，启发自有媒体获得更好的传播效果。有效应用不同的媒体类型是品牌营销策略中的重要环节，本文探索并对比以上三种媒体类型对澳门城市品牌的构建情况，进而挖掘更优的符号元素和品牌设计策略。

（三）符号融合理论及幻想主题分析

符号融合理论源于 1978 年美国尼苏达大学的鲍尔曼（Ernest Bormann）关于群体决策的研究，主要强调群体成员如何通过赋予含义的叙事来构建现实。人们具有分享故事来戏剧化个人经历的偏好。这些故事即幻想主题，由群体成员之间的符号互动而产生。互动行为主要表现为，分享与其他成员产生共鸣的内容，成员之间依次重复分享其内容并扩展开来，从而潜在地影响人们的思考和行为方式。

符号融合理论可被理解为不同于传统两级传播的多级传播模式。信息流在群体成员之间流通，形成一个互动网络，以此构建共同的语义视野。群体成员在传播活动中不断提升他们之间的一致性，群体共识在这个过程中逐渐形成。这个理论基于两个基本假设：第一，符号现实在传播过程中被创造出来。人们在互动交流的过程中，通过共享符号来感知外界环境。为此，人们创造并使用符号构建他们对现实的理解，这些符号将人们连接到一起。第二，人们为实现对他人更深层次的理解，在共享符号的同时，共享符号的意义。将符号的内部联系注入群体共享的主题中，从而构建了可被接纳的符号现实。

群体幻想开始于共同的群体文化的创建，人们多被鼓励以群体所接纳的方式进行叙事，如故事、笑话或梦想等。这里的叙事是指人们对某种重要情境的描述，尽可能使他人感知到被描述的情境。为了传达这些图景，人们在情境中设定角色，并赋予角色一定的行为，创造了属于他自己的叙事方式。若叙述具有吸引力且被多次复颂，则会构建人们眼中的"现实"。

符号融合过程中涉及几个不同的层次，包括戏剧化信息、幻想链条、幻想主题、幻想类型和语义视野。戏剧化信息涉及叙事、寓言、类比、比喻、双关语、幽默等形式的内容。一些戏剧化信息可引领其他人传递相似的信息，幻想链条随即产生。当戏剧化信息在幻想链条中被反复传诵，幻想主题便形成了。幻想主题呈现了群体成员中的共有经历，并培养了共享的观念。幻想主题可以是一个词语、一句话或一个段落。作为分析的最基本单位，它所描述的不只局限于此时此地的事件，可以是想象性地描绘过去的经验，也可以是对未来进行客观的猜想或假设。多个相同或类似的幻想主题聚集在一起，并产生联结时，幻想类型就形成了。语义视野是使得符号融合成为可能的一种更严谨的结构，它是幻想主题和幻想类型聚合后形成的。语义视野实际上是研究物件在某个议题上的符号现实，是整个思维意识图谱在该议题上的生动再现。

符号融合理论解释了文本信息中的符号如何构建了统一的话语环境，通过人们对过去、现在和将来的想象构建了一个共有的语义视野。幻想主题分析是与符号融合理论相配合的研究方法。幻想主题分析的主要任务是找出符号融合发生的证据，当类似的戏剧化信息在各种不同的语境中出现时，这样的复颂就是符号融合的证据。因此，幻想主题分析开始于戏剧化信息的鉴别，而幻想主题便是由戏剧性的元素——角色、场景、情节和正当性机制——组成。正当性机制指代某个价值系统，它是理想化的，也是感性的，为幻想链条中构建的社会现实被大众所接受提供了说服力。角色为具有某些人格特质或动机的人物，角色一般会被赋予一定的行动，而这个过程便构成了情节，其中行动所发生的场所或环境即为场景。

不同于人类的普通经验，幻想主题具有组织性和艺术性特点。它们是对满足心理和修辞需求的创造和想象。幻想主题反映了社会或大众对某一议题的看法及看法背后的价值观念。幻想主题分析为进一步推理行为动机提供了有效的方法，通过这种方法可进一步理解社会共同经历背后的含义和价值观。符号融合理论和幻想主题分析使用文字数据的归纳检查，以及音像材料和焦点小组访谈的方法。本文应用幻想主题分析法研究传播媒介如何再现澳门城市形象，通过不同传播媒介所构建的语义视野，为澳门多元化发展提供参考依据。

战略传播旨在将信息整合到一个连贯的意义系统中，符号融合理论和幻想主题分析法是识别意义系统内部的内在一致性的重要手段，特别是符号在人类幻想中的结构性融合，这对于理解和管理图像生成、图像构建和图像整合具有重要的意义。因此，学者可以利用现有的符号资源创造信息和品牌的战略沟通方案，以保持意义的一致性。

三　研究方法

本研究应用幻想主题分析法找出中文和英文媒体对澳门的不同幻想主题，描绘并对比它们对澳门构建的语义视野。同时，对关于澳门的报道、宣传和博客资料按不同媒体类型分别进行分析，得出三种不同媒体对澳门城市的不同幻想主题，描绘并对比它们对澳门构建的符号图景。从这两个维度深入了解并挖掘澳门除博彩元素之外的多元化元素。

（一）研究抽样

本文选取了不同地区的 14 份不同报纸，共 22 篇中文及英文报道，同时在澳门政府旅游局网站中选取了 7 本旅游手册及 38 篇个人博客作为分析样本，并将样本按赚得媒体、自有媒体和分享媒体进行分类。所选取的报道、旅游手册及博客均旨在展示澳门基于"赌城"形象之外的多元混合文化元素。所选取的内容较之于其他内容故事性较强，更符合幻想主题分析的要求，从场景主题、人物主题、行动主题出发宣传信息，符合信息戏剧化、符号化的要求。

1. 媒体

在媒体类型中，本研究选取 2011～2015 年中文报纸与英文报纸中有关澳门的报道。共计 22 篇，中文报道为 14 篇，英文报道为 8 篇。

根据澳门特别行政区政府统计暨普查局（DSEC）入境旅客的统计资料，统计出近 5 年（2011 年 1 月 1 日至 2015 年 12 月 31 日）不同地区入境旅客数据，从 32 个不同地区的入境旅客数据中，按照近 5 年入境旅客总数由多至少排名，选出前 15 名入境旅客较多的地区，如表 1 所示。

表 1　按原居住地统计之入境旅客数据（部分）

单位：人次，%

排名	地区	总数	百分比
		147649653	100.000
1	中国大陆	93360478	63.231
2	中国香港	34391271	23.292
3	中国台湾	5230215	3.542
4	韩国	2426547	1.643
5	日本	1664700	1.127
6	马来西亚	1396595	0.946
7	菲律宾	1366353	0.925
8	新加坡	1031350	0.699
9	泰国	1023047	0.693
10	印度尼西亚	990530	0.671
11	美国	928311	0.629
12	印度	815298	0.552
13	澳大利亚	533006	0.361
14	加拿大	379064	0.257
15	亚洲其他	329167	0.223

资料来源：澳门特别行政区统计暨普查局，http://www.dsec.gov.mo/Statistic.aspx? NodeGuid = 251baebb - 6e5b - 4452 - 8ad1 - 7768eafc99ed。

以上 15 个地区中，拥有中文或英文报纸的地区为：中国大陆、中国香港、中国台湾、马来西亚、新加坡、菲律宾、美国、印度、澳大利亚、加拿大。在这些地区的报纸中选取关于澳门近 5 年（2011 年 1 月 1 日至 2015 年 12 月 31 日）的新闻报道。

2. 筛选中文报道

以关键字"澳门"在中文报纸的数据库中进行搜索，时间段设为 2011 年 1 月 1 日至 2015 年 12 月 31 日，在此期间的有关报道为 69022 篇。由于数目较大，为了提升样本的代表性和研究价值，研究者根据报纸在当地的印刷量、阅读率及媒体使用率对其进行了筛选。筛选出以下报纸，如表 2 所示。

表 2　中国大陆、中国香港、中国台湾地区前 5 名报纸信息

中国大陆	中国香港	中国台湾
《参考消息》	《苹果日报》	《苹果日报》
《人民日报》	《头条日报》	《自由时报》
《南方都市报》	《东方日报》	《联合报》
《扬子晚报》	《明报》	《中国时报》
《齐鲁晚报》	《AM730》	《工商时报》

资料来源：中国新闻出版统计资料汇编，Nielsen 2011～2015 年媒体大调查，财团法人台湾发行公信会 2011～2015 年报告。

从以上筛选出的报纸中，进行有关报道的筛选。以关键字"澳门"在以上中文报纸数据库中进行搜索，时间段设为 2011 年 1 月 1 日至 2015 年 12 月 31 日，在此期间的有关报道为 141 篇，其中故事性较强，符合幻想主题分析的中文报道 14 篇（大陆地区 4 篇，香港地区 5 篇，台湾地区 5 篇）。分别来自以下中文报纸：《人民日报》（海外版）（中国大陆），《明报》（中国香港），《东方日报》（中国香港），《联合报》（中国台湾），《自由时报》（中国台湾），《苹果日报》（中国台湾）。

3. 筛选英文报道

以关键字"Macau"在英文报纸的数据库中进行搜索，时间段设为 2011 年 1 月 1 日至 2015 年 12 月 31 日，在此期间的有关报道为 175 篇，而在以上选取的 7 个地区报纸中的报道为 132 篇，经过筛选，其中故事性较强，符合幻想主题分析要求的新闻报道为 8 篇。分别来自以下英文报纸：*China Daily*，*Wollondilly Advertiser*（澳大利亚），*The Straits Times*（新加坡），*Business World*（菲律宾），*The Coffs Coast Advocat*（澳大利亚），*The Daily Telegraph*（澳大利亚），*DNA*（印度），*New Indian Express*（印度）。

4. 自有媒体

旅游小册子由澳门特别行政区政府旅游局制定，归旅游局所有。作为旅游指引手册主要为面向旅客的旅游宣传品。其内容涉及澳门各处旅游景点的信息介绍和旅行攻略，包括户外景观、论区行赏 步行路线、澳门世界遗产、庙宇、博物馆、教堂和大三巴天主教艺术博物馆。选取旅游局官方网站上的旅游小册子作为分析样本，可最大化地分析旅游局本身的自有媒体针对澳门城市品牌构建的方向和内容。旅游手册分为中英两种语言，且两种语言版本的内容完全一致，因此，自有媒体仅选择了中文版本的旅游手册作为研究样本。在自有媒体类型中，本文选取了来自澳门旅游局网站中公布的 7 本旅游小册子（截至 2016 年 4 月 1 日），分别为《Macau 户外景观》《论区行赏 步行路线》《澳门世界遗产》《Macau 庙宇》《澳门博物馆》《Macau 教堂》《大三巴天主教艺术博物馆》。

5. 分享媒体

在澳门旅游局官方网站中，博客精选区的博客内容为澳门旅游局筛选的个人来澳体验分享，其博客内容的原创作者均为来澳体验旅游的不同博主，针对其旅行经历和感受进行描述并发表在不同的博客和 Facebook 中，澳门旅游局对其博客内容进行链接，将其展现在互动专区的博客专栏中。因旅游局网站中所选取的博客内容指向性强，均与澳门旅游相关，且视角为消费者及受众对澳门城市的印象。所以选取这部分内容作为分享媒体的分析样本。因此，在分享媒体类型中，本文选取了澳门旅游局网站博客专区公布的来自不同博主的 37 篇中文个人博客及 1 个英文个人博客的网页（截至 2016 年 4 月 1 日）。

（二）研究步骤

找出清晰的可分析文本，如报道、旅游手册和博客文章，并将文本按自有媒体、赚得媒体和分享媒体分类。在所选择的文本上逐字细心地找出具有语义修辞的关键词。在文本中找出故事要素（角色、情节、背景），找出不断重复的字词句子，即媒体用于诠释现实的戏剧化信息。尝试找出幻想主题，再将重复的幻想主题归纳为幻想类型，进一步构建语义视野。描绘并对比不同类型媒体中所构建的关于澳门的语义视野。本文严格按照以上幻想主题分析法步骤，用幻想主题分析法找出"复诵"的关键字句，描绘并对比不同媒体关于澳门除博彩元素之外的多元化的幻想主题与语义视野。

文化自信：国家形象自塑能力
提升的核心要素[*]

—— 以山东"好客"形象的塑造与传播为例

王润珏　李 荃[**]

摘　要： 中国特色社会主义新时代对国家形象和国家形象的自我塑造能力提出了新的要求。本文从新时代下国家形象建构的现实需求入手，以山东省"好客"形象的塑造与传播实践为例，对地区和国家形象的结构、形成和传播路径等方面的经验进行了梳理，从而归纳出"核心层""外延层"两个国家形象的基本结构，并进一步提出了以文化自信为支撑的国家形象自塑能力提升策略。

关键词： 文化自信　国家形象　自塑能力

一 形象"自塑"：新时代下国家形象建构的现实需求

1. 当前中国形象塑造的困境和原因

国家形象是国家利益的重要组成部分。有学者将国家形象定义为"一

* 中国传媒大学科研培育项目"'一带一路'倡议下我国主流媒体促进民心相通的路径与策略研究"（CUC17A44）。
** 王润珏，中国传媒大学国家传播创新研究中心副研究员；李荃，中国传媒大学传播研究院硕士研究生。

种主体意识，是国家或民族精神气质中的闪光点"①。改革开放 40 多年来，中国经济实力得到显著提升。作为全球第二大经济体，中国正在更加广泛的领域中发挥着日益重要的作用，并承担起作为"大国"的责任和义务。但值得重视的是，中国并没有形成与国力相匹配的"大国"形象。长久以来在西方媒体话语体系下形成的中国的刻板印象仍然存在，并对国家外交、经济合作等方面的发展产生负面影响。近年来，我国在国家形象塑造与传播方面的投入持续增加，采编网络和传播平台迅速拓展的同时，仍然面临"有理说不出""说出传不开""传开叫不响"的尴尬境遇。

我国在国家形象建构过程中面临的被动局面主要由两个方面的原因构成。

从国际传播环境来看，在过去的 100 多年中，西方发达国家依靠硬实力的支撑，将整个国际传媒格局置于西方叙事理念之下，长期占据世界舆论主导地位、把握着世界舆论的话语权，由此形成了对其他国家形象的"他塑"能力，并建构起基于西方价值体系和媒体立场的"中国形象"刻板印象。例如，"中国霸权论""中国集权论"等负面论调在新中国发展过程中从未停止过。这些刻板印象对世界认知中国产生了明显的"路径依赖"效应，同时也对新中国国家形象的塑造产生制约作用和负面效应。

从我国国际传播实践来看，我国的国家形象塑造和传播理念受"宣传"思维影响较为明显，传播技巧和传播策略不够成熟。具体体现在传播的概念过于"抽象"、"一国一策"研究不够深入、传统元素所占比重过多等方面。例如，在国际传播实践中，经常可见到将中国文化归纳为"和"文化。在中国"和"的内涵十分丰富，是一个高度抽象的字，包罗万象。能根据单字将其释义为和平（peace）的外国人已经属于少数，更不要说单凭"和"去理解"和而不同"等内涵。又如，《西游记》让印度佛教大国的形象在中国深入人心，中国在对印度开展对外传播时也采用了许多以佛教为主的传播方式，但是印度国内宗教信仰实际上以印度教为主，佛教占比较小。此外，中医、武术、曲艺、书法、宫廷服饰等传统文化元素在国际传播的各类文化

---

① 程曼丽：《关于国家形象内涵的思考》，《国际公关》2007 年第 4 期。

产品中被广泛使用，但过多使用传统文化这张牌不仅不利于现代化的、科技的、创新的中国形象的塑造，还在一定程度上落入了西方媒体所塑造的刻板印象的"路径"之中。

2. 新时代国家形象定位与"自塑"能力建设的新要求

2017 年 10 月，习近平总书记在中国共产党第十九次全国代表大会报告中指出："经过长期努力，中国特色社会主义进入了新时代，这是我国发展新的历史方位。""这个新时代，是承前启后、继往开来、在新的历史条件下继续夺取中国特色社会主义伟大胜利的时代，是决胜全面建成小康社会、进而全面建设社会主义现代化强国的时代，是全国各族人民团结奋斗、不断创造美好生活、逐步实现全体人民共同富裕的时代，是全体中华儿女勠力同心、奋力实现中华民族伟大复兴中国梦的时代，是我国日益走近世界舞台中央、不断为人类做出更大贡献的时代。"①

党的十九大报告明确提出了坚持和发展中国特色社会主义基本方略，其中"坚持推动构建人类命运共同体"一条中，明确提出了"世界和平的建设者、全球发展的贡献者、国际秩序的维护者"的新时代中国国家形象定位。② 中国的上述国家形象建构，一方面有赖于国内的稳步发展与和平发展、互利共赢的开放战略；另一方面则需要建立起与之匹配的国家形象"自塑"能力，将真实的中国传播给世界。

党的十九大报告也对新时代国家形象的建构能力提出了明确要求，具体表述为"推进国际传播能力建设，讲好中国故事，展现真实、立体、全面的中国，提高国家文化软实力"③。按照报告提出的"2020～2035 年"和

---

① 《决胜全面建成小康社会　夺取新时代中国特色社会主义伟大胜利——在中国共产党第十九次全国代表大会上的报告》，http://www.xinhuanet.com/2017 – 10/27/c_ 1121867529.htm，2018 年 2 月 9 日。
② 《决胜全面建成小康社会　夺取新时代中国特色社会主义伟大胜利——在中国共产党第十九次全国代表大会上的报告》，http://www.xinhuanet.com/2017 – 10/27/c_ 1121867529.htm，2018 年 2 月 9 日。
③ 《决胜全面建成小康社会　夺取新时代中国特色社会主义伟大胜利——在中国共产党第十九次全国代表大会上的报告》，http://www.xinhuanet.com/2017 – 10/27/c_ 1121867529.htm，2018 年 2 月 9 日。

"2035 年到本世纪中叶"两个阶段的发展规划，应在 2035 年前后完成国际传播能力体系的建构，基本改变国家形象"他塑"的被动局面；到 21 世纪中叶完全具备与国家实力相匹配的国家形象自塑能力，实现在国际社会的国家形象自塑。

二　山东"好客"形象的塑造与传播路径分析

近年来，在国家层面形象塑造与传播工作全面展开的同时，各省份也日益重视自身的形象塑造与传播。其中，山东省将本省的形象关键词确定为"好客"，并在国内外开展积极的、多样化的传播活动，取得了较好的传播效果。这些举措为我国形象"自塑"能力的建构和运用提供了"试点"式的参考。

山东省位于东部沿海、黄河下游，是中华文明的重要发源地之一。在这片土地上，诞生了以儒家文化为代表的传统文化，因此山东省又被称作"孔孟之乡""礼仪之邦"。"人"是地域、国家形象形成的决定性要素。因此，从某种程度上说，山东人的形象就是山东形象，既包括在时间轨迹上从古至今的山东人的外形、行为、言语等诸多要素在人们心目中积累形成的印象，也包括空间分布上同时代的在不同地区（山东省内/外）的山东人形象的总和。

当我们提及山东人时，总不免会联想到淳厚朴实、热情好客的性格或形象，民俗学者刘德增以"诚实、尚义、节俭、好客"概括了山东人的基本性格特征。[①] 在这一系列概念中，"好客"最能代表山东人的文化形象，"好客"的个性和行为也是深层的文化自信、经济自信的外化表现；对受众而言，"好客"这一特征可感知度最高，最容易产生亲近感，且不易产生歧义或涉及价值观、宗教信仰等方面的差异。

1. 山东"好客"的历史文化渊源

"好客"是指乐于并善于接人待物的行为和态度，具有真诚、朴实、大

---

① 孙矩：《论山东精神》，《山东行政学院学报》2013 年第 1 期。

方、豪爽、遵礼、热情等特征。《辞海》中对于好客的解释如下：乐于接待客人，对客人热情。

山东人的好客传统有着悠久的历史。"有朋自远方来，不亦乐乎？"这句国内外广为流传的欢迎词便出自春秋时期鲁国人孔子的名篇《论语·学而》。这种文化根基深刻地融入在这片土地上生活的人们的血脉中，内化成为山东人待人处世的热情态度和淳朴性格。在山东的历史上，能够显示山东人好客传统的例子比比皆是，既有孟尝君礼贤下士，旗下数千门客；也有秦叔宝忠肝义胆，广交天下豪杰。

2. 山东"好客"形象的传播方式与路径

（1）兼顾国内、国际传播的标识设计与全媒体平台运用

当前，旅游无疑成为人们"做客"山东最主要的形式。因此，当代山东的"好客"形象塑造与传播首先从旅游形象着手。2007年，山东省政府推出"好客山东"旅游形象品牌，标识由中央美术学院的韩家英教授设计。在这个形象标识中，中文的"好客"是朱红色的篆刻，"山东"则是毛笔书法，体现了山东文化源远流长的历史感。同时，标识还实现了中文与英文的有机结合，"Friendly Shandong"五彩缤纷，动感十足，不仅能够很好地满足国际传播的需求，还直观地反映出山东的现代感与山东人的热情和活力（见图1）。

图1　"好客山东"品牌 Logo

随后，围绕"好客山东"这一形象定位，山东省拍摄了"好客山东"旅游形象宣传片，并在中央电视台、凤凰卫视、山东卫视、香港翡翠台等主

流媒体大量播出；山东省建立了山东旅游综合性公共服务平台——"好客山东网"（中文版、英文版、繁体版、韩文版、日文版），形成了山东形象展示、旅游服务预定、政务信息公开、招商引资项目展示等相关功能的一体化集成平台；同时，山东还建设了省域旅游垂直服务移动客户端——"好客山东"App以及"好客山东"微信公众号和微博账号，从而以"形象宣传＋服务"的方式，让受众在"线上"就能充分感受到山东人实实在在的好客热情和行动。"好客山东"品牌抓住了山东旅游竞争力的核心价值，即以热情好客的"山东性格"，淳朴仁爱的"山东精神"迎接八方来客。[①]

（2）润物无声的优秀影视作品形象传播

近年来，先后播出的一大批以山东人为故事主人公或以山东地区为故事发生地的优秀影视作品在塑造了一系列脍炙人口的人物形象的同时，也以"润物无声"的方式，使不完美但真实可爱的山东人热情好客的形象深入人心。其中，具有代表性的作品包括《红高粱》（电影1987年）、《闯关东》（2008年）、《父母爱情》（2014年）、《红高粱》（电视剧2014年）。剧中人物虽然身处不同的年代，但都在生活细节之中将山东人质朴、诚信和热情好客的特点展现得淋漓尽致，成为山东形象的"代言人"（见图2）。

图2　山东题材代表性影视作品

（3）具有仪式意义的儒家文化活动

山东人好客形象的塑造与儒家文化是密不可分的，儒家文化内涵是山东

---

① 李玉国：《评析"好客山东"的形象定位和品牌定位》，《山东行政学院学报》2013年第5期。

人热情好客的文化根基与内核。山东是儒学的发源地，也因此成为儒学国际文化活动的主要举办地点。例如，山东省通过举办尼山世界文明论坛和世界儒学大会这两项有国际影响力的活动，来弘扬中华文化、促进中外文化交流。尼山论坛以孔子诞生地"尼山"命名，自2010年起已在山东成功举办三届，先后开展了儒家文明与基督教文明、犹太教文明、印度文明、巴哈伊文明等多个世界文明的对话。世界儒学大会由文化部与山东省政府共同主办，自2007年首次发起以来，至今已成功举办七届，已成为弘扬儒家思想、研讨中国传统文化的国际高端学术交流平台。

（4）多样化元素的互动与互构

山东"好客"形象的塑造与传播还得益于来自不同领域的各类传播主体、传播方式、传播要素之间的互动与互构。诺贝尔文学奖获得者莫言的作品被翻译成40余种语言，向世界展示和传递中国文化、山东文化。值得一提的是，1987年莫言担任编剧的电影《红高粱》以山东高密地区为故事发生地，由巩俐主演，获得了第38届柏林国际电影节金熊奖，先后在德国、加拿大、美国、瑞典、日本、荷兰等多个国家上映，在相当长的一段时间内成为中国电影和山东形象的代表作。

同时，山东的城市和企业也对山东"好客"形象的塑造发挥了重要作用。例如，青岛是山东省国际化程度最高的城市，继承办2008年北京奥运会帆船赛事后，连续每年举办青岛国际帆船周活动，并将帆船周与青岛国际海洋节、国际啤酒节互联互通，由此实现了以"海洋文化"为纽带、面向欧美国家的"好客"形象传播。海尔集团是全球知名家电企业，在国内外具有良好品牌信誉和品牌形象。无论是海尔在国内使用的"真诚到永远"还是在国外使用的"Consumer First"（用户至上）的品牌形象概念都是山东诚信文化、好客文化的最好体现。

3. 文化自信：山东"好客"形象塑造的核心要素

从山东"好客"形象塑造和传播的实践经验来看，在多样化的传播方式和路径背后，始终离不开的是数千年积累下来的齐鲁文化、儒家文化的支撑。

实际上，在数千年儒学思想影响下形成的"好客"性格既是山东人的行为特征，也是山东人形成的文化印象或者说是文化表征。一方面，儒家尊崇仁、义、礼、智、信等伦理规范，这些规范进一步潜移默化地成为山东人乐于待人接物的基调。众所周知，在人际交往中，如果交往的对象缺乏基本的伦理道德，会很自然地引起别人的反感。另一方面，儒家认为万事"和为贵"、推崇"和而不同"的观点，这种包容多样性和尊重差异性的观点对于促进主客交流十分有效，这些宝贵智慧自然被山东人传承下来。

因此，国家的形象至少包括两个层面：一是核心层，即文化和价值观；二是外延层，即多样化的传播主体、元素、渠道和方式。其中，文化自信是更基本、更深层、更持久的力量，但这种力量必须通过与外延层的各种元素有机融合才能发挥出来，从而真正做到"神形兼备"。

三 以文化自信为支撑的国家形象自塑能力提升策略

1. 文化自信：坚持核心文化理念，弘扬中华人文精神

文化是民族的血脉，是人民的精神家园。中华文化源远流长，是中华民族最深沉的历史沉淀和精神瑰宝。形象作为一种符号或是一种文化的表征，它被广泛接受的同时表明它所代表的事物、人物、事件及其体现出来的文化、精神也被人们所认同，从而产生更大范围的一致性。[1] 美国学者斯科特（W. A. Scott）提出，国家的形象包含了人们在想到这个国家时有关的认知、情感和行为三个方面的总和。[2] 因此，在国家形象塑造和传播的过程中，我们面临的问题是如何将深层的文化转化为公众的客观认知、正向

---

[1] 郏正：《面向 21 世纪的中国文化形象与文化符号——建设社会主义文化强国的理论思考》，《社会科学战线》2013 年第 3 期。

[2] W. A. Scott. "Psychological and Social Correlates of International Images", in H. C. Kelman ed., *International Behavior: A Socio-Psychological Analysis*, New York: Holt, Rinehart & Winston, 1965.

情感和积极行为；国家形象的自塑能力也就是一个国家自主实现这种转化的能力。

党的十九大报告提出了"坚定文化自信，推动社会主义文化繁荣兴盛"的发展目标，并指出"文化是一个国家、一个民族的灵魂。文化兴国运兴，文化强民族强。没有高度的文化自信，没有文化的繁荣兴盛，就没有中华民族伟大复兴"。① 实际上，中国的社会主义文化内涵也就决定了中国在国际社会中的形象定位——世界和平的建设者、全球发展的贡献者、国际秩序的维护者；中国的文化自信也就是中国将社会主义文化内涵转化为国际公众对中国的客观认知、正向情感和积极行为的核心力量源泉。

在新时代下，我们的文化自信不仅包括对我国灿烂的古代传统文化的自信，而且更重要的是对社会主义价值观、社会主义文化以及当代人文精神的自信；既要挖掘中华优秀传统文化蕴含的思想观念、人文精神、道德规范，也要弘扬具有现代社会特征的社会公德、职业道德、规则意识、科学精神。真正做到让中国文化永葆活力，夯实国家形象的内核，从而发挥"凝神聚力"的作用。

2. 多样化柔性传播：加强对外文化交流合作，构建中华文化传播新格局

如前所述，国家的形象至少包括核心层和外延层两个层面。文化自信所带来的深层、持久的力量必须通过与外延层的各种元素有机融合才能发挥出来。我国在对外传播中遇到的"有理说不出""说出传不开""传开叫不响"的局面正是外延层的应用技巧不足导致的。在树立良好国家形象的迫切需求下，我们常常采用相对"着急"的传播策略，如宣传式和口号式内容的播出、内宣信息直译传播等。这样的传播不仅难以达到既定目标，还容易引起国外受众的反感，甚至被西方媒体利用。

实践表明，在外延层面，我们应该更多地探索意识形态色彩相对弱的方式和途径，即柔性传播，例如将思想观念融入生活娱乐类的影视产品中，以

---

① 《决胜全面建成小康社会　夺取新时代中国特色社会主义伟大胜利——在中国共产党第十九次全国代表大会上的报告》，http://www.xinhuanet.com/2017 - 10/27/c_ 1121867529. htm，2018 年 2 月 9 日。

出口的产品、服务为载体传递生活哲学和东方美学等，以多样化的文化交流合作开展组织和人际层面的传播互动。

需要注意的是，推动形式技巧多样化的前提是要紧扣核心层，紧紧围绕文化内核来展开，做到"形散而神不散"，同时还应关注对非本国资源的聚集和调动能力的提升。例如，好莱坞电影题材纷繁、演职人员国籍多样、资金来源于世界各地，但所有影片始终包含着"正义战胜邪恶""美国是人类命运拯救者"的美国意识形态和价值观预设。

因此，对我国而言，国家形象自塑能力的提升不仅表现为以文化自信为支撑的多样化形式和技巧的运用能力，还要在更大范围内发挥中华文化的吸引力，逐步形成对非本国资源和力量的聚集、引导、调动能力。只有这样，才能实现到 21 世纪中叶完全具备与国家实力相匹配的国家形象自塑能力的目标。

参考文献

程曼丽：《关于国家形象内涵的思考》，《国际公关》2007 年第 4 期。
邴正：《面向 21 世纪的中国文化形象与文化符号——建设社会主义文化强国的理论思考》，《社会科学战线》2013 年第 5 期。
孙矩：《论山东精神》，《山东行政学院学报》2013 年第 1 期。
李玉国：《评析"好客山东"的形象定位和品牌定位》，《山东行政学院学报》2013 年第 5 期。

马头琴音乐海外传播力浅析

李阿茹娜

摘　要： 马头琴音乐是蒙古民族音乐文化的代表，伴随蒙古民族的形成而发源于广阔草原上，在漫长的历史变迁中积累了深厚的民族文化信息。在如今全球文化多元化的浪潮之下，马头琴音乐一方面受到外来音乐文化的冲击，面临失传的险境；另一方面却在险中求生，在保存自身传统特色的同时吸收其他音乐及乐器的优秀之处，融合发展，逐渐在世界舞台上大放异彩，可谓弱势音乐文化海外传播的成功案例。本文通过数据分析软件挖掘了马头琴音乐海外传播的数据指标，统计了2008～2017年近十年谷歌新闻收录英文媒体中有关马头琴音乐的新闻报道及谷歌视频中收录英文视频网站上有关马头琴音乐的视频，并进行具体数据分析，旨在了解马头琴音乐海外传播的现状，分析其可取之处与不足之处，为其他少数民族文化的海外传播提供参考。

关键词： 马头琴音乐　海外传播　文化多元化　数据挖掘

一　马头琴音乐概述

马头琴，蒙古语称之为"莫林胡尔"，是蒙古民族独有的乐器，也是蒙古民族草原游牧文化及其人文精神的主要物质载体，其演奏出的音乐更是蒙古民族音乐文化的典型代表，体现着蒙古民族的精神内涵，反映了蒙古民族游牧生活的历史形态，表达着蒙古民族对人和自然的思考与感悟。马头琴音乐历史悠久，自蒙古民族形成时期便相伴而生，在漫长的历史变迁与发展过程中，形成深厚的社会和民俗传统基础，承载了丰富的历史文化信息，发挥着传播文化、陶冶情操、移风易俗等社会功能。①

然而，马头琴音乐虽然拥有 800 多年的发展历史，但是，它走出草原，走向世界舞台，却是近 40 年的事情。从 20 世纪 70 年代马头琴乐器改革、演奏法的统一和创新、音乐作品的创新，到 90 年代中国马头琴学会成立、传承方式的革新和海内外的多场演出和推广宣传，以及 21 世纪初马头琴音乐频频在世界舞台上崭露头角，可以称之为马头琴音乐海外发展的黄金四十年。

近年来，马头琴音乐以其独特的蒙古民族传统文化艺术特色彰显于世界民族乐坛之上，得到越来越广泛的关注。2003 年，马头琴音乐被联合国教科文组织认定并入选《人类非物质文化遗产代表作名录》，在一定程度上表明马头琴音乐不仅是蒙古民族文化的代表，更是世界文化的代表之一，是世界音乐文化中不可或缺的一部分。2005 年，在维也纳金色大厅举办的纪念反法西斯胜利 60 周年音乐会上，齐·宝力高与他的野马团队第一次在世界音乐殿堂进行马头琴音乐表演，用来自草原、来自中国的马头琴音乐为世界带来和平的声音，赢得全场观众热烈的掌声。另外，更有安达组合、杭盖乐队、HAYA 乐团等蒙古族音乐团队的海外巡回演出，使马头琴音乐乃至蒙古民族音乐成功走向国际舞台，在世界范围内获得声誉。安达组合自 2003 年成立以来，先后赴美国、加拿大、法国、西班牙等 30 多个国家和地区进行演出，用蒙古族原生态的马头琴、长调、呼麦等多种元素，叙说蒙古民族精神家园——草原故乡的同时弘扬优秀民族文化艺术、扩大民族文化影响力、促进国与国之间的文化交流。②

在文化多元化的今天，马头琴音乐正在以它独特的内涵和强大的包容性

---

① http://www.ihchina.cn/5/10683.html.
② 施咏、王一祥：《安达组合草原音乐海外传播》，《人民音乐》2017 年第 11 期。

走向世界，成为世界交响乐大家庭中的一员，在世界民族乐坛上占有一席之地，为世界民族音乐注入新的音乐元素，丰富着世界民族音乐的内容。本文运用数据挖掘与分析方法，从传播效力入手考察马头琴音乐在海外的传播现状，以期为其他少数民族文化的海外传播提供参考。

二 马头琴音乐海外传播力评估体系

本文对马头琴音乐海外传播力的评估体系主要有两个方面，即谷歌全网收录的国际英文新闻媒体对马头琴音乐的报道情况以及国际英文视频平台上有关马头琴音乐的视频传播现状。笔者选择这两方面构成评估体系的原因主要有两个：①谷歌国际英文新闻媒体作为具有全球影响力的媒体，其对马头琴音乐的报道与关注对马头琴音乐的海外传播具有良好的推动作用。因此，通过分析谷歌英文新闻报道中有关马头琴音乐的内容，可以较为直观地看出马头琴音乐的海外传播现状。②马头琴音乐是一种将视觉与听觉相结合的艺术表演形式，谷歌国际英文视频平台是马头琴音乐提高其海外传播力的主要传播途径之一，且效果更为明显。因此，分析在英文视频平台上有关马头琴音乐的视频数据，是评测马头琴音乐海外传播力的重要指标之一。

本文中，笔者对马头琴音乐的海外传播力评估体系进行了三个级别的指标划分，其中一级指标为（谷歌国际）英文新闻媒体报道指标和（谷歌国际）英文视频平台指标。每一项一级指标均对应不同的二级指标，从不同的方面分析一级指标的主要内容。例如，英文新闻媒体报道指标可分为新闻报道的数量、新闻报道的内容以及新闻媒体状况三个方面；英文视频平台指标可划分为平台上传的视频数量、视频主要内容（由于笔者所用数据软件无法分析视频内容，此项指标主要根据数据软件所抓取的视频标题进行分析）以及视频网站分析三个方面。另外，具体的马头琴音乐海外传播力评估指标体系还包括三级指标，即一系列量化指标，涉及马头琴音乐海外传播的各个重要环节和要素。因此，本文中马头琴音乐海外传播力评估指标体系的框架如表1所示。

表1　马头琴音乐海外传播力评估指标体系

一级指标	二级指标	三级指标
英文新闻媒体报道指标	报道数量	报道总量
		年度报道量
	报道内容	内容主题
		海外形象
	媒体分析	报道数量
		地理属性
英文视频平台指标	视频数量	视频总量
		年度视频量
	视频内容	内容主题
	网站分析	视频数量
		地理属性

三　马头琴音乐海外传播力数据分析

本文将"morin khuur"作为关键词，运用数据软件进行谷歌全网检索，语言设定为英文，时间范围为2008年1月1日至2017年12月31日，抓取2008～2017年近十年谷歌全网的新闻数据和视频数据，并进行分析。

（一）整体分析

为分析马头琴音乐海外传播的整体现状，笔者对近十年有关马头琴音乐的谷歌全网新闻报道和视频进行数据挖掘，获得相关新闻报道共计307篇，相关视频共计3566条。从整体数量来看，近十年来，马头琴音乐在谷歌国际英文新闻媒体和视频平台上的传播现状存在较大差异，有关马头琴音乐的视频总数量远远超过相关新闻报道量，可见马头琴音乐作为一种视觉与听觉相结合的音乐艺术表演形式，其在海外传播方面较为侧重运用视频平台，而在国际新闻媒体的运用方面较为落后，这一点提醒我们，马头琴音乐在日后的海外传播工作中应当加强对国际新闻媒体的利用，因为国际新闻媒体作为一种全球性权威媒体，借助其发声对马头琴音乐的海外传播具有更加有力的推动作用。

为更加具体地展现国际英文新闻媒体对马头琴音乐的报道量及英文视频平台上有关马头琴音乐的视频量，笔者对近十年的新闻报道与视频进行年度数量的统计，并制作图1、图2。

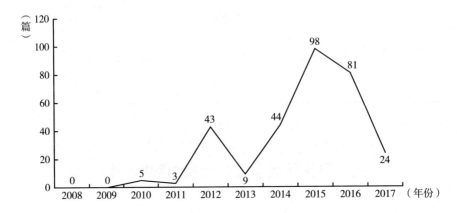

图1　2008～2017年马头琴音乐新闻报道量走势

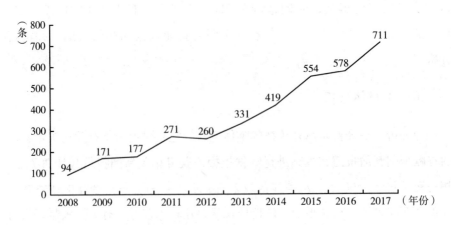

图2　2008～2017年马头琴音乐视频数量走势

从图 1 中我们可以看出，近十年来，有关马头琴音乐的新闻报道量呈波动状。整体上看，新闻报道总量虽然并不算很多，但是自 2010 年起，国际媒体开始关注马头琴音乐，其关注度也有所提高，可以说近年来马头琴音乐多次走出草原，走向国际舞台进行表演和宣传正在引起国际主流媒体的关注，对其海外传播具有一定的推动作用。值得注意的是，2015 年有关马头琴音乐的新闻报道量达到近十年来的最高点，年度报道量达到 98 篇。通过对相关报道内容进行分析，笔者发现，2015 年有两件事情对有关马头琴音乐的年度报道量产生影响。一是印度总理纳伦德拉·莫迪于 2015 年 5 月访问蒙古国时，蒙古国时任总统查希亚·额勒贝格道尔吉将马头琴作为礼物赠送于他，莫迪当场学习演奏这一传统民族乐器，这一事件得到蒙古国媒体高度关注；二是腾格尔骑兵乐队（Tengger-Cavalry）于 2015 年 12 月在纽约卡内基音乐厅进行首场音乐会表演，得到 *Noisey*、*The Village Voice*、*Loudwire* 和《纽约时报》等多家国际主流媒体的关注。从这两件事中我们可以看出，马头琴音乐作为一种独特的民族音乐，不仅能丰富世界民族音乐的内容，为世界音乐带来新鲜血液，也能促进国与国之间的文化交流。

图 2 显示，近十年来，马头琴音乐在国际英文视频网站上的传播现状相较于国际主流新闻媒体的传播更为乐观，年度视频数量呈现阶梯式增长趋势，对马头琴音乐走向国际市场产生了积极的影响。笔者通过浏览相关视频内容发现，有关马头琴音乐的视频内容主要集中在马头琴音乐的表演及演奏方法的教学两个部分。在相关表演视频中不乏国外人士演奏马头琴，可见近十年来马头琴音乐在国际舞台上的频繁演出在一定程度上得到了国外马头琴音乐爱好者的认可和学习，有力推动了马头琴音乐在海外的广泛传播。另外，有关马头琴乐器演奏教学视频的上传，充分利用互联网平台打破时空界限的特点，将处于不同时空的马头琴音乐爱好者联系在一起，相互学习与交流，一定程度上有助于马头琴音乐走向国际市场。

（二）马头琴音乐的海外形象

为更加具体地展现国际新闻媒体对马头琴音乐的关注度，笔者对抓取的307篇英文新闻报道进行高频词分析，得出图3。

图3　马头琴音乐高频关键词词云

从词云图显示情况来看，国际媒体对马头琴音乐的关注较为多元，包括马头琴乐器的特点、乐器演奏方式、音乐风格、表演者及地点、音乐内涵等，可以看出相关报道较为全面，有助于海外受众对马头琴音乐、乐器及其文化形成全面的认知，使马头琴音乐更好地被接受和认可。

另外，为分析马头琴音乐在国际社会上所塑造的形象，笔者还对已经抓取的英文新闻报道文本进行形容词词频分析，以期为马头琴音乐的海外传播进行画像，得到图4。

图4显示，总体来看，马头琴音乐的国际形象较为积极正面。"Mongolian" "Chinese"等高频词的出现说明马头琴音乐不仅代表着它是蒙古民族音乐文化的重要组成部分，还是中华民族文化不可或缺的一部分，其海外传播对建立民族文化自信、促进文化对外交流等具有一定的推动作用。另外，"Asian" "Indian" "Japanese"等区域性高频词的出现也在一定程度上说明

图 4　马头琴音乐高频形容词词云

马头琴音乐在亚洲区域的广泛传播状态。

　　为进一步细化马头琴音乐在国际新闻报道中的形象，笔者选取有关马头琴音乐形象的前十个高频形容词，如表 2 所示。

表 2　马头琴音乐形容词排行榜前十

单位：次

序号	高频词	频次	序号	高频词	频次
1	Mongolian	84	6	united	12
2	traditional	30	7	national	12
3	stringed	15	8	musical	11
4	Chinese	15	9	new	9
5	closer	12	10	cultural	7

　　从表 2 中我们可以看到"closer""united"等表示关系亲密、团结的形容词，说明马头琴音乐在海外传播中展现出世界多元文化"和谐共处""共同发展"的理念，使其自身的海外传播理念符合全球文化的发展趋势，以促进其海外传播进程。

（三）新闻媒体和视频网站分析

1. 新闻媒体分析

为追溯关注马头琴音乐的国际新闻媒体源，笔者对报道与马头琴音乐相关的新闻报道文本进行来源挖掘、统计与分析，共计 84 家国际新闻媒体，通过排名之后得出排行榜前十的媒体榜单（见表 3）。

表 3　提及马头琴音乐的国际新闻网站排行榜前十

单位：篇

序号	新闻网站	所属国家	报道量
1	ubpost. mongolnews. mn	蒙古国	21
2	theguardian. com	英国	3
3	worldmusiccentral. org	美国	3
4	atlasobscura. com	美国	2
5	dw. com	德国	2
6	firstpost. com	印度	2
7	smh. com. au	澳大利亚	2
8	noisey. vice. com	加拿大	2
9	epoca. globo. com	意大利	2
10	china. org. cn	中国	2

表 3 显示，在关注马头琴音乐的国际新闻媒体榜单中，蒙古国《乌兰巴托邮报》（ubpost. mongolnews. mn）以总计 21 篇报道量领先于其他国际媒体，可以看出在国际新闻媒体领域对马头琴音乐给予较高关注的还是蒙古族的相关媒体。另外《英国卫报》（theguardian. com）及《世界音乐中心》（worldmusiccentral. org）均有 3 篇报道。而中国网（china. org. cn）也以 2 篇报道量位于榜单之上。值得注意的是，在未上榜的国际媒体中还有像《纽约时报》《新闻周刊》等国际知名媒体也报道了有关马头琴音乐的新闻，推动了马头琴音乐的海外传播进程。

此外，笔者对 84 家国际新闻媒体进行地理属性划分，制作图 5。

图 5 显示，关注马头琴音乐的国际新闻媒体地理属性分布较为广泛，遍

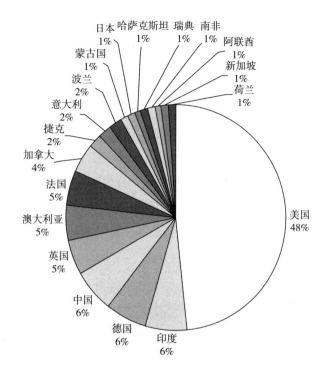

图 5　国际新闻媒体地理属性分布

布亚洲、美洲、欧洲、非洲、大洋洲等多个区域，共计 19 个国家。其中，美国新闻媒体占据 48%，占比最大；其次是印度、德国和中国的新闻媒体各占 6%，位于第二梯队；而英国、澳大利亚、法国的新闻媒体以 5% 的占比位居第三梯队。在中国新闻媒体中，有三家大陆新闻媒体，分别是中国网、中新网及《中国日报》；有两家香港地区新闻媒体，分别是《今日文汇》和《南华早报》。总体来看，关注马头琴音乐的国际新闻媒体分布较为广泛，而大部分媒体集中在亚洲、欧洲和美洲三大区域，这与近年来众多蒙古族民族音乐表演者及团队多次登上世界舞台进行表演与宣传不无关系，使马头琴音乐走出草原，走向世界，使世界人民听到来自草原的优美旋律。

2. 视频网站分析

同样，笔者运用数据挖掘软件，对上传有关马头琴音乐视频的英文视频网站进行来源统计，共计40家，根据发布马头琴音乐相关视频的数量进行排名，得出表4。

表4 马头琴音乐英文视频网站来源排行榜前十

单位：条

序号	网站名称	所属国家	视频数
1	youtube. com	美国	100
2	shutterstock. com	美国	20
3	vimeo. com	美国	15
4	facebook. com	美国	12
5	bilibili. com	中国	7
6	es. dreamstime. com	美国	6
7	musicjinni. com	美国	2
8	gaia. com	美国	2
9	theoppositeofeverything. com	澳大利亚	1
10	chinadaily. com. cn	中国	1

榜单显示，YouTube以100条视频数高居榜首，遥遥领先于其他网站；Shutterstock、Vimeo及Facebook分别以20条、15条和12条视频数位居榜单第二梯队；其余网站均以个位数的视频数量位居榜单第三梯队。其中，中国的视频网站哔哩哔哩（bilibili. com）和《中国日报》网站（chinadaily. com. cn）也在榜单之列。

值得注意的是，马头琴音乐海外视频传播对YouTube平台的利用是其一个突出点。根据We are Social和Hoot Suite联合发布的2017年全球数字化年度报告，① 在众多社交媒体网站中，YouTube活跃度占据69%。因此，马头琴音乐作为一种视觉与听觉相结合的音乐艺术表演形式，利用YouTube平台进行传播，是一种不错的选择。

此外，笔者对40家视频网站进行国别区域划分，并制作图6。

根据图6，发布有关马头琴音乐视频的网站区域分布同样较为广泛，在

---

① https：//wearesocial. com/special - reports/digital - in - 2017 - global - overview.

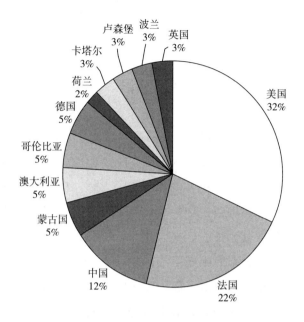

卢森堡 3%
波兰 3%
英国 3%
卡塔尔 3%
荷兰 2%
德国 5%
哥伦比亚 5%
澳大利亚 5%
蒙古国 5%
中国 12%
法国 22%
美国 32%

图 6　视频网站地理属性分布

亚洲、欧洲、美洲等区域均有传播。整体来看，其分布状况与谷歌国际新闻媒体区域分布相似，大部分网站依然分布在亚洲、欧洲、美洲三大区域内，共计 12 个国家。其中，美国相关网站以 32% 的占比位于第一；其次是法国，占据 22%；中国网站位于第三，占据 12%。

　　总体来讲，通过上述数据分析我们可以看出，在过去的近十年中，马头琴音乐的海外传播整体呈上升趋势，其在国际社会上塑造的形象较为积极正面，逐渐获得世界人民的广泛认可和追捧。笔者通过对有关马头琴音乐的谷歌全网新闻和视频数据库的挖掘和分析发现，其现阶段的视频传播优于新闻媒体传播，尤其是借用 YouTube 这一世界性视频网站进行自我传播，打破了时空限制，扩大其受众范围，提升其传播效力，对马头琴音乐的国际化具有强大的推动作用。然而，虽然马头琴音乐是一种舞台艺术表演形式，利用视频网站进行传播，效果更加直观，但是不能忽视借助国际主流新闻媒体传递自己的声音。国际新闻媒体是一种更加权威的平台，马头琴音乐的海外传播工作应当多注重对此类平台的运用，借助权威为自己发声，不仅能完善其海外传播现状，还会使国际社会对马头琴音乐的认知更具权威性。

四　结语

马头琴音乐是蒙古民族音乐文化的典型代表，是中华民族文化的重要组成部分之一，也是世界民族文化不可或缺的元素。在全球文化多元化的背景下，马头琴音乐一方面受到外来文化的冲击；另一方面因强大的包容性使其在多元文化浪潮中抓住机遇，改变其传统的表演形式，保留自身独特的传统演奏方式的同时吸取其他音乐与乐器的优点，进行结合，更是加入世界交响乐团，成为世界音乐大家庭中不可或缺的一部分，逐渐走出草原，走向世界，在世界民族音乐之坛占据一席之地，大放光彩。马头琴音乐的海外传播既增强民族文化自信，又因其打破语言障碍的特点，促进国家间的文化交流，为世界音乐注入来自广阔草原的新鲜血液。

本文从马头琴音乐在国际英文新闻媒体和视频平台上的传播现状入手分析近十年来马头琴音乐的海外传播力，通过对新闻报道文本数据和视频数据进行分析，评测马头琴音乐的海外传播效力及其国际形象。

通过分析笔者发现，从整体情况上看，马头琴音乐作为一种舞台艺术表演形式，更倾向于利用视频平台进行传播，对国际新闻媒体的运用出现滞后的情况。这一点提示我们，视频平台虽然更加适合马头琴音乐的海外传播，但是国际新闻媒体作为一种更具权威性的传播途径，对马头琴音乐的海外传播会产生更加有力的推动作用，故而应当加以重视。

另外，有关马头琴音乐的高频关键词和高频形容词更加直观地描绘了马头琴音乐在海外传播的基本情况，高频关键词说明了国际新闻媒体关注马头琴音乐的侧重点，而高频形容词说明了马头琴音乐在国际社会上所塑造的形象。从分析结果总结出，国际新闻媒体对马头琴音乐的关注点较为全面，其中主要集中在其民族独特性上，说明马头琴音乐在世界多元文化的浪潮中并未遗失自身的特点，且塑造的形象也较为正面，这有利于其国际化发展。

最后，新闻源和视频源的分析结果显示，对马头琴音乐给予高度关注的国际新闻媒体还是蒙古族的新闻媒体，这一点提醒我们不仅要增强本民族媒体的海外传播能力，还要学会借助其他国际媒体进行发声。而 YouTube 成为传播马头琴音乐最有力的国际性视频平台，无疑在很大程度上提高了马头琴音乐的海外传播，而其传播内容目前主要集中在表演及教学两个方面，这一点提示我们有关马头琴音乐的视频内容尚不全面，缺乏对马头琴音乐背后的故事、文化等内涵的介绍，应当加以完善，以便于建立更全面的国际形象。

总而言之，马头琴音乐走出草原，走向国际舞台，且得到海外人士的认可和喜爱，使其在全球多元文化浪潮的冲击中重获新生，对其发展而言具有积极影响。但是，就目前状况而言，马头琴音乐的海外传播尚处于起步阶段，其未来的国际化发展依旧任重而道远，需继续努力加强并加以完善。

旗袍的国际传播

张　珊

摘　要： 本文从旗袍的历史演变出发，探讨旗袍国际传播的路径，包括名人效应的推动、电影作品的推广、大型国际活动中的应用、西方时尚圈的自主推动。现代社会中，旗袍元素已在西方时装设计中得到应用。最后，文章利用分析软件抓取互联网上关于旗袍的新闻报道，以此测量旗袍的国际传播效果，旗袍经过不断的发展演化已经成为中华民族的一个重要的服饰符号象征。

关键词： 旗袍　国际传播　时装设计　服饰符号

2017年7月，在巴黎时装周中国设计师劳伦斯·许的高定秀场上，一组空乘制服引发了海外媒体的高度关注。外媒纷纷以"改头换面！中国航空公司在巴黎时装周推出设计师高定制服""惊呆！中国航空公司新的高定制服一鸣惊人""中国航空公司新制服使其他航空公司汗颜"等为标题进行报道；外国网友也纷纷在 Facebook、Twitter 等社交平台给予高度评价，甚至表达因为此系列服装有想当空姐的冲动。在这组收获海外赞誉的空乘制服中，女性空乘人员制服主体裙装设计灵感来自"旗袍"，装饰也采用中国传统纹样：祥云装点领口、山海纹用以裙摆、神鸟图案装饰裙身。以旗袍为主，具有浓郁东方特色的空乘制服在海外的走红，显示出旗袍文化在海外拥有较高的接受度。

旗袍发展至今已有300年的历史。旗袍的起源可以追溯至北方游牧民族的袍服，满族继承后成为旗人的主要服饰，清朝时期经历满汉妇女服饰文化的交融发展成为旗人女性的主要着装。民国时期中西方文化的交流与发展，奠定了今日我们所见旗袍的基本款式。改革开放后，随着时装领域各种活动的推进，旗袍走向世界，在与其他服饰文化的交流中吸纳养分不断发展，成为今日世界时装舞台上极具中国特色的明珠。旗袍经由民族服装演化为阶级服装，并最终成为国家服装的代表。它所蕴含的文化特质及其演化传播路径，成为探索中国服饰文化乃至中国文化国际传播的典范，为中国软实力的发展提供了典型案例。

一 旗袍的定义及历史发展

1. 定义

旗袍一词原指旗人的长袍。《辞海》对旗袍的定义是："旗袍，原为清朝满族妇女所穿用的一种服装，两边不开衩，袖长八寸至一尺，衣服边缘绣有彩绿。辛亥革命以后为汉族妇女所接受，并改良为：直领、右斜襟、紧腰身、衣长至膝下、两边开衩、袖口收小。"① 从《辞海》中的这段解释，不难看出旗袍的款式变化被划分为两个阶段，以辛亥革命为时间节点。辛亥革命以前的旗袍是旗人女性的常服，保持着宽筒直身的基本样式，雏形为原始公社时代连属制的深衣，因此符合中国古代服饰所追求的"天人合一"的意境。现在服装业所说的旗袍通常是指辛亥革命之后的改良款。

辛亥革命后，旗袍吸收了西方服饰文化中对身体曲线勾勒的审美追求，同时借鉴西方立体剪裁技术，演化成为改良旗袍，帮助塑造了具有东方色彩、神秘高贵的中国女性形象。中华民国政府建立后，开始推动官方语言、服饰等的统一。当时旗袍具有适用于职场、宴会、休闲等多场合的实用性，在色彩和装饰方面又具有多变性和百搭性，深受广大女性的喜爱。1929 年 4

---

① 辞海编辑委员会：《辞海》，上海辞书出版社，1999。

月，政府颁布法规正式将旗袍命名为"国服"①。这也进一步促进了旗袍在国内的走红，以及为其在世界舞台上的发展奠定了基础。

从整体上看，旗袍拥有固定的形制。在组成旗袍整体形制的各部分细节中，处处体现出它特有的美。旗袍主体裙身贴合身型曲线具有"婀娜之美"，但紧密包裹身体的同时符合端庄大方的要求；直挺的衣领具有"端庄之美"，穿上旗袍后女性颈部将立挺并保持着抬头的姿态，表现出挺拔与自信；裙摆两侧开衩，既方便女性活动，双腿若隐若现中透露出"朦胧之美"；精巧的盘扣拥有画龙"点睛之美"，刺绣图案将"隐意之美"展现出来。②改良后的旗袍成为东西方审美高度融合的精品，既能表现西方"以人为本"理念下对女性魅力的追求，又能体现出中国女性秀美、温婉的特质。

2.历史发展演变

旗袍经过不断发展演化形成今天的款式，透过其演变的历史过程，可以看到其对于不同民族、不同国家文化的吸收和融合。旗袍最初是民族服装，是少数民族满族人所穿的长袍。由于满族人划分为八旗，又被称为旗人，旗袍之称由此而来。当时旗袍的基本款式为由前后两片主体布料构成的直身式，袍身宽大，圆领连接右斜式衣襟；为方便满族人骑射这一日常生活需要，在长袍下摆做左右开衩或四面开叉，袖口多为马蹄形，领边和袖边镶上滚边。

清朝建立后，满汉文化开始交融。旗袍也从原来不分性别、不分年龄段的统一式，开始细分化。吸收汉族女性服饰特色的妇女旗袍出现变化：首先马蹄袖被省去，随后袖口宽度逐步变窄，衣长逐渐增至脚踝，圆领不再唯一，元宝领等被使用和普及；在当时精湛的刺绣工艺支撑下，滚边和袍身多以具有美好寓意的花、鸟、兽等图案装饰，后期滚边不断增加，花纹更为复杂，用料也更为精致。这样的变化符合当时旗人被划分为贵族阶层，少于日常生产劳动的背景，及其对于富丽堂皇、金缕玉衣的审美追求。

① 顾炳权：《上海洋场竹枝词》，上海人民出版社，1996。
② 汤新星：《旗袍审美文化内涵的解读》，武汉大学硕士学位论文，2005。

　　辛亥革命推翻了清王朝的统治。驱逐鞑虏思想指导下的社会中，旗人为避嫌开始改变装扮，改良旗袍初见雏形。20 世纪 20 年代，经过改良的旗袍以无袖长马甲形式出现。1926 年，长马甲同短袄合并为一体，产生了当时最为时尚的新旗袍样式。① 整体而言，原来旗袍上烦琐复杂的装饰、刺绣、滚边等被去掉，衣领变矮，袍身缩短，袖宽缩小，仅仅保留原有的形制，这既符合当时政治文化需要，也符合当时社会物质生活匮乏的现实。

　　从 20 世纪 20 年代中晚期到 40 年代，旗袍开始吸纳西方服饰的文化和技艺，在这个碰撞、交流、融合的过程中，旗袍变化、流行、最终成形。这一时期的旗袍整体形制上悄然发生了变化。"二十年代中晚期，旗袍逐渐在城市妇女中流行。至三十年代，旗袍的剪裁工艺吸收了西式服装的剪裁方法，如袖子由平袖改为挖袖窿上袖，前后身加胸省、背省、腰省等，使旗袍由平面造型转化成立体造型，于是旗袍广为普及。"② 这一时期，旗袍最主要的变化是从平面旗袍向立体旗袍的转化，这是对西方服饰文化"软雕塑"理念的吸收使用。30 年代初，旗袍的腰身、袖子、袍长都开始收缩，更加紧密地贴合身体的曲线，可见西方对身体曲线的勾勒逐步取代旗袍原来单一的直线廓形，对于身体的展现思想初现。发展到 30 年代中后期，袍身又再次加长，但是为了行走方便，两侧开始使用高开叉，双腿若隐若现，袍身紧紧地包裹住身体，一种属于东方特色内敛含蓄的曲线美在旗袍上定型，修长的旗袍将人打造得亭亭玉立。此后中国旗袍的整体廓形基本形成并稳定下来，"衣裙一体的形式，其造型曲线从领至肩、胸、腰、臀然后至下摆，整个线条一气呵成，非常流畅，具有书法般的线条美感，直接体现了中国文化的特色。"③

　　跨越 20 世纪 20 年代至 40 年代三个年代，旗袍的材质、装饰和搭配也在与西方服饰业的交流碰撞中发生了改变。首先由于商业贸易往来，西方种类丰富的纺织品涌入中国市场，都市女性依据不同的需要，选择柔软、挺

---

① 庄立新：《"海派旗袍"造型与结构的变迁》，《丝绸》2008 年第 9 期。
② 黄能馥、陈娟娟：《中国服饰史》，上海人民出版社，2014。
③ 汤新星：《旗袍审美文化内涵的解读》，武汉大学硕士学位论文，2005。

括、厚实、细腻的面料制作旗袍。其次"旗袍＋"的搭配开始出现并流行，西方服装行业设计精美的外套、大衣、绒衫开始被中国人接受，女性在以旗袍为主裙的基础上，配上这些外衣，既实用又美观。最后，龙、凤、孔雀、福、寿、喜、吉祥等刺绣图案被再次启用，用于装饰旗袍，但对于烦琐富贵的追求逐步被抛弃，图案以和谐适用为美。同时受西方印染技术在国内推广的影响，旗袍的布料可以是成型的印染花布，花色也出现几何图案等印染图案。

从旗袍在民国时期的演变历程可以看到当时的女性在"寻求一种既符合新兴解放时代身份，又不至于背离中国传统的混合服装"①。旗袍的演变定型，使得她们"获得了一种代表这个时代重要价值的基本服饰，一种杰出的富有特色的民族服装，既符合时尚又尊重民族特性"②。旗袍这种中式为体、西式为形的中西兼容的服饰成为民国女性服饰的典范。

二　旗袍国际传播的路径

旗袍经过不断的发展演化最终定型，而它也从被定位为"国服"的那一刻起，开始走向世界。现在提到旗袍就会联想到"中国"，除了旗袍本身所富含的中国服饰元素以外，其国际传播的过程中如何被塑造成中国典型服饰，打造成中国文化的一部分，值得关注。旗袍的对外传播主要依托于以下几个路径。

（一）名人效应的推动

服饰，是人类的第二皮肤。人们对衣着打扮的选择，往往体现出个人的品位追求，以及希望通过服装所传递的个人态度和想法。名人作为现代媒体

---

① 〔美〕玛里琳·霍恩：《服饰：人的第二皮肤》，乐竟泓、杨治良等译，上海人民出版社，1991。
② 〔美〕玛里琳·霍恩：《服饰：人的第二皮肤》，乐竟泓、杨治良等译，上海人民出版社，1991。

追随的对象，其言谈举止、衣着打扮都会受到媒体的关注和人们的追捧。旗袍作为一种中国服饰特色，名人选择它进行自我表达的同时，旗袍也通过名人的光环放大效应得到更多的关注和推广。

中华民国政府将旗袍定为"国服"，因此在重要的场合女性主要身着旗袍。宋庆龄作为中华民国缔造者孙中山先生的夫人，在出席国内外重要活动时均穿着一袭旗袍，同时她曾向支持中国解放事业的外国友人的夫人赠送旗袍。通过她活跃在国际政治以及公益事业中的身影，旗袍成为中国女性主要服饰的代名词。宋庆龄的妹妹宋美龄也是当时国际政坛上活跃的女性名人，她虽然接受美式教育，但对旗袍很是钟情。1943 年她前往美国访问期间，曾身着一袭黑色缎面旗袍发表演讲，其优雅的装扮和大方的谈吐受到美国各界的关注。宋美龄凭借这一经典的旗袍形象被美国主流杂志《时代》选为封面人物和年度风云人物。

近年来，国家主席夫人彭丽媛自陪同习近平主席出访以来，其着装就一直受到国内外的高度关注。彭丽媛往往选择具有中国特色的服饰作为出访服装，她多次身着旗袍出现在世界媒体的镜头前。在 APEC 非正式会议上她选择了一身传统棉麻旗袍；G20 峰会上她选择蓝色绣花中式旗袍；对英国、马来西亚、特多等国的访问中，彭丽媛多以"旗袍＋"的形象出现，对于旗袍的国际传播无疑是一种无声但足具影响力的支持。伴随着彭丽媛的出访，旗袍在国际市场和国内市场也再次走热。

演艺界的女明星们也是世界媒体聚光灯的焦点。中国的女明星经常会在大型国际影视节展中以极具中国特色的服饰亮相红毯。国际著名影星巩俐从 1992 年开始就频繁以各式改良旗袍礼服亮相各大电影节。当她被邀请担任第五十届柏林影展评审团主席时，她选择了一款粉玫色旗袍短礼服搭配黑色裤装亮相颁奖典礼，受到一致好评。外媒曾对此评价"呈现了东方人的聪慧灵气和国家特色"。此外，杨紫琼、章子怡、范冰冰、李冰冰等影星在参与国际活动颁奖礼时，也大多选择旗袍或者旗袍改良的礼服出现，既通过旗袍展现自身东方女性的魅力，标榜自己中国影人的身份，也将旗袍一次次地推向世界。

不仅是中国女星会选择旗袍亮相，外国女星也通过旗袍展现独特的风采。奥斯卡颁奖典礼作为世界瞩目的影坛盛事，其红毯展示环节更是受到世界时尚媒体和大众的关注，尤其女明星都希望在奥斯卡的红毯上一展风采。1997年，著名影星妮可·基德曼就选择了一袭鹅黄色的改良旗袍踏上奥斯卡红毯。一方面，通过旗袍吸引大家的眼球，向世界展现旗袍的美；另一方面，也与1997年香港回归相呼应，向中国电影市场和中国影迷抛了橄榄枝。在此之后，安妮·海瑟薇、克莱尔·丹尼斯、艾里珊·钟等女星也偶尔以旗袍形象亮相。外国明星与中国旗袍的话题搭配，使得旗袍在海外的影响力进一步扩大。

（二）电影作品的推广

旗袍作为一种以视觉传播为主要方式的文化载体，在传播过程中更多地依靠图片、视频等形式传播。电影作品作为一种视频传播，在旗袍的传播过程中也发挥了相当大的作用。20世纪80年代以后的华语电影中掀起了一股怀旧片的风潮，在影片回溯民国历史时期的故事中，旗袍成为一个关键因素。一方面，因为旗袍是吸收东西方文化的产物，在一定程度上能够很好地被具有西方审美旨趣的观众所接受，同时作为跨域国界具有语言文化差异的影片，旗袍这种非语言符号所传递的色彩和情感能更好地被异国观众接收；另一方面，旗袍也搭乘特色华语电影国际影响力的快车，走进现代西方人的世界。

提到关于旗袍的华语电影，王家卫导演的《花样年华》是绝对典型。在王家卫的镜头中，张曼玉身着旗袍无声地将故事展开。整部电影一共使用了26套旗袍，每一套旗袍之间不同色彩与图案的切换，成为配合影片进展的主要道具。张曼玉通过对旗袍的演绎，无声中向观众诉说了这位民国时期东方美人的爱情故事。此部影片在第53届戛纳电影节受到高度评价，一度在国际掀起旗袍热。

继《花样年华》之后，旗袍成为华语电影中怀旧影片的主要道具。张艺谋在《金陵十三钗》中，充分发挥旗袍作为视觉传播载体的作用，十三位女性的旗袍着装，在打造视觉美的同时，也展现出属于人物各自性格的色彩。该影片也在世界传播过程中得到高度关注。徐静蕾导演在将《一个陌生女人的来信》这部外国小说改编成影视剧的过程中，充分考虑到本土化的问题，成功将旗袍变为这部电影作品的重要道具，向世界展示我国的旗袍文化。同样推动旗袍国际传播的华语电影还有张艺谋的《大红灯笼高高挂》、王家卫的《2046》、关锦鹏的《胭脂扣》、陈凯歌的《霸王别姬》等。

华语电影中对旗袍元素的运用可以说是我国电影人主动推动旗袍的国际传播，同时因为旗袍长期建立起来的具有东方特色的魅力形象和中国符号特质，一些外国大片中也常常选用旗袍元素，展示东方魅力的同时，拉近与华语市场的关系。旗袍搭乘这些适应外国观众口味的影片的便车，进一步推动其在国际上扩大影响力。

李冰冰在《生化危机5》中饰演了神秘人物ADA，为了塑造这一形象，她身着改良的高开衩无袖吊带红旗袍，通过色彩和造型成功展现了属于人物的冷艳神秘之感。在电影 one day 中，女主角安妮·海瑟薇选择一条蓝色短袖旗袍作为与爱慕对象见面的着装，影片中男主角见到她的惊艳之色，恰如其分地表现出旗袍塑造出的少女的内敛害羞之感。《蜘蛛侠1》中蜘蛛侠的女朋友就以身穿红色碎花高开衩旗袍的形象吸引了蜘蛛侠。在影片《澳大利亚》中，妮可·基德曼通过旗袍的场景形象切换，塑造一位在战火纷飞的年代坚守爱情的人物形象。该片获得奥斯卡最佳服饰奖的提名，也从侧面印证了旗袍的魅力和国际接受程度。这些外国影片在国际传播中更加符合外国观众的口味，旗袍通过这些影片进一步扩大国际影响力。

（三）大型国际活动中的应用

旗袍虽然经过中西方文化交融的改良，但是其连体修长的造型，以及领口等对身体的严密包裹也符合中国传统文化的礼法要求，因此在举办的大型国际活动中旗袍成为形象服饰的首选。旗袍也通过世人所关注的大型国际活动开展国际推广。

2004年雅典奥运会闭幕式上，14位身穿以红底加白色牡丹为主要装饰的改良短款旗袍的女孩，用中国传统乐器演奏了一曲《茉莉花》，成功将中国魅力展现在世界的面前，让大家为之眼前一亮。2008 年北京奥运会，我们特意为礼仪小姐设计了以改良旗袍为主的五色礼服，粉宝花、白脂玉、国槐绿、蓝牡丹、青花瓷五个系列的礼服既向其他国家展现旗袍带给中国女性的美，也借奥运之风传递旗袍的形象。近年来由中国举办的 APEC 正式会议、G20 峰会等大型国际政治、经济会议中，旗袍已经成为礼仪服装的固定选项，其所带来的国际传播和推广影响力不言而喻。

（四）西方时尚圈的自主推动

旗袍作为极具中国特色的服饰，无论是其整体形制还是局部精巧的设计都成为西方时尚圈灵感的源泉。"从服饰的整体观念上来看，在任何特定的文化格局内部，服饰的隐喻规则实质上都是社会文化规则的延伸。服饰的推广、转移和更新，都不仅出自生存的目的，出自审美的需求，还出自服饰背后深层的互动的文化基因。"[1] 作为中西方文化交融的产物，旗袍天然具有的文化基因，也使得其受到西方时尚圈的推崇。在西方设计师作品的推动下，旗袍文化慢慢渗透进国际服饰行业，得到深层次的推广。

中式旗袍所展现的含蓄的东方性感之美，为西方设计师提供了多元化的选择。无论是旗袍的样式，还是旗袍的局部元素都被注入国际时尚物体中。法国著名的时装设计大师皮尔·卡丹（Pierre Cardin）说过："在我的晚装设计中，有很大一部分作品的灵感来自中国的旗袍。"作为西方时尚话语主导者之一的迪奥，早在 1957 年就打造过符合旗袍传统形制的礼服。随着著名设计师约翰·加里亚诺（John Galliano）的加入，迪奥在 1997 年又推出以旗袍元素为主体的"中国美女"系列，勾勒出 20 世纪 30 年代上海滩风尘女子的形象。近年来，西方时尚界对中国元素的喜爱再次爆发。香奈儿在 2010 年贡献"巴黎—上海"系列设计，用天鹅绒等面料打造极具古韵的旗袍。2011 年充分利用旗袍元素的路易威登大获成功，外媒和外国观众纷纷

---

① 张荣国：《服饰：一种隐喻的表述》，《辽宁大学学报》1999 年第 1 期。

表达旗袍对女性气质打造的赞美。Vivienne Tam、Giorgio Armani 、Anna Sui 等国际知名品牌也不同程度地将旗袍的元素纳入其设计中。

三　旗袍元素在现代西方设计中的体现

当今社会，流行和时尚的诞生主要依托于从原有的经典设计中汲取灵感，通过不断的组合再造，设计师们创造出新的服装作品，旗袍就是经典之一。现代西方设计中对旗袍元素的使用，可以从一定程度上检验旗袍文化的国际传播效果。

1. 对旗袍整体形制的使用与创新

一件旗袍的整体形制是指以贴身的连身制裙装，连接直挺的衣领和衣襟，裙摆两侧开衩。旗袍的整体形制既实现了西方审美所追求的对人体曲线的塑造，又蕴含着内敛的东方美，吸引着西方设计师在吸收基础上的创新设计。

在设计大师皮尔·卡丹的众多以旗袍为主要灵感的设计作品中，旗袍的基本形制被保留，但在胸、腰、背的部分进行夸张处理，使之更加符合西方人的审美。世界著名高定品牌 YSL 曾于 1994 年为巩俐设计戛纳电影节红毯服装，礼服在借用旗袍基本形制的基础上将胸襟部分做成深 V 造型，用西式的蝴蝶结取代盘扣，在不失中国典雅韵味的基础上，契合西方人的审美需求，得到一致好评。妮可·基德曼在影片《澳大利亚》中主要造型的红旗袍，在基本形制的基础上，改用防沙这一透明质地的材料制作袍身，大襟部分采用挖空处理，内衬辅以红色吊带裙，该造型东西方风格的巧妙结合使得影片获得当年奥斯卡最佳服装设计奖的提名。由此可见，西方设计师在使用旗袍整体形制基础上的创新呈现较好的效果。

2. 旗袍元素的解构性使用

脱离旗袍整体形制，将旗袍立领、开衩、刺绣、盘扣等元素以基因片段的方式放置在西方服饰设计中，是西方设计师常采用的对旗袍元素的解构。旗袍个别元素的单一或组合使用过程中，由于脱离了中国服饰美学中的

"共生"基础，存在一定的难度。

以巴黎高定设计师巴伦西亚在 1941 年推出的一款晚礼服为例，他突破性地借用旗袍立领、旗袍袖元素放置于西欧古典的塔形裙之上，这一直身晚礼裙在旗袍东方美的层次上添加了摇曳的风姿。迪奥在 1998 年推出的以旧上海为主体的设计中，将旗袍立领、开衩、盘扣等元素以点睛之笔的形式用于西方现代时装中，因为将两者和谐共生作为主要目标，在透露东方韵味的过程中不失西方之美。但是，现代西方设计中，也不乏无法成功理解旗袍各元素内涵基础上的解构式使用，如将旗袍两侧的开衩提高到腰部以上；过度在服饰中拔高立领的高度营造夸张的效果等。

四 旗袍国际传播的总结

为测量旗袍的国际传播效果，笔者使用分析软件抓取了互联网上 2016 年 1 月 1 日至 2017 年 6 月 30 日有关旗袍的谷歌新闻报道，考虑到旗袍在外媒使用中的不同表达，笔者分别以"qipao"和"cheongsam"为关键词抓取数据。以"qipao"为关键词的新闻报道共计 2930 篇，以"cheongsam"为关键词的新闻报道共计 3960 篇。从总体数量上看，对于旗袍的关注度还是较高的。抓取数据的报道源显示，主要是华文媒体的英文网站以及国外知名时尚媒体的网站对以旗袍为主题的报道较多，虽然作为一种服饰文化媒体关注的专业性显著，但报道主体的多元化较为欠缺。

笔者通过报道内容的词频分析制作形容词标签云（见图 1、图 2），形成外媒关于旗袍的关键词画像，可以看到"中国的""传统的""新的""现代的"是主要的形容词。从这些形容词不难看出，旗袍的国际传播以其作为中国服饰文化的一部分展开，并且实现了与现代服饰文化较好的交融发展态势。

旗袍经过不断的发展演化已经成为中华民族一个重要的服饰符号象征，在中国和国际上具有较高的认可度和接受度。旗袍的发展过程中不断吸收不同民族、不同文化的营养，在保持中国传统文化内核的同时，

图 1　qipao 词云

资料来源：中国传媒大学国家传播创新研究中心。

图 2　cheongsam 词云

资料来源：中国传媒大学国家传播创新研究中心。

最大限度地接纳西方服饰文化的观点，取舍之间形成其独特的魅力。也正是这种在保存中华民族元素和文化底蕴的基础上，对异质文化的借鉴吸纳，形成其利于国际文化交流的基因，从本质上推动了旗袍作为中国文化一部分的国际传播。将传统文化符号的主要基因保留，同时吸收与适应异质文化寻求发展，为现阶段中国文化软实力的建立和输出提供了新的思路。

多元化和个性化是当今社会人们发展所追求的目标。旗袍在提供基本形制的基础上，针对领口、袖子、开衩、文饰、材质等提供多样化的选择，符合现代人追求服饰个性表达的需求。统一基础上的多样化发展，为旗袍吸引和适用于多元文化审美提供了有力的基础。旗袍通过名人效应、电影作品、国际活动和西方时尚圈的使用与推动逐步走向国际，深入其他国家人民的审美观念和生活中。旗袍全方位渗透式的国际传播路径，在现阶段呈现较好的效果，为其他中国文化符号的国际传播提供借鉴。

《舌尖上的中国》在海外社交媒体上的传播路径与效果

刘　睿

摘　要： 以中国饮食文化为内核的《舌尖上的中国》系列纪录片，在给国内观众留下深刻印象的同时，也向海外观众展示了中国的日常饮食特色，俨然成为中国饮食文化在世界舞台上的一张名片，为国外所熟知。本文通过数据检索以及计算机软件辅助统计分析，对《舌尖上的中国》在海外社交媒体上的传播路径及效果进行总结与评估，认为它从平台运营、内容生产以及主流媒体支撑三个方面构成了一种开放式的传播生态，个体平台运维与主流媒体支撑并行驱驰的同时，海外受众也都积极主动地参与其中，使中国饮食文化得以渗透。通过对其三季数据的评估发现，《舌尖上的中国》在海外社交媒体上的内容生成能力较强，初步展示了其议程设置能力，但在传播延展能力上有待提升。

关键词： 中国饮食文化　海外社交媒体　国际传播

　　《舌尖上的中国》是由中国中央电视台推出的以中国饮食为题材的电视纪录片，至今已播出三季，分别于 2012 年 5 月 14 日、2014 年 4 月 18 日、2018 年 2 月 19 日上映。正如其第一季总导演陈晓卿所言，这部纪录片不单是为喜欢美食的"吃货"创作的，其观众群体锁定为普通百姓，并表示该片的目标是以美食为窗口，让海内外观众领略中华饮食之美，进而感知中国的文化传统和社会变迁。在新媒体环境下，一部纪录片要想突破国家壁垒，实现跨文化、跨语境传播，进而达到传播中国饮食文化的目的，社交媒体必然成为必争之地。但是如何实现在海外社交媒体上的落户，于《舌尖上的中国》而言是一项巨大的挑战，其面临的是国际受众，单就中国美食的外文表达要做到准确而不失其内在这一点就已经是难上加难了。

在第一季播出以后，《舌尖上的中国》在 Facebook、Twitter、Instagram 等国际知名的社交媒体上开设账号，在 YouTube 平台上则是作为 CCTV 纪录的子栏目播出。① 统一账号名称"A Bite of China"，配以中文图片作为账号头像标识，截至 2018 年 3 月 19 日，即《舌尖上的中国》第三季播出之后一个月，Facebook 上的主页获赞 3412 次，且以"A Bite of China"命名的公开小组中，成员已达 596 人；Twitter 上"#舌尖上的中国"中文话题达 1290 条，"#A Bite of China"英文话题达 553 条，② Instagram 上主题照片帖达 1945 条，而在 YouTube 平台上《舌尖上的中国》第三季第八集则是单集收获了高达 44 万次观看量。

一 路径：多平台运维，精细化内容生产 以及主流媒体支撑

《舌尖上的中国》作为一部饮食纪录片，为了扩大其海外影响力，在多个海外社交媒体平台上开设账号，形成海外社交媒体账号集群。这是一次具有颠覆性意义的尝试，既拓宽了《舌尖上的中国》系列纪录片的海外受众面，也让其成为一个在海外社交媒体上传播中国饮食文化的窗口。

---

① 本文所选取的海外社交平台主要是以英语为主要语言的国际知名社交媒体，即在世界覆盖使用率上较高的 Facebook、Twitter、YouTube 以及 Instagram。
② Twitter 上的讨论话题形式是以"#"置于所讨论的话题之前，Twitter 平台本身推出的有中文形式的表达，所以此处对中文话题、英文话题进行统计。

通过对《舌尖上的中国》在海外社交媒体上的数据进行统计与检索，我们发现它在社交媒体上的传播主要分为三个方面：多平台运维、精细化内容生产以及主流媒体支撑。其中，多平台运维是硬件基础，精细化内容的生产是软力量建设，加上利用主流媒体在社交媒体上的影响力进行扩散，个体平台运维与主流媒体支撑并行驱驰，开放式的传播生态使得海外受众能够积极参与其中。

（一）多平台运维

新媒体环境下，社交媒体既是一个有效的、能够快速扩大影响力和提高知名度的传播渠道，也是一个需要对其进行精心运维的平台，无论是账号标识还是内容发布及其形式、频率，或是对平台的维护等，都需要投入一定的人力、把握一定的技巧与操作规范以及仔细的规划，才能增强传播效果，充分挖掘社交媒体的传播优势，进而吸引海外受众的关注。

1. 账号标识

整体上，《舌尖上的中国》在海外社交媒体上的各个账号略有不同，如在 Facebook、Twitter 上的账号 ID 都是"A Bite of China"，配以一张融合了中国饮食元素（筷子）与山水画元素（肉片山水）的图片，如图 1 所示，图片配文则是汉字与英文的结合。但是由于平台不能注册同一 ID，故而在 Instagram 平台上未能拥有独立账号，但是平台发布的主题帖子已经高达 1945 条。由于《舌尖上的中国》自身的节目属性，在 YouTube 上则是作为 CCTV 纪录的子栏目呈现给海外受众，因此也未能拥有独立标识。

2. 平台操作规范

由于社交媒体上所发布的内容是直面海外受众，快速、直接且有互动，进而对运维的快速反应能力和内容的严谨性有着更高的要求。各个平台上的账号略有不同，且各个平台的操作规范不一致，以及节目本身的季播性质，所以不能统一管理，但是各个平台都坚持统一的原则。首先，在内容上依旧坚持真实性，多原创、少转载，重视所发内容的格式、体例；其次，各个平

图1　《舌尖上的中国》账号

台形成相应的运维规则，如 Facebook 以图片、分享视频链接为主，与 YouTube 上的 CCTV 纪录互联。Instagram 则主打图片帖，刺激受众之间的互动、分享与讨论。YouTube 上则是以视频为主，设置外部分享链接，受众可以将视频分享至 Facebook、Instagram 等。

（二）精细化内容生产

1. 定制化内容

《舌尖上的中国》系列纪录片至今已播出三季，单季集数分别为7集、7集、8集，均未超过十集，与欧美的流行季播剧如《权力的游戏》等相似。三季纪录片每集都是 50 分钟，较一般纪录片而言，在时长上属于短纪录片，比较适应当下流行的快文化节奏，在撩拨观众味蕾的同时兼顾视觉上的感受，不易造成审美疲劳。且每一集都有固定的主题，如第一季，各集首先概括其要点明的主题之后再介绍主题下的各种美食，结尾时再用主题概括全集，在表达手法上构成首尾呼应。第一季的执行总导演任长箴表示《舌尖上的中国》参照了"慢食运动"创始人卡罗·佩特里所编写的《慢食运动》，并按照其中讲述西方美食学的概念来制作每一个分集。"第一条提到了植物学，那就是涉及物种、自然、土地，我就从这一条当中延伸出《自然的馈赠》"，"第十一条就涉及艺术、工业、人的知识，寻求以昂贵的代价和处理保护、保存食物的方法，其实这个就衍生出《厨房的秘密》"。① 在纪录片的整体设计上非常适应西方的饮食观念，有利于其在海外社交平台上的传播与扩散。

2. 注意发布频率

由于《舌尖上的中国》是季播形式，其在社交平台上的内容发布频率也呈现周期性起伏，在当季直播的时候，内容发布的频率相对较高。如在 Facebook 平台上，其所发布的内容都是紧随其电视直播之后，在第一季播完的第二天发布了一条内容，并在当月发布了 5 条内容，形式上有纯图片、纯文字以及视频链接等。能够紧紧地把握话题热度，在各个平台上都收获了不少评论与分享。而在季播的热度之后，也会在各个平台上通过发布图片、短视频的方式等唤醒受众脑海中对《舌尖上的中国》的记忆。

3. 精湛的艺术表现手法

《舌尖上的中国》在选材上不单单是对中国的美食进行平面上的展现或是对其烹饪技巧进行简单的介绍，而是融入中国饮食文化的历史，结合当下的社会人文，在表达方式上力求立体化。在情节上则是平民化视角、故事化叙述，从百姓的日常生活中切入，讲述人民自己身边的故事。在纪录片的剪辑上，《舌尖上的中国》则是汲取了国外优秀纪录片的优点，以活泼、张弛的节奏贯穿影片的始终，摒弃了传统意义上稳重、繁长的节奏特点，镜头切

---

① 《你所不知道的〈舌尖上的中国〉专访制作团队》，http：//news. mtime. com/2012/05/29/1489377. html。

换快、画面唯美。据统计，《舌尖上的中国》第一季每个分集的镜头数都在 1000 个以上。"用'活色生香'的视听觉感受烹调的'美食文化盛宴'，可以说《舌尖上的中国》深谙中国水墨画的精髓，紧扣中国画写意的魂，影片中美轮美奂的镜头切换，将人物故事、食材、自然景观等按照'变色'和'重叠'的方式将画面紧密地衔接在一起，掀起一股强烈的'中国风'文化"，"快节奏的剪辑，五光十色、色泽饱满的画面，婉婉动听的极易表达中国文化的《京城四季》中《彩蝶舞夏》的优美音符，再辅以故事主人的画外音、煎炒炖炸食物的自然音，精美的解说等等，这一切的一切杂糅在一起宛如一幅徐徐展开的中国画，上面在讲述着'人和食物之间的故事'"。①

（三）主流媒体支撑

1. 国内主流媒体

由于粉丝基础不够深厚，除了自身在海外社交媒体上进行传播之外，《舌尖上的中国》能够作为话题引起讨论还有赖于主流媒体在海外社交平台上的"发声"。如在《舌尖上的中国》第三季开播之前，《中国日报》的官方 Twitter 于 2 月 9 日就发布了一条预热性的内容；在开播之际，CCTV 官方的 Facebook、Twitter 以及 Instagram 账号也会发布相关的图片、视频内容，在海外社交媒体平台上进行推广。正所谓"民以食为天"，美食作为人们最喜爱在社交平台上发布的内容之一，往往能成为大家热衷于讨论、分享的话题，无论是国内还是国外，都是如此。

一方面，充分融入中国饮食文化元素的《舌尖上的中国》系列纪录片在吹响央视纪录片开启栏目化、频道化、市场化、国际化发展之路的号角的同时，也成为我国主流媒体对外宣传中国饮食文化的一个重要窗口；另一方面，在"万物皆媒"的时代，有了主流媒体在海外社交平台上的支撑，能够更好地做到以"食"为媒，促进国外友人更好地、更深层次地理解中国

① 张怀兵：《纪录片〈舌尖上的中国〉的艺术表现手法和审美特征研究》，2015 年 4 月 13 日。

饮食文化。

2. 国外主流媒体

《舌尖上的中国》第一季播出之后，其片花以及第 4 集《时间的味道》就在当年的戛纳电影节中亮相，时任电影节组委会主席的莫莱蒂先生点名观看，一时间，引起海外媒体的争相关注。在开展英语、德语、法语等多种语言配音之后，《舌尖上的中国》被澳大利亚、法国、德国等国家和地区的主流媒体引入。

在海外社交平台上，其他国家的主流媒体也偶有为《舌尖上的中国》发声，例如澳大利亚的 SBS 电视台、德国 ZDF 电视台的官方 Twitter 等。在日本作为弹幕视频先驱的 Nicovideo 平台上，《舌尖上的中国》更是加上了日语配音和字幕，并结合弹幕文化在 Twitter 上传播。

二 效果：内容生产能力参差不齐，传播延展能力有待加强

根据对各个平台数据的统计、评估，我们发现在内容生产能力方面，虽然其在海外社交媒体平台上的传播取得了初步成效，就其视频观看量、平台收获的点赞数和分享数而言，也已受到海外受众的关注和参与，但是各个平台有所差异，不可同一而论，需要进一步加强、提升自身的议程设置能力。

（一）内容生产能力参差不齐

首先是 Facebook 平台，其首页收获 3412 个赞，有 3390 名用户关注，共发布 11 条内容，在形式上兼顾了文字、图片、视频链接等，最高的一条内容收获 70 个赞和 19 次分享，最近一次更新则是在 2014 年 10 月 23 日。

其次是 Twitter 平台，自第一季播完之后于 2012 年 5 月 29 日注册账号，只有一条内容，且不与《舌尖上的中国》相关。

然后是 Instagram 平台，由于未能注册官方账号，故而统计该平台上以

"A Bite of China"为主题的帖子，共计 1971 条，一直处于更新状态。最高的两条分别是关于中国美食中的什锦包子和皮蛋，分别收获 216 个赞、8 条评论和 16 个赞、96 条评论。

最后是 YouTube 平台，作为 CCTV 纪录的子栏目，且由于 YouTube 本身限定的内容格式仅为视频，所以在数量上是固定的，第一季和第二季均为 7集，第三季为 8 集，其具体观看量和点赞数见表 1。

表1　《舌尖上的中国》系列纪录片各季观看量及点赞数

单位：次，个

舌尖上的中国	类目	第一集	第二集	第三集	第四集	第五集	第六集	第七集	第八集
第一季	观看量	80264	67790	58673	50397	80575	54162	34478	
	点赞数	264	147	139	111	140	93	65	
第二季	观看量	102608	58086	70551	60083	109511	72911	84236	
	点赞数	239	114	142	116	189	122	149	
第三季	观看量	359125	337874	315768	286995	342868	343287	372620	443018
	点赞数	1302	774	569	507	697	537	553	998

从表 1 中我们可以看出，《舌尖上的中国》系列纪录片自在 YouTube 平台上播放以来就有不俗的表现。第一季就达到平均每集超 6 万次的观看量，第二季平均每集接近 8 万次，第三季则有数量级的提升，平均每集有高达35 万次的观看量。三季累计获赞 7967 个，值得一提的是，第三季与前两季不同，在 YouTube 平台上除了以整集播放的形式之外，还被剪辑成各种时长的短视频，共计 123 部，最短的只有 26 秒。

就《舌尖上的中国》在各个平台上的内容生产能力而言，YouTube 平台要强于 Facebook、Twitter，整体上参差不齐，能力有待加强。其官方 Twitter账号就目前而言还如同一张白纸，需要进一步充实内容，官方 Facebook 账号则亟须更新，跟上季播的节奏。Instagram 平台则可以效仿 YouTube 的形式，依托央视的官方账号发布图帖。

（二）传播延展能力有待加强

为了进一步评估《舌尖上的中国》在海外社交媒体平台上的议程设置能力，我们需要对其在各个平台上引起的话题数量进行统计分析。其中Instagram 和 YouTube 平台分别是图片和视频的形式，不能通过计算机软件爬取，其中 YouTube 平台发布的视频数量属于固定值（前文已经指出）。故而，只通过计算机软件对《舌尖上的中国》在 Facebook 平台、Twitter 平台上的数据进行抓取，并制成如图 2、图 3 所示的折线图。

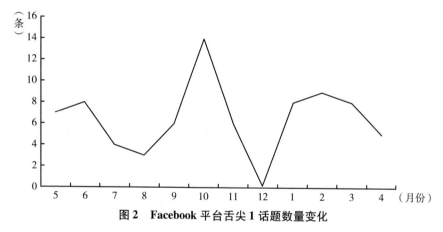

图 2　Facebook 平台舌尖 1 话题数量变化

注：所抓取的数据时间区间为《舌尖上的中国》第一季播出后的一年内 Facebook 平台上的话题数量，图题中"舌尖 1"为《舌尖上的中国》第一季的简称，下同。

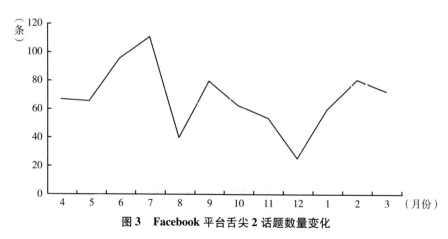

图 3　Facebook 平台舌尖 2 话题数量变化

《舌尖上的中国》第三季播出时间为 2018 年 2 月 19 日，只统计了一个月内 Facebook 平台上的话题数，计 610 条。

通过图 2、图 3 我们可以看出，总体上，《舌尖上的中国》在 Facebook 平台上已经初步展现了其议程设置能力，且随着节目的播出不断提升，第一季最高只有 14 条，第二季最高达 112 条，第三季播出一个月就高达 610 条。同时，我们也可以看出在当季节目播出的一年内，随着时间的推移话题数量有下降的趋势，可见在议题的持续发酵能力上还有待加强。

《舌尖上的中国》第三季播出时间为 2018 年 2 月 19 日，只统计了一个月内 Twitter 平台上的话题数，计 208 条。

通过图 4、图 5 我们可以看出，总体上，《舌尖上的中国》在 Twitter 平台上引起的话题数量与其在 Facebook 平台上引起的话题数量相似，首先，已经初步展现了其议程设置能力，且随着节目的播出不断提升，第一季最高只有 6 条，第二季最高达 27 条，第三季播出一个月就高达 208 条。但是，与其在 Facebook 平台上引起的话题数量相比略显少。也可以看出，在当季节目播出的一年内，随着时间的推移话题数量有下降的趋势，可见除了在 Twitter 平台上的话题引导能力有待提高之外，在议题的持续发酵能力上也有待加强。

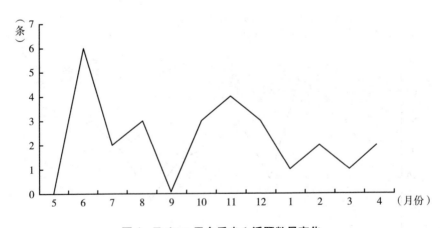

图 4　Twitter 平台舌尖 1 话题数量变化

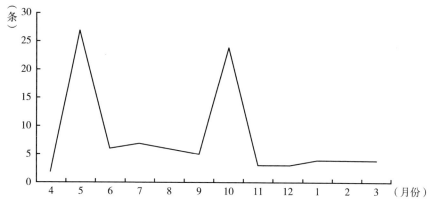

图5　Twitter 平台舌尖 2 话题数量变化

三　启示与建议

首先，在新的媒介环境下，要想提高新媒体跨文化传播能力，就必须及时适应社交媒体的特点，把握海外社交媒体平台的特性。要想使海外受众对《舌尖上的中国》保持关注，除了建立一体化的账号、标识之外，还应当掌握各个平台运维规则，从而进一步提高内容的吸引力和延展性，以期拓宽海外受众面。

其次，应当注重传播的主动性和创造性。尤其是在内容生产方面，除了注重质量之外，我们还应当注意在数量上的加持，以期在议程设置上有持续发酵的能力，在把握话题热度的同时，兼顾内容的创新性、延展性，促使海外受众自发分享、讨论，进而在各个平台之间流动，吸纳新的受众，使得《舌尖上的中国》产生广泛而持久的影响力，让海外受众更好地、更深层次地理解博大精深的中国饮食文化。

最后，媒介环境的变化可谓"日日新、月月新"，要想真正地做好海外社交媒体平台的运维工作，除了培养专业的新媒体人才之外，还需要重视技术在新媒体内容生产中的引领作用，亟须关注新技术的发展趋势，捕捉新产品趋势，并迅速将其转化成生产力。

企　业　篇

中国企业国际传播力发展报告（2018）*

中国国际传播力研究团队

摘　要：　本文根据中国国际传播力评估体系，将134家中国企业作为
　　　　研究对象，通过数据挖掘梳理分析中国企业的国际传播力。
　　　　研究发现，中国企业综合国际传播力显著增强，华为、联想、
　　　　腾讯持续位居前三；华为横贯五大平台十强之首，联想集团
　　　　国际传播力微降；家电、汽车和机械企业国际传播力表现出

* "中国国际传播力"研究系列报告是首部研究中国国际传播力的评估报告，是由教育部人文社
科重点研究基地中国传媒大学国家传播创新研究中心联合国家语言资源监测与研究有声媒体
中心于2015年6月组建的"中国国际传播力"研究团队具体实施的，每年元月发布前一年中国企
业、城市等国际传播力分析报告。此次发布的报告是将2018年《财富》世界500强、《福布斯》世界
500强、BrandZ全球最具品牌价值百强和Interbrand全球最佳品牌、科睿唯安创新排名入榜的
134家中国企业作为研究对象。从Google、Facebook、Twitter、YouTube、Instagram和Wikipedia六大
维度抓取了2018年全年上述企业的英文新闻、社交媒体账号和内容等资料，通过数据挖掘，形成
中国企业传播力系列报告，详细内容将陆续在"国家传播创新研究中心"等公众号和国际传播
蓝皮书中推出。本次研究受到国家社科基金项目"我国国际传播话语体系建设的理论创新研
究"（编号：14BXW020）以及中国传媒大学新时代交叉学科研究团队支持项目"新时代中国国际
传播力大数据平台建设"资助。

色，彰显中国制造的综合实力全面提升；拥有 Facebook 账号的中国企业已近七成，粉丝数和点赞数梯队间差距高达十倍；中国企业的海外影音图像社交平台传播力亟须加强，赢家通吃效应明显；新华网、财新网挺进传播中国企业的国际媒体十强，成立仅两年的 CGTN 表现出色；"全球""国际化""顶级"成为国际媒体报道中国企业的高频词，国际媒体关注点更加多维化；国有企业占比近七成，制造业、金融业和采矿业位居前三。

关键词： 国际传播力　企业海外传播　平台传播力

　　2018 年中国企业综合国际传播力显著增强，华为、联想、腾讯持续保持前三强，其中，华为横贯五大平台十强之首，联想集团国际传播力微降，值得关注的是，家电、汽车和机械等企业的国际传播力大幅提升，彰显了中国制造综合实力的全面提升。从不同平台的表现来看，拥有 Facebook 账号的中国企业已近七成，但粉丝数和点赞数梯队间差距高达十倍，而且中国企业的海外影音图像社交平台传播力亟须加强。从关注中国企业的国际媒体来看，中国媒体在海外传播本土企业的能力日益增强，新华网、财新网挺进传播中国企业的国际媒体十强，成立仅两年的 CGTN 表现出色；国际媒体从多维度关注中国企业，"全球""国际化""顶级"成为高频词。

一　中国企业综合国际传播力显著增强，华为、
联想、腾讯持续位居前三

　　2018 年中国企业综合国际传播力显著增强，特别是英文媒体关注度比 2017 年增加 3 倍，全年谷歌英文新闻提及总量增长到 2298783 次。其中，华为、联想、腾讯的综合国际传播力继续居于前三位。阿里巴巴取代 2017

年排行第四的百度，百度排名则下降至第十位，青岛海尔、中国工商银行、中国平安保险集团、中国移动通信集团公司、美的集团位列前十。ICT企业在十强中仍居半壁江山，金融类企业有所增加（见表1）。

表1 2018年中国企业综合国际传播力十强

排名	企业名称	排名	企业名称
1	华为投资控股有限公司	6	中国工商银行
2	联想集团	7	中国平安保险集团
3	腾讯控股有限公司	8	中国移动通信集团公司
4	阿里巴巴集团	9	美的集团
5	青岛海尔	10	百度

二 华为横贯五大平台十强之首，联想集团国际传播力微降

2018年度华为遥遥领先，雄踞谷歌新闻、Facebook、YouTube、Instagram、Wikipedia五大平台传播力十强之首，只在Twitter平台位居第二（见表2）；在谷歌传播力十强中，华为远高于其余9家企业，其提及量是第二位联想集团的近7倍，是第三位京东的近37倍和第四位腾讯的38倍多，可见企业间的谷歌传播力仍存在很大差距，特别是前五名之间（见图1）。

表2 2018年主要海外社交平台中国企业传播力十强

排名	Facebook	Twitter	YouTube	Instagram	Wikipedia
1	华为投资控股有限公司	联想集团	华为投资控股有限公司	华为投资控股有限公司	华为投资控股有限公司
2	联想集团	华为投资控股有限公司	腾讯控股有限公司	中国机械工业集团有限公司	腾讯控股有限公司
3	青岛海尔	腾讯控股有限公司	联想集团	联想集团	阿里巴巴集团
4	北京汽车集团	青岛海尔	青岛海尔	山东魏桥创业集团有限公司	中国移动通信集团公司

续表

排名	Facebook	Twitter	YouTube	Instagram	Wikipedia
5	美的集团	中国中车股份有限公司	北京汽车集团	青岛海尔	中国电信集团公司
6	阿里巴巴集团	中国平安保险集团	阿里巴巴集团	腾讯控股有限公司	中国平安保险集团
7	百度	中国华电集团公司	美的集团	大同煤矿集团有限责任公司	中国工商银行
8	国泰金融控股公司	中国人寿保险	百度	北京汽车集团	中国建设银行
9	富邦金融控股公司	中国机械工业集团有限公司	中国电信集团公司	中国工商银行	中国交通建设集团有限公司
10	腾讯控股有限公司	阿里巴巴集团	格力	顺丰	中国农业银行

注：课题组从企业账号建设、企业提及量、企业好感度、社交媒体平台上的中国企业形象、企业账号区域分布六大方面进行分析，最终得出 Facebook、Twitter 十强。

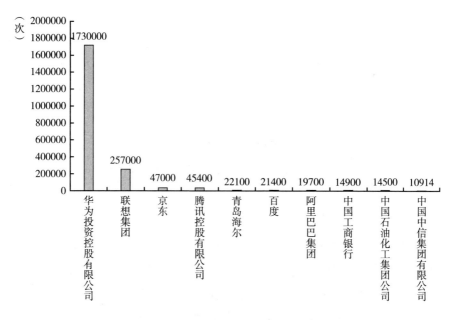

图 1　2018 年中国企业谷歌新闻传播力十强企业

相比 2017 年，2018 年联想集团的国际传播力有所下滑。2017 年联想集团的 Twitter、Instagram、Wikipedia 传播力均为第一，2018 年只在 Twitter 平台位居榜首，其 Facebook 传播力位居第二，在 YouTube 和 Instagram 平台位居第三。

三 家电、汽车和机械企业国际传播力表现出色，彰显中国制造的综合实力全面提升

家电企业不仅在综合国际传播力十强中占了两席，青岛海尔和美的集团分别位居第五和第九，而且在分平台上取得了较好的成绩，青岛海尔在 Facebook、Twitter、YouTube 上分别位居第三、第四、第四；美的集团也在 Facebook 和 YouTube 上分别获得了第五名和第七名的佳绩，格力连续三年位列 YouTube 传播力十强。

近年来，汽车、机械企业在海外社交媒体上的传播力表现不俗，北京汽车集团在 Facebook、YouTube、Instagram 分别位列第四、第五和第八；中国机械工业集团有限公司首次挺进 Instagram 传播力前三位，仅次于华为，其 Twitter 传播力位居第九，超过了阿里巴巴集团；中国中车股份有限公司挺进 Twitter 传播力十强，位居第五。

四 拥有 Facebook 账号的中国企业已近七成，粉丝数和点赞数梯队间差距高达十倍

2018 年 134 家企业中拥有 Facebook 账号的企业已达 67%，但其粉丝数和点赞数仍分化严重，形成了相差十倍左右的三大梯队。第一梯队是千万级的华为、联想、阿里巴巴；青岛海尔、腾讯、百度等则以百万级居于第二梯队；北京汽车集团在十万级，居于第三梯队（见表 3、表 4）。华为、联想、阿里巴巴的粉丝数与点赞数之和占总量的 78%，是其他 131 家企业总数量的 2.7 倍。值得注意的是，仅开设了 2 个账号的中国交通建设集团有限公司虽未进入十强，其粉丝数和关注数分别达到 52 万，同样，仅开设 1 个账号的国家电力投资集团公司的粉丝数和关注数分别达到 21 万。

表3　2018年Facebook粉丝数十强企业

单位：个

序号	企业名称	粉丝数
1	华为投资控股有限公司	61751301
2	联想集团	23907771
3	阿里巴巴集团	14999678
4	青岛海尔	8075886
5	腾讯控股有限公司	6252624
6	百度	3735866
7	美的集团	1737459
8	碧桂园	1718733
9	中国石油化工集团公司	1098685
10	北京汽车集团	695311

表4　2018年Facebook点赞数十强企业

单位：次

序号	企业名称	点赞数
1	华为投资控股有限公司	61717071
2	联想集团	23999285
3	阿里巴巴集团	14899763
4	青岛海尔	8108330
5	腾讯控股有限公司	6041582
6	百度	3723194
7	美的集团	1732846
8	碧桂园	1706796
9	中国石油化工集团公司	1098329
10	北京汽车集团	692643

五　中国企业的海外影音图像社交平台传播力亟须加强，赢家通吃效应明显

中国企业对Twitter、YouTube和Instagram等影音图像社交平台的布局较为滞后，2018年134家企业中76%没有开设Twitter账号，66%没有

YouTube 账号，近81%没有 Instagram 账号。而企业在这些平台上的传播力呈现赢家通吃的局面，华为在各平台独领风骚。华为和联想的 Twitter 粉丝拥有量差距不大，以百万级领跑；贵州茅台和阿里巴巴以十万级位居第二梯队。其中百度粉丝数降幅极大，从2017年的18万下降到2018年的5万，滑到第三梯队（见表5）。

表5　2018年 Twitter 粉丝数十强企业

单位：个

序号	企业名称	粉丝数
1	华为投资控股有限公司	2932249
2	联想	2262801
3	贵州茅台	214000
4	阿里巴巴	180100
5	中国工商银行	79225
6	百度	50136
7	中国石油化工集团公司	20845
8	青岛海尔	19056
9	腾讯	12619
10	中国中车股份有限公司	11026

在 YouTube 平台上华为继续位居榜首，比2017年增加了55个账号，发布的视频总条数远超1万，总观看数量达到17亿余次；位居第二的青岛海尔仅发布视频千余条，但观看数达到数亿次；值得注意的是，腾讯虽排名第九，其订阅数、发布视频数与视频观看数却位列第二（见表6）。

表6　2018年 YouTube 账号建设十强企业

序号	企业名称	账号数(个)	订阅数(个)	观看数(次)	视频数(条)
1	华为投资控股有限公司	94	2619475	1775146511	17751
2	青岛海尔	36	122342	106410524	1413
3	联想集团	24	461094	527843384	8393

续表

序号	企业名称	账号数（个）	订阅数（个）	观看数（次）	视频数（条）
4	北京汽车集团	22	6665	392078	102
5	百度	10	2239	617124	126
6	美的集团	9	36203	42532968	154
7	中国电信集团公司	7	316	48493	89
8	阿里巴巴集团	7	34161	85319445	1226
9	腾讯控股有限公司	6	1210911	662389386	11498
10	格力	6	979	5019849	138

在 Instagram 平台上，华为账号最多、发帖最勤，粉丝数超过 600 万，居于榜首。值得关注的是，贵州茅台的账号数量虽然不多，但也保持了较高的帖子更新频率，发帖数量排名第二。此外，阿里巴巴虽然账号数量不多，发帖频率也较低，却获得了位居第三的关注数（见表 7）。

表 7　2018 年 Instagram 账号建设十强企业

序号	企业名称	账号数（个）	发帖数（条）	关注数（个）
1	华为投资控股有限公司	62	55915	6702406
2	联想	24	23418	601244
3	青岛海尔	16	5176	43663
4	腾讯控股有限公司	12	288	8506
5	中国工商银行	5	422	8081
6	贵州茅台	5	35625	4481
7	顺丰	5	59	366
8	阿里巴巴集团	4	249	238687
9	中国建设银行	4	263	734
10	中国移动通信集团公司	3	713	16442

六　新华网、财新网挺进传播中国企业的国际媒体十强，成立仅两年的 CGTN 表现出色

近年来，中国媒体在海外传播本土企业的力度不断加大，2018 年提及

中国企业最多的中国英文媒体不仅数量增多，而且名次持续上升，新华网、财新网跃入十强，特别是开播仅两年的中国国际电视台（CGTN）表现出色，挺进百强。2018 年提及中国企业最多的英文媒体仍是路透社、彭博社、《南华早报》，不过路透社由 2017 年的第三位跃至 2018 年榜首。2018 年提及中国企业的国际媒体十强榜单中，中国媒体英文网站由 2017 年的中国日报网、《南华早报》等 3 家，增至 2018 年的《南华早报》、亚洲房地产情报、新华网、财新网 4 家媒体。进入百家媒体榜的中国媒体共 19 家，比2017 年增加 9 家。同时，新华网从 2017 年的第 13 位上升至 2018 年的第 7位，财新网从第 37 位上升至第 8 位，《环球时报》从第 26 位上升至第 24位，开播仅两年的 CGTN 进入关注中国企业的国际媒体百强榜，位列第 43名；而《南华早报》从第 2 位下降至第 3 位，中国日报网从第 4 位下降至第25 位（见表 8）。

表 8　2018 年传播中国企业的国际媒体十强

单位：次

排名	媒体名称	谷歌英文新闻提及总数
1	路透社 Reuters	1056
2	彭博社 bloomberg	790
3	《南华早报》South China Morning Post	502
4	《日本经济新闻》Nikkei Asian Review	325
5	亚洲房地产情报 Mingtiandi Asia Real Estate Intelligence	247
6	美通社 PR newswire	233
7	新华网 Xinhuanet	224
8	财新网（Caixin Global 英文网站）	208
9	《金融时报》Financial Times	166
10	美国商业资讯 Business Wire	162

七 "全球""国际化""顶级"成为国际媒体报道 中国企业的高频词，国际媒体关注点更加多维化

2018 年国际媒体除了继续提及中国企业发展规模、体量之外，更多地关注全球、国际化和顶级等特征。2018 年中国企业在国际媒体话语中整体呈现"全球的""金融的""最大规模的""国际的""顶级的""工业的""电子的"等特征，其中排名前五的形容词仍以"全球的"（global）、"金融的"（financial）、"最大规模的"（largest）、"国际化的"（international）和"顶级的"（top）为主（见表 9）。

表 9 2018 年媒体报道中国企业高频词

单位：次

序号	高频词	词频	序号	高频词	词频
1	global	1538	6	industrial	436
2	financial	738	7	announced	426
3	largest	704	8	electric	395
4	international	681	9	giant	383
5	top	582	10	biggest	379

从 2018 年中国企业英文媒体高频词词云图来看，媒体关注点在科技、化工、农业、自动化等领域有所拓展，一方面体现出中国企业在国际化发展趋势中更加多样化；另一方面表现出国际媒体对中国企业的关注更加多维化（见图 2）。

八 国有企业占比近七成，制造业、金融业和 采矿业位居前三

从企业产权属性上看，本次研究的 134 家企业中，国有企业共有 89 家，占比 66.4%。本次入榜的民营企业共有 30 家，占比 22.4%（见图 3）。

图 2　2018 年中国企业英文媒体高频词词云

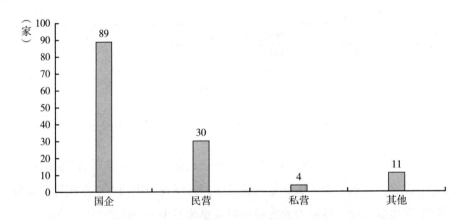

图 3　2018 年入榜企业产权属性

研究的企业中，制造业以 33 家领先，占比 25%；金融业 26 家，占比 19%；采矿业 23 家，占比 17%；电力、热力、燃气及水生产和供应业 13 家，占比 10%；房地产业，信息传输、软件和信息服务业，批发和零售业这三类行业数量相近，分别为 10 家、8 家、7 家，分别占比 7%、6%、5%；其他四类行业分别为交通运输、仓储和邮政业，建筑业，租赁和商务服务业，共 14 家，占比 11%（见图 4）。

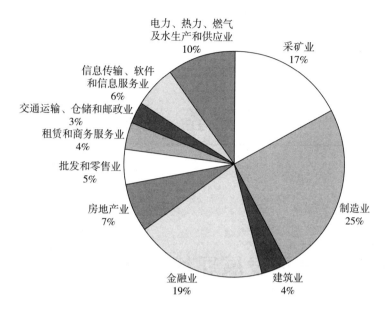

图 4　2018 年入榜企业行业分布

借 鉴 篇

非洲社交媒体发展现状、趋势及影响

龙小农　　吕梓源*

摘　要：　在移动互联网跨代发展和智能手机在非洲普及的共同推动下，
　　　　　非洲社交媒体驶入发展快车道。依托先发优势、技术和资金优
　　　　　势，外来社交媒体汇聚非洲社交媒体的绝大多数用户，占据绝
　　　　　对优势地位。但与此同时，非洲本土社交媒体已经开始兴起，
　　　　　非洲正掀起社交媒体发展的浪潮。未来随着移动互联网和智能
　　　　　手机的进一步普及，非洲社交媒体发展依然拥有巨大的增量空
　　　　　间，发展情况总体呈现弯道追赶、补偿性增长的特点。社交媒
　　　　　体的快速发展也对民众媒介接触方式，甚至生活方式产生巨大
　　　　　影响，对社会治理和舆论引导提出挑战。

关键词：　移动互联网　智能手机　社交媒体

---

* 龙小农，中国传媒大学传播研究院教授；吕梓源，中国传媒大学传播研究院国际新闻专业研
　究生。

在全球互联互通时代，依托互联网尤其是移动互联网兴起的社交媒体正在改变全球传媒业态，甚至出现"Twitter 治国"现象。尽管非洲经济和信息通信技术（ICT）相对落后，但在互联网的跨代发展、智能手机的廉价普及和资费下降的共同推动下，非洲社交媒体驶入发展快车道。依托先发优势、技术和资金优势，以 Facebook、WhatsApp、YouTube、Twitter、Instagram 为首的外来社交媒体汇聚非洲社交媒体的绝大多数用户，占据绝对优势，但非洲本土社交媒体已经开始兴起，非洲正掀起社交媒体发展的浪潮。未来随着移动互联网和智能手机的普及，非洲社交媒体发展依然拥有巨大的增量空间，依托社交媒体的相关产业链商机无限。本文拟分析梳理非洲社交媒体发展动因、现状及发展趋势和影响。

一 非洲社交媒体的发展动因 及有利因素

1. ICT 快速发展是非洲社交媒体兴起的基础

众所周知，互联网尤其是移动互联网的发展，是社交媒体发展的基础。2010 年以来，互联网尤其是移动互联网在非洲快速普及、网民迅速增加，是非洲传媒业发展的最大亮点。其发展动力主要来自通信基础设施改善、无线上网技术普及、上网费用下降和宽带不断增加。在此发展过程中，非洲各国之间互联网发展水平参差不齐，出现较为不平衡的格局。

国际电信联盟（ITU）发布的《2013 年信息通信技术事实与数据》显示，2011 年非洲互联网用户数比例为 12.4%，家庭接入互联网的比例为 4.2%，非洲移动宽带使用覆盖率为 4.7%，固定宽带使用覆盖率为 0.2%。[①] ITU 发布的《2016 年信息通信技术事实与数据》显示，截至 2016 年末，非

---

① 资料来源：ICT Facts and Figures 2013 及 ITU_ Key_ 2006 – 2013_ ICT_ data，http：//www. itu. int/en/ITU – D/Statistics/Pages/default. aspx。

洲互联网用户数比例达到 25.1%，家庭互联网接入率为 15.4%，每百人中移动宽带用户比例为 29.3%，固定宽带用户比例为 0.7%。[①] ITU 发布的《2017 年信息通信技术事实与数据》显示，非洲互联网用户数比例约为 31.2%，非洲家庭接入互联网的比例约为 18%，依然是世界各大洲中最低的。[②] 但对比这三组数据不难发现，非洲互联网进入快速发展期，非洲正在掀起移动互联网革命。当然，针对非洲近些年互联网的快速发展，我们认为这是补偿性增长。

根据互联网数据统计网站"互联网世界统计"的报告（具体统计表参见附件），截至 2017 年 6 月 30 日，非洲互联网用户数量约为 3.88 亿人，比 2000 年增加 85 倍，占非洲总人口的 31.2%，占全球互联网用户的 10%，比 2016 年增加近 4000 万人（2016 年为 28.7%）；互联网用户数量超过千万的有 9 个国家，其中排名前五位的国家分别是尼日利亚（9159 万）、肯尼亚（4332 万）、埃及（3733 万）、南非（2993 万）和摩洛哥（2053 万），占本国人口比例分别为 47.7%、89.4%、39.2%、54.0% 和 58.3%；网络渗透率排名前五位的国家分别是肯尼亚、毛里求斯、摩洛哥、塞舌尔和南非，都在 54% 及以上。[③]

参照网络渗透率，我们将非洲社交媒体发展水平划分为三个不同层次，以北非阿拉伯国家、南部较富裕国家和旅游为主产业的岛国为主的较发达区域，共有肯尼亚、毛里求斯、摩洛哥、塞舌尔、南非、英属圣赫勒拿、突尼斯、阿尔及利亚、佛得角、加蓬、尼日利亚、乌干达 12 个国家与地区的网络渗透率超过 45%；以专制但又相对富庶、开放但又动荡的中部国家为代表的次发达区域，共 19 个国家与地区的网络渗透率处于 20% ~ 45% 的区间；以"非洲之角"为代表的穷国等极不发达的第三个区域，共 27 个国家与地区的网络渗透率低于 20%，其中低于 10% 的有 15 个国家与地区。

---

① 资料来源：ICT Facts and Figures 2016，http：//www. itu. int/en/ITU – D/Statistics/Documents/facts/ICTFactsFigures2016. pdf。

② 资料来源：https：//www. itu. int/en/ITU – D/Statistics/Documents/facts/ICTFactsFigures2017. pdf。

③ 资料来源：互联网世界统计，http：//www. internetworldstats. com/stats1. htm。

　　再仔细分析这一统计可以发现，北非是非洲互联网最为发达、渗透率最高的地区，9 个网民用户超过 1000 万的国家中，摩洛哥、埃及、阿尔及利亚和苏丹位于北非，尼日利亚属于西非，肯尼亚和乌干达属于东非，只有南非一个国家属于南部非洲。这主要因为北非地区大多为阿拉伯国家，石油和旅游资源丰富，经济较为发达，社会比较富庶。这也就能理解，为什么2011 年的"阿拉伯之春"（也被媒体称为"推特革命"）会首先肇始于突尼斯（网络渗透率 2012 年为 39.1%），并借助 Facebook、Twitter 等网络社交媒体波及其他非洲阿拉伯国家。另一个网络渗透率较高的国家与地区集群是以旅游为主的岛国或地区，它们一般具有西方殖民背景、人口少、地方小、经济较为发达、生活状况较为富足的特点。如法属留尼旺、英属圣赫勒那、佛得角、塞舌尔、毛里求斯等。总体来说，处于第一层次的这些非洲国家与地区由于网络渗透率较高，代表了目前非洲社交媒体发展的最高水平。而中非、西非和"非洲之角"地区，由于多年战乱、民族冲突，是世界上最为贫穷、最不发达国家的集中区，新闻传媒事业发展严重不足，网络渗透率远低于非洲平均水平，如厄立特里亚、尼日尔、几内亚比绍、中非、西撒哈拉等国家与地区，网络渗透率平均水平不到 5%。

　　当然，尽管非洲互联网各项指标发展速度均位居世界前列，但当下非洲国家的总体互联网发展指标，依然远远落后于世界其他区域，其互联网普及率世界最低，而且与世界平均水平有非常大的差距。截至 2017 年 6 月 30日，非洲互联网用户数仅占全世界网络用户的 10%。[①] 非洲只是因为人口多、起点低，信息通信技术基础薄弱，所以在数据统计上显示发展迅速。我们不得不承认的一个现实是，非洲整体贫穷落后导致其互联网发展受到极大限制。然而，非洲互联网事业正在提速发展，这是实现互联网发展之"非洲梦"最大的希望所在，也为非洲社交媒体发展奠定了坚实基础。

　　2. 智能手机普及是社交媒体用户迅速增加的重要推手

　　据全球移动通信系统协会（GSMA）2013 年发布的报告，非洲是目前

---

　　① 资料来源：http：//www.internetworldstats.com/stats1.htm。

全球发展速度最快的智能手机市场，自 2000 年以来的年平均销量增长率为 43%。在撒哈拉以南非洲地区的 4.45 亿手机用户中，仅 10% 的用户拥有智能手机，但是预计这一比例将快速增长，因为非洲运营商正在扩建它们的高速网络。GSMA 预计，到 2017 年，南非的大多数消费者都将使用智能手机。在非洲人口数量最多的尼日利亚，持续增长的预期更明显，2017 年的智能手机渗透率达到 30%。① 而 ITU 的统计数据显示，2014 年末非洲大约有 69% 的人使用移动电话，是移动电话增速最快的地区。② 另一项非洲本土研究统计的数据则更加喜人：肯尼亚内罗毕大学发展研究所维尼·米图拉教授在 2014 年 3 月公布的一项调查研究显示，2014 年初非洲的手机普及率已经达到 80% 以上，在阿尔及利亚和塞内加尔这一数字更是高达 98%，紧随其后的南非、科特迪瓦和肯尼亚手机普及率也已经达到 93%。③ 爱立信 2016 年的统计数据显示，非洲现在约有 10 亿部手机正在使用中。在三年后，智能手机有望占到非洲全部手机的 73%，约合 7.3 亿部智能手机。④

　　由于手机的快速普及，同时缺乏固定的信息传播技术基础设施，再加上昂贵的宽带使用费用，许多非洲用户借助手机等移动终端跨越固定互联时代，直接进入了移动互联时代。在过去十年中，非洲国家的互联网渗透率正在稳步提高，互联网用户数量的占比从 2000 年的 0.8% 猛增到 2017 年的 31.2%，其中移动宽带占互联网使用量的 90% 以上。这正是非洲互联网后起发展的优势所在，可以跨代发展、弯道追赶。智能手机的日渐普及，为非洲社交媒体的发展和使用提供了便捷、跨代的载体。以 Twitter 在非洲的发展为例，2015 年，非洲国家的 Twitter 用户总计发送了 16 亿条信息，自从波特兰 2012 年开始收集 Twitter 在非洲的数据以来，非洲用户发出的推特数量

---

① 具体见 http：//www. gsma. com/。

② *The World in 2014：ICT Facts and Figures*，http：//www. itu. int/en/ITU – D/Statistics/ Documents/facts/ICTFactsFigures2014 – e. pdf.

③ http：//www. 199it. com/archives/203435. html.

④ 具体数据见 https：//cn. weforum. org/agenda/2017/04/da1e2b68 – c9d2 – 43dc – af5b – dd59da8094d6/。

增加了 34 倍。① 前后相隔两年，非洲国家的 Twitter 用户发文量已经是天渊之别。显然，智能手机日益普及，是非洲社交媒体用户数和活跃度提升的重要推动力。

二　社交媒体群雄逐鹿非洲，本土社交媒体兴起

社交媒体已发展多年，非洲是为数不多的尚待充分开发的新兴市场。随着互联网的日益普及，智能手机和移动互联网的生活化应用，非洲社交媒体日趋活跃，尤其在城镇广大青年中间；与此同时，非洲本土的社交媒体开始崛起，用户呈显著上升趋势；智能手机作为网络终端，正在改变非洲年轻人的日常生活和行为方式。根据 ITU 2017 年的数据，15～24 岁年轻人全球使用互联网的比例（71%）显著高于使用互联网的总人口比例（48%）。年轻人几乎占全世界使用互联网的个人总数的 1/4。在欠发达国家，使用互联网的个人中有 35% 是 15～24 岁的年轻人，而发达国家为 13%，全球为 23%。这一点在非洲体现得尤为明显，15～24 岁的年轻人占比 40.3%，因为非洲拥有全球最年轻的人口结构。②

1. 外来社交媒体汇聚非洲社交媒体的绝大多数用户，占绝对优势地位

随着网络渗透率的提高，非洲网民使用网络社交媒体的数量激增。网络渗透率较高的国家，社交网络用户数相应地增长较快。非洲成为 Facebook、Twitter 用户数增加最快的地区之一。以南非为例，截至 2013 年 9 月 28 日，Facebook 在南非拥有 960 万用户，增长 83%，在南非社交网站中受欢迎程度排第 3；本土社交媒体 MXit 拥有 740 万用户（移动平台，没有纳入排名）；Twitter 拥有 550 万用户，增长 125%，受欢迎程度排第 13；YouTube 拥有 470 万用户，减少 28%，受欢迎程度排第 4；LinkedIn 拥有 270 万用户，增长 40%，受欢迎程度排第 5；Pinterest 拥有 93 万用户，增长 136%，受欢

---

① 具体数据见 *How Africa Tweets 2015*，https：//portland – communications. com/publications/how – africa – tweets – 2015/。

② 资料来源：https：//www. itu. int/en/ITU – D/Statistics/Documents/facts/ICTFactsFigures2017. pdf。

迎程度排第 14；Google Plus 拥有 46 万用户，受欢迎程度排第一。① 到 2015 年，南非的社交媒体用户依然保持增长势头。Facebook（1300 万，增长 8%）、YouTube（828 万，增长 15%）、Twitter（740 万，增长 12%）、LinkedIn（460 万，增长 20%）和 Instagram（268 万，增长 133%）等几大社交媒体用户均保持较快速度增长，其中 Instagram 增长最快，从 2013 年的 68 万用户增加到 2015 年的 268 万用户。YouTube 和 Instagram 在南非的快速崛起，意味着视频概念正在改变社交媒体的结构。南非拥有 LinkedIn 活跃用户 460 万，占全球 3.8 亿用户的 1.2%。尽管其他社交媒体增速更高，但 Facebook 依然在所有社交媒体中傲视群雄，而且每天有 1000 多万用户利用他们的移动设备访问 Facebook 账户，其中 79% 使用智能手机。②

（1）个人信息分享类社交媒体——Facebook

Facebook 是一家美国的在线社交网络服务网站，最初以分享个人信息为主，经发展后也可以发送文字、图片、视频、贴图和声音媒体消息给其他用户，以及通过集成的地图功能分享用户的所在位置。据互联网世界统计数据，截至 2017 年 6 月，Facebook 在非洲的用户数已经达到 1.6 亿，稳居非洲社交媒体用户数量的榜首。2012 年 12 月 31 日，Facebook 的非洲用户数仅为 5161 万人。

根据美国《福布斯》杂志 2016 年 7 月报道，美国社交网络 Facebook 在撒哈拉沙漠以南的非洲市场上获得了很大的成功。在南非、尼日利亚和肯尼亚，Facebook 的月活跃用户（MAU）数量同比出现了大幅增长，涨幅分别为 16%、6% 和 18%。非洲是 Facebook 未来发展的重要支柱之一。该社交网络大约 66% 的 MAU 数量来自新兴市场，例如非洲。意大利社交媒体战略家 Vincenzo Cosenza 自 2009 年以来一直在研究最流行的社交网络，他基于来自 Alexa 和 Similar Web 的流量数据，发布了《2017 年 1 月的社交网络世界地图》。该地

---

① *The State of Social Media in South Africa 2013*，http：//www. bluemagnet. co. za/blog/the – state – of – social – media – in – south – africa – 2013.

② 具体数据见 *The State of Social Media in South Africa 2015*，https：//www. bluemagnet. co. za/the – state – of – social – media – in – south – africa – 2015/。

图显示，在研究涉及的 119 个国家（样本为 149 个国家）中，Facebook 尽管受到其他后起社交媒体新秀的挑战，但仍占主导地位。相比之下，Consenza 的《2016 年 1 月的社交网络世界地图》显示，Facebook 在研究涉及的 129 个国家（样本为 137 个国家）中是用户最多的社交网络。①

根据《2017 全球数字发展概观》（*Digital in 2017：Global Overview*）统计数据，到 2017 年 8 月，撒哈拉以南非洲地区的社交媒体渗透率达到 14%，为全球各地区倒数第二，仅高于中亚地区（7%），北美地区渗透率最高，达到 66%。移动社交媒体在撒哈拉以南非洲地区的渗透率为 12%，仅高于中亚地区（4%）。该统计数据显示，由于移动网络和智能手机原先普及率不高、基数低，2017 年非洲地区的尼日尔、赤道几内亚、贝宁、多哥、科特迪瓦和吉布提，这些国家的移动社交媒体用户数增幅与 2016 年相比，都达到 100% 以上，分别为 125%、117%、117%、116%、108% 和 105%。Facebook 由于先发优势依然是非洲地区用户量最大的社交平台，但统计显示，在非洲一些国家，Facebook 使用量也出现了下降趋势。显著下降的国家包括中非共和国，Facebook 月活跃用户年降幅为 30%；西撒哈拉下降 24%；津巴布韦下降 16%。②

（2）微博客类社交媒体——Twitter

Twitter 是总部位于美国旧金山的一家社交网络与微博客服务网站，它可以让用户更新不超过 140 个字符的消息，这些消息也被称作"推文"（Tweets）。Twitter 风行于全世界多个国家，是互联网访问量最大的十个网站之一。根据英国伦敦波特兰（Portland）传播公司统计，2011 年非洲前三大 Twitter 用户活跃国分别为南非（503 万）、肯尼亚（248 万）和尼日利亚（165 万）。根据 2011 年 Twitter 采样全球 1150 万用户的调查数据，非洲活跃用户平均年龄为 20~29 岁，低于全球平均年龄的 39 岁。③ 截至 2015 年，仅

---

① 具体数据见 https：//cn. weforum. org/agenda/2017/04/da1e2b68 – c9d2 – 43dc – af5b – dd59da8094d6/。

② 《全球数字发展概观》，具体见 http：//www. adtime. com/news/details/639。

③ 资料来源：http：//www. mofcom. gov. cn/aarticle/i/jyjl/k/201202/20120207957919. html。

南非的 Twitter 用户就达到 740 万，与 2014 年相比增长 12%。Twitter 在非洲的受欢迎程度可见一斑。

2014 年 3 月，英国伦敦波特兰传播公司肯尼亚内罗毕办公室公布的《非洲如何推特 2013》显示，得益于移动终端价格的不断下降和移动互联技术的广泛应用，越来越多的非洲人选择通过移动终端来登录 Twitter 并发布有关的信息，且根据研究报告分析可知，推文的主要应用语言为国际通用的英语。其中，南非以发布 344215 条推文成为 2013 年 Twitter 上最活跃的非洲国家，肯尼亚以发布 123078 条推文成为当年东非地区 Twitter 上最活跃的国家，加纳则以发布 78575 条推文成为西非地区最活跃的 Twitter 使用国家。在非洲主要城市，约翰内斯堡在 Twitter 使用方面冠绝非洲，原因之一在于南非智能手机使用量高于非洲其他国家。埃及的开罗、亚历山大和其他重要城市在推特活跃度上也占有很高的比重。东非地区内罗毕最为活跃，在活跃度上排非洲大陆第六位。

波特兰传播公司 2016 年初公布的研究报告《非洲如何推特 2015》则表明，尼日利亚、南非、埃塞俄比亚和埃及的 Twitter 用户对政治话题最为关注。该报告发现，非洲各国的 Twitter 用户都对时事新闻非常关注。尼日利亚总统大选和布隆迪的政治冲突均是非洲 2015 年最热门的话题。2015 年非洲 Twitter 发送量前五的国家是埃及（发送 5 亿条）、尼日利亚（发送 3.6 亿条）、南非（发送 3.25 亿条）、肯尼亚（发送 1.25 亿条）、加纳（发送 7000 万条）。Twitter 原本是社交、娱乐工具，但在非洲部分国家却成为政治参与的工具，这或许与部分国家的政治参与自由度有关。Facebook、Twitter 等网络社交平台在非洲变为重要的信息传播途径，被广泛用于社会现象讨论。这在由 2010 年底突尼斯"Twitter 革命"引发的 2011 年"阿拉伯之春"中得到显著体现。

（3）即时通信类社交媒体——WhatsApp 与 WeChat

中国腾讯公司联手非洲最大的媒体公司纳斯佩斯（Naspers，该公司持有腾讯 46.5% 的股份），在整个非洲大陆推出其社交媒体 App——微信（WeChat）。作为南非新兴社交媒体，借助于股东纳斯佩斯，腾讯公司于

2013 年在南非正式发布并推广微信，意在赢得该地区更多使用智能手机的年轻用户的青睐，与 Facebook 公司 2013 年 2 月所购买的 WhatsApp 即时通信软件形成竞争。WhatsApp 和微信，是 2013 年南非社交媒体中涌现的两匹黑马。

WhatsApp 作为世界上排名第一的即时通信服务，以免费发送信息文本、无须支付运营费用闻名，在非洲大陆上也占有绝对优势。据约翰内斯堡科技研究公司 World Wide Worx 估计，2014 年推向非洲市场的微信，在南非拥有大约 600 万注册用户，相比之下已经进入南非 8 年的 WhatsApp 拥有大约 1400 万活跃用户，是该国最活跃的即时通信服务，而微信位居其次。

但随着非洲使用智能手机的年轻人群越来越多地使用手机购物、储蓄、找工作、听广播、打出租和叫外卖，功能日渐多元化，微信向手机用户提供的服务已经远远超越了 WhatsApp 所提供的单纯聊天功能。为了将其他服务捆绑到自己的系统，微信设立 350 万美元的风险投资基金，投资于新兴科技公司，由其开发微信可向用户提供的服务。微信还与非洲资产最大的银行——南非标准银行合作推出了"电子钱包"服务，该服务能让用户通过手机完成银行转账和支付，即便对方没有银行账户。微信在加纳和尼日利亚也很活跃，尼日利亚是非洲人口最多的国家、最大的经济体，微信在该国有一个三人小组，与当地初创企业展开合作，如在线招聘服务 Jobberman 和在线时尚购物服务 Traclist。①

由于篇幅和数据的限制，YouTube 和 Instagram 等视频社交媒体，就不再展开叙述。

2. 本土社交媒体开始在相对富裕国家兴起

手机在非洲已然成为人们生活的必需品，移动互联网的革命点燃了这片古老的大陆。从聊天论坛到在线照片分享，非洲大陆上的科技公司正在改变着自己的国家，也在改变全世界。尤其是近几年，手机和移动互联网带来的社交媒体革命，改变了许多非洲人的日常生活，也改变了传统的商业模式。

---

① 《腾讯拓展非洲，挑战 Facebook》，http：//www.ftchinese.com/story/001065972。

面对社交媒体内含的巨大商机和影响力，非洲本土的社交媒体开始兴起并与外来社交媒体争夺用户，或与之构成融合产业链。由于社交媒体的创设需要技术和资金支撑，目前非洲本土的社交媒体主要是在经济和 ICT 基础比较好的相对富裕国家兴起，以尼日利亚和南非为代表。

（1）即时通信类社交媒体——MXit

在南非广为流行的 MXit，是由南非 MXit 公司开发的免费即时讯息应用工具，可在各种手机、平板电脑、台式电脑系统上使用，主要针对中低端手机用户，2005 年由纳米比亚科技创业家赫尔曼·修尼斯（Herman Heunis）创立，在非洲拥有 740 万用户。作为一家移动即时通信服务商，MXit 提供多种多样的服务，包括社交网络、移动语音信息、音乐与娱乐、移动银行和其他基于社区的应用。通过自主制定的协议，MXit 允许其用户与其他社交网站和即时通信应用连通，如 Facebook、Google Talk、Yahoo、AIM 和 ICQ，这就意味着 MXit 占据了这些社交媒体的入口。MXit 是眼下非洲本土最大的社交网络，拥有近 5000 万用户，覆盖 3000 款不同的手机。用户通过 MXit 可以免费发送在线信息、进行多人游戏、购买游戏、交换物品，甚至还能在上面炒股。[①]

（2）平台搭载类社交媒体——BiNu 与 Mookh

南非另一家新兴网络公司 BiNu，开发了一个应用软件能让网络加速 10 倍，该应用软件主要是为了让功能机和低端智能手机用户访问社交网络，这意味着普通的功能机可以拥有智能手机的运载信息能力。目前，该网站有超过 100 个频道，包括社交媒体、新闻、天气预报、娱乐服务以及免费阅读。BiNu 用户之间也能彼此订阅，在上面收取社交信息。此外，作为一款基于云服务的应用，BiNu 允许用户在其移动应用中申请一个社交账户，然后在使用台式机时也能登录和访问他们的社交网络。目前，BiNu 每月用户可达 420 万。[②]

---

① 具体见 http：//get. mxit. com/about/。

② 具体见 http：//www. binu. com/index. html。

随着移动社交网络的日益普及，非洲不少创业者和公司纷纷将目光转向社交媒体及其粉丝经济，本土社交媒体不断涌现的同时也开始出现"电商化转型"。2015年，肯尼亚一家公司研发出一款社交化的电商应用软件Mookh，允许用户直接在Facebook、Twitter和Instagram上出售产品。我们认为，随着移动互联网应用的双倍增长和社交媒体用户的不断增长，较之世界其他地方，非洲现在是数字商机、粉丝经济的乐土，与此同时也对传统媒体发展和国际传播转型升级提出巨大挑战。

三　非洲社交媒体的发展趋势及影响

非洲幅员辽阔，国家众多，经济社会发展水平参差不齐，网络发展水平高低不一，呈现跨代际、多元化、交叉化、多层级综合发展的特点。甚至可以用这样一句话描述非洲信息社会的发展现状：前脚已迈入现代社会尚未立稳，后脚还站在传统社会深陷其中，眼睛又盯着信息社会羡慕不已。尽管非洲网络发展水平的各项衡量指标目前均处于世界最低，但各项指标的提升速度却位居世界前列，社交媒体随着移动互联网和智能手机的普及，未来增量依然巨大。我们必须注意到已经崛起的社交媒体，在非洲未来的发展趋势及影响。

趋势一：非洲社交媒体用户及其延伸的产业链增量空间巨大。

近年来，非洲网络媒体发展迅速，各项指标增速位居世界第一，主要得益于非洲的海底光缆、电力供应能力和信息通信设施得到改善。但非洲经济水平低、技术落后，也限制了网络媒体的发展，其网络发展总体指标仍远远落后于世界其他区域，互联网用户数仅占全世界网络用户的10%，31.2%的网络渗透率与世界平均水平51.7%有非常大的差距。但智能手机和移动互联网的日益普及，已经使非洲年轻人热衷于"指尖上的社交"。2017年非洲人口已达12.5亿（根据联合国人口司2017年的预估统计），是世界上增长最快的手机、笔记本和平板电脑市场，SIM卡拥有量甚至超过了北美。非洲智能手机市场的持续扩大，将继续为社交媒体发展和用户增加提供沃土。我们认为，随着非洲各国政局趋于稳定、经济活力增强，支撑网络新媒体发展的基础设施建设的完善，网络渗透率低的国家与地区，将为非洲社交媒体的发展提供巨大增量空间，滋生无限商机和传播业态、手段创新的可能。

趋势二：随着社交媒体影响力提升及用户价值逐渐被发现，非洲本土社交媒体将持续兴起。

2017 年非洲仅有 9 个国家网民超过千万，但随着非洲经济发展速度提升，伴随而来的将是通信事业的补偿式快速发展。一些地区甚至出现网络跨代际发展，即有些国家与地区由于智能手机的普及、不需经历固定互联网时代，便直接进入移动互联网时代。由于基数小，加上网络技术难度降低、投入成本摊薄，非洲互联网普及速度已跃居各大洲前列，未来这一趋势将持续。非洲作为一个蓬勃的、全新的、潜力待挖掘的新兴市场，对移动应用尤其是社交媒体开发者来说是非常利好的消息，对全世界的开发者来说是一块充满想象的保留地。目前，手机和互联网带来的社交媒体革命，已经改变了许多非洲人的日常生活，也正在改变非洲传统的商业模式，其影响程度超过了非洲国家独立以来的任何社会变革。曾经一度是奢侈品和特权象征的手机在非洲已然成为人们生活的必需品，移动互联网的革命也点燃了这片古老的大陆。从聊天论坛到在线照片分享，非洲大陆上的科技公司正在改变着自己的国家，也在改变全世界。我们认为，非洲本土科技公司将打造更多的社交媒体并拓展延伸其相关产业链。

影响一：社交媒体发展对传统媒体的影响。

在传播全球化的时代，非洲本土社交媒体将引领非洲新媒体行业的发展，依托非洲经济复兴，非洲从世界信息传播秩序的边缘地带逐渐向中心靠拢。如今，社交媒体成为非洲年轻人获取资讯的主要渠道，分散了传统媒体的受众群。社交媒体往上下游产业链延伸发展，必将促使非洲传统媒体转型优化，走上融合发展之路，南非的纳斯佩斯公司就是典型；随着传媒业态的变化，社交媒体成为信息资讯的集散地，也成为传统媒体的主要新闻消息源，传统媒体将更多地依赖社交媒体在获取资讯的同时向年轻人推送新闻。我们认为，社交媒体的发展将处于边缘地位的非洲媒体拉入传播全球化的扁平传播体系中，有助于非洲媒体在国际平台上发声。

影响二：社交媒体发展对社会治理的挑战。

非洲社交媒体的兴起一方面促进了非洲国家公民的政治参与，促使政府更为积极地解决社会矛盾与现实问题，也使得政府更全面、更准确地了解民情；另一方面对非洲国家政治稳定甚至是政治合法性构成了严峻的挑战。这在2011年肇始于突尼斯的"阿拉伯之春"中体现最为明显。社交媒体的出现带来民众政治参与的新变化，且这种新变化给政府的政治统治与社会管理带来严峻的挑战。此前，非洲民众的政治参与主要体现在选举投票、罢工、游行示威等方面，在许多非洲国家，民众获取信息的渠道极为有限，而政府在信息掌控方面具有绝对的优势。如今社交媒体已成为信息集散地，网络社交媒体充分发展并被民众利用，民众政治参与又多了一个渠道和表达途径，当局原先非对称的信息掌握局面将会被打破。通过网络新媒体的支持，非洲的NGO对国家政治的影响力开始扩张。因此，以社交媒体为代表的网络新媒体，正在改变非洲国家信息发布自上而下的垂直结构，让新闻与信息走向了大众之间，一定程度上实现了信息的扁平化转向，也推动了非洲国家领导层自上而下的主动变革，但非洲国家如何应对社交媒体发展对社会治理的挑战，前景依然不明朗。

四　非洲社交媒体发展要求中国对非传播转型升级

中非正在建构全面战略合作伙伴关系，如何借助媒体促进中非人文交流、实现中非"民相交、心相通"，是中非关系发展面临的巨大挑战。如上所述，非洲尽管整体落后欠发达，但在传播全球化的今天，非洲已经迈入传统媒体和新兴媒体融合发展之路，非洲年轻人已主要通过网络和智能手机获取信息、表达诉求。中国的对非传播必须创新理念、内容、体裁、形式、方法、手段、业态、体制、机制，全面贴近非洲民众的媒介接触新模式，才能增强针对性和实效性。

中国的国际传播要想影响非洲的年轻人，首先需要进入他们所熟悉的社交媒体。这就需要中国国际传播主要媒体在非洲广为流行的社交媒体上注册开放社交媒体账号，及时更新动态信息并与非洲粉丝互动。社交媒体已经成为非洲年轻人获取资讯的重要渠道，也成为非洲有关国家酝酿涉华舆论的重要平台。因此，中国应注意加强非洲社交媒体中的涉华舆情监测并予以及时引导。

中国国际传播要参与非洲的议程设置和舆论引导，就必须依托最新ICT建立社交媒体平台。非洲当下社交媒体平台主要来自西方，尽管中国可以借助这些平台发声，但其入口不掌握在中国媒体或企业手中。因此，根据非洲年轻受众的兴趣和媒介接触模式，中国对非传播应加速发展基于网络的音视频社交平台，提升对非洲年轻人的吸引力和影响力。具体可以通过与非洲当地公司合作，参与非洲本土社交媒体建设；可以通过技术和资金优势，将在国内具有吸引力和影响力的社交媒体平台平移到非洲，但实施本土化经营。

近几年，非洲城市化进程加快，网络媒体发展迅速，各项指标增速居世界首位。世界各大洲中，非洲人口结构最年轻，而城镇年轻人开始习惯通过网络获取信息。赢得非洲年轻人，就赢得非洲未来；影响非洲年轻人，就在影响非洲未来。可以说，非洲网络社交媒体的发展方兴未艾，商机无限，应率先抢占网络社交媒体这个新兴制高点。

附表　2017 年非洲互联网用户统计数据一览

非洲国家	人口（2017 年预估，人）	互联网用户 2000 年 12 月 31 日	互联网用户 2017 年 6 月 30 日	人口渗透率（%）	互联网增长速度（%）2000～2017 年	Facebook 用户数 2017 年 6 月 30 日
阿尔及利亚	41063753	50000	18580000	45.2	37060.0	18000000
安哥拉	26655513	30000	5951453	22.3	19738.2	3800000
贝宁	11458611	15000	1375033	12.0	9066.9	800000

非洲国家	人口 （2017 年 预估,人）	互联网用户 2000 年 12 月 31 日	互联网用户 2017 年 6 月 30 日	人口渗透率 （%）	互联网增长 速度（%） 2000～ 2017 年	Facebook 用户数 2017 年 6 月 30 日
博茨瓦纳	2343981	15000	923528	39.4	6056.9	690000
布基纳法索	19173322	10000	2684265	14.0	26742.7	600000
布隆迪	11936481	3000	617116	5.2	20470.5	450000
佛得角	533468	8000	256972	48.2	3112.2	210000
喀麦隆	24513689	20000	6128422	25.0	24445.9	2100000
中非共和国	5098826	1500	246432	4.8	16328.8	66000
乍得	14965482	1000	748274	5.0	74727.4	170000
科摩罗	825920	1500	65578	7.9	4271.9	60000
刚果	4866243	500	400000	8.2	79900.0	400000
刚果民主共和国	82242685	500	5107271	6.2	1021354.2	2100000
科特迪瓦	23815886	40000	6318355	26.5	15695.9	2400000
吉布提	911382	1400	180000	19.8	12757.1	180000
埃及	95215102	450000	37333841	39.2	8196.4	33000000
赤道几内亚	894464	500	212704	23.8	42440.8	67000
厄立特里亚	5481906	5000	71000	1.3	1320.0	63000
埃塞俄比亚	104344901	10000	16037811	15.4	160278.1	4500000
加蓬	1801232	15000	865492	48.1	5669.9	470000
冈比亚	2120418	4000	392277	18.5	9706.9	220000
加纳	28656723	30000	9935286	34.7	33017.6	4000000
几内亚	13290659	8000	1302485	9.8	16181.1	950000
几内亚比绍	1932871	1500	84000	4.3	5500.0	84000
肯尼亚	48466928	200000	43329434	89.4	21564.7	6200000
莱索托	2185159	4000	597860	27.4	14846.5	290000
利比里亚	4730437	500	395063	8.4	78912.6	330000
利比亚	6408742	10000	2800000	43.7	27900.0	2800000
马达加斯加	25612972	30000	1300000	5.1	4233.3	1300000
马拉维	18298679	15000	1758503	9.6	11623.4	720000
马里	18689966	18800	2212450	11.8	11668.4	1000000
毛里塔尼亚	4266448	5000	770000	18.0	15300.0	770000
毛里求斯	1281353	87000	803896	62.7	824.0	630000
马约特（FR）	253068	—	107940	42.7	—	56000
摩洛哥	35241418	100000	20535174	58.3	20435.2	12000000

续表

非洲国家	人口（2017 年预估，人）	互联网用户2000 年12 月 31 日	互联网用户2017 年6 月 30 日	人口渗透率（%）	互联网增长速度（%）2000 ~ 2017 年	Facebook用户数2017 年6 月 30 日
莫桑比克	29537914	30000	5169135	17.5	17130.5	1400000
纳米比亚	2568569	30000	797027	31.0	2556.8	520000
尼日尔	21563607	5000	931548	4.3	18531.0	280000
尼日利亚	191835936	200000	91598757	47.7	45699.4	16000000
留尼旺（FR）	873356	130000	390000	44.7	200.0	390000
卢旺达	12159586	5000	3724678	30.6	74393.6	490000
圣赫勒拿（UK）	3970	—	2000	50.4	—	2000
圣多美普林西比	198481	6500	55575	28.0	755.0	38000
塞内加尔	16054275	40000	4119527	25.7	10198.8	2300000
塞舌尔	97539	6000	55119	56.5	818.7	48000
塞拉利昂	6732899	5000	792462	11.8	15749.2	310000
索马里	11391962	200	900000	7.9	449900.0	900000
南非	55436360	2400000	29935634	54.0	1147.3	16000000
南苏丹	13096190	—	2179963	16.6		180000
苏丹	42166323	30000	11806570	28.0	39255.2	3000000
斯威士兰	1320356	10000	436051	33.0	4260.5	160000
坦桑尼亚	56877529	115000	7394079	13.0	6329.6	6100000
多戈	7691915	100000	869956	13.0	770.0	340000
突尼斯	11494760	100000	5848534	50.9	5748.5	5800000
乌干达	41652938	40000	19000000	45.6	32457.8	2200000
西撒哈拉	596021	—	27000	4.5	—	23000
赞比亚	17237931	20000	5192284	30.1	25861.4	1400000
津巴布韦	16337760	50000	6722677	41.1	13345.4	850000
非洲总计	1246504865	4514400	388376491	31.2	8503.1	160207000
世界其他	6272524105	83.4	3497191128	55.8	90.0	1819496530
世界总计	7519028970	100.0	3885567619	51.7	100.0	1979703530

注：①非洲互联网统计数据截至 2017 年 6 月 30 日。②非洲 Facebook 用户数是 2017 年 6 月 30 日的数据。③非洲人口数据是根据联合国人口司的数据估算的 2017 年中期数据。④非洲互联网使用信息数据来自 WWW、ITU、Facebook 和其他可信来源。⑤为了进行互联网增长速度比较，本表还提供了 2000 年的基准互联网使用数据。⑥本表数据来源于 "互联网世界统计" 发布的报告，具体参见 http：//www.internetworldstats.com/stats1.htm。

连接一切，沟通全球："数字加拿大"政策的内容、效果与愿景

姚建华*

摘　要： 当下，以数字化和智能化为标志的数字文明时代已经到来，数字技术正在向人类生活各个领域全面推进，渗入全球各国政治、经济、文化和社会生活的方方面面，与政府治理、经济发展、隐私保护、社会公正和文化传承等领域深深地"镶嵌"在一起。正是在这样的背景下，2017 年，加拿大建国150 周年之际，加拿大联邦政府提出了"数字加拿大"（Digital Canada）的理念和政策，它由五个方面的内容组成，分别是"连接加拿大人""加强信息保护""加速经济发展""实现政府数字化""传播加拿大文化"。作为发达国家和数字技术强国，加拿大立足当下、面向未来的实践具有极高的战略眼光和借鉴意义。

关键词： "数字加拿大"　公共政策　经济发展　数字政府　文化传播

一　连接加拿大人

"连接加拿大人"的主要工作就是确保各地的加拿大人能以最优惠的价

---

* 姚建华，复旦大学新闻学院。

格获得高速上网的体验，为他们提供更多手机运营商的选择，并赋予他们挑选各自喜好的电视频道套餐的机会。在加拿大各级政府的不懈努力之下，该政策收到了卓越的成效，主要表现在以下几个方面：①"连接加拿大人"新乡村宽带项目正式启动。2017年，正值加拿大建国150周年之际，超过36.5万户的新家庭享受到高速上网服务。这一数字比项目预期值高出7.5万户，但仅耗资1.85亿加元，比3.05亿加元的预估成本降低了将近40%。②校园电脑扶持项目（The Computers for Schools Program，CFS）将非营利机构纳入受益者行列。许多非营利机构继成千上万的学校、图书馆及原住民群体之后，获得了该项目的资助，进而为加拿大的低收入人群、老年人和新加拿大公民提供电脑设备整修服务及技能培训。③2500MHz 和 AWS-3 频谱拍卖圆满结束。前者的拍卖所得用于改善城市中心的无线网络以及乡村地区的高速上网服务，后者的拍卖所得用于支持无线网络初创公司。④通过法律规定加拿大国内漫游批发费。该法律的制定旨在帮助新兴无线网络服务供应商更好地参与市场竞争。该法律实施后，国家无线服务供应商向小型供应商收取的无线漫游批发费将受到加拿大广播电视电信委员会（Canadian Radio-television and Telecommunications Commission，CRTC）的监管。这一举措有利于无线网络市场的竞争，并能确保市场中存在多个无线服务供应商可供消费者选择。⑤实行"不使用就剥夺"（use-it-or-lose-it）政策。该政策要求对无线电波服务具有收费资格的电信公司将此频谱用来服务加拿大人。⑥使用严厉的执法手段。如通过高达1000万加元的行政罚款来保护消费者权益免受违法电信公司的侵害。⑦实行新的手机信号塔政策。确保加拿大人与政府在新信号塔选址时是位于前端的决策者。⑧开展电缆与卫星电视频道套餐分离计划。为加拿大人提供更多可根据个人需求定制的频道选择，让每位用户都能挑选购买自己喜欢的频道套餐。CRTC的这项计划已于2016年12月生效，受益于该计划，加拿大消费者能更好地选择自己想看的频道。

加拿大技能训练组织（Skills/Competences Canada，SCC）与校园电脑扶持项目的合作颇具启发与借鉴意义。SCC是一个全国性的非营利机构，与企业、教育机构、劳工团体及政府进行合作，致力于在加拿大青少年群体中推广与科技相关的职业。作为世界技能组织的一员，SCC 每年都会开展丰富多彩的互动体验活动，帮助加拿大青少年获取未来职业必需的工作技能，并吸引了超过 35 万名青少年参与其中。每年一次的加拿大全国技能大赛（Skills Canada National Competition，SCNC）是该组织的标志性活动，也是加拿大唯一一项涉及多个行业、多种技术的全国性学生/学徒竞赛。该活动将国内尖端人才会聚在一起，在六大行业领域内进行 40 多项竞赛，涉及的领域从移动机器人设计到飞行器维护等。SCNC 为来自全国各地的参赛者提供了很好的机会，他们不仅能够在各自选择的领域内竞争全国最强的名号，还能在与同业人员的操作竞赛中展示自我，并进一步提高自身的技术能力。此外，通过网络直播，全球观众都能在线观看 SCNC 的各项竞赛，这也成为该赛事的特色之一。

SCNC 的背后离不开大量的协调工作与多种技术的支持——在为期两天的竞赛过程中，需使用超过 200 台电脑。CFS 为这项著名活动提供大额赞助，每年都会捐赠包括电脑在内的超过 100 台设备。CFS 捐赠的设备确保了参赛者能拥有符合行业标准的技术工具。竞赛期间的电脑信息系统、计分系统及其他 IT 软件解决方案同样都在 CFS 捐赠的电脑上运行。SCNC 还得到来自 CFS 员工的专业技术方面的支持，他们将自己宝贵的时间用于协助组装、拆卸竞赛设备和支持电脑成像等诸多技术工作，以确保大赛的成功举办。

为更加紧密地"连接"加拿大人，加快实现"数字加拿大"的美好愿景，联邦政府在未来还将着力推动以下工作：①改善乡村地区的网络连接。在不干扰现有电视广播的前提下，用电视空白频谱为乡村地区提供更好的无线服务。②剩余频谱拍卖和加强频谱管理。拍卖对象是 700MHz 和 AWS 3 频谱拍卖中未被分配的频谱使用执照。此外，渥太华通信研究中心（Communications Research Centre in Ottawa）不久将建成新的频谱分析中心，通过频谱使用数据的收集、分析和视觉化处理，加强对频谱的有效管理，这将对加拿大数字经济的发展起到至关重要的作用。③提升加拿大卫星通信业水准、降低卫星服务费用。加拿大联邦政府将在与欧洲空间局（European Space Agency）电信系统高级研究项目的合作中投入 3000 万加元用来支持加拿大卫星公司新技术的研发和营销活动。与此同时，加拿大联邦政府有义务为卫星服务供应商简化烦冗的操作流程、降低成本，同时为包括乡村居民在内的所有加拿大人改善卫星服务。④听取加拿大人关于网络连接的意见。CRTC 将举办公开听证会，全面调查哪些服务对加拿大全民参与数字经济有着至关重要的影响。

二 加强信息保护

加拿大联邦政府实施了一整套隐私保护制度，确保加拿大人的隐私能够在参与数字经济的过程中不受侵犯。在加强信息保护方面，加拿大联邦政府把矛头直指网络霸凌问题和恶性网络活动，希望通过提高网络隐私度来保障加拿大人的信息安全，具体包括：①《数字隐私法》（*Digital Privacy Act*）的执行力度不断加大。2015 年 6 月 18 日，加拿大《数字隐私法》正式生效，该法律要求企业在用户个人信息丢失或失窃时必须通知本人；强调对加拿大弱势群体的隐私，尤其是对儿童隐私的保护；简化商业法规；以及为加拿大隐私专员提供新的执法工具。《数字隐私法》为加拿大人的网络隐私提供了坚固的保护。②通过法案打击网络霸凌。保护加拿大人民免受网络霸凌的伤害（包括防止网络性侵案件的发生，杜绝未经当事人许可进行的在线传播亲密图像的活动等），是社会和每个家庭共同关心的重要议题。为了兑现诺言，加拿大公共安全局（Public Safety Canada）开展了一项旨在反网络霸凌的"停止网络仇恨"（Stop Hating Online）公众宣传活动，让加拿大人能更好地认识到网络霸凌的危害，了解网络霸凌如何发展成为犯罪活动的过程。③实行《加拿大反垃圾邮件法》（*Canada's Anti-spam Legislation*，*CASL*）。2014 年起实施的《加拿大反垃圾邮件法》是世界领先（强度最高）的反垃圾邮件法，该法律规定：加拿大人可以在 fightspam. gc. ca 的论坛上向加拿大政府垃圾邮件报告中心（Government of Canada Spam Reporting）举报疑似垃圾邮件及恶意软件。该法律实施一年后，加拿大的垃圾邮件减少了 37%。根据该中心提供的数据，2014 年 7 月 1 日至 2015 年 7 月 1 日，

fightspam. gc. ca 网页评论数为 8245 条，发送至 spam@ fightsoam. gc. ca 的邮件数为 33.2 万封。④强化加拿大金融体系。通过对新虚拟货币的管理进行立法，反对洗钱与非法融资。⑤进一步改善加拿大数字身份政策框架。通过与加拿大数字身份认证协会（Digital ID & Authentication Council of Canada）的深入合作，实现加拿大全民安全参与全球数字经济的目标。该非营利组织联合了公共与私人部门的领袖，将他们团结起来，共同致力于加拿大数字身份框架的开发。

这里值得一提的是"停止网络仇恨"活动在使公众认识到网络霸凌危害性方面的积极作用。所谓网络霸凌，是指通过电脑、手机或其他设备，有意在网上对他人进行为难、侮辱、折磨、威胁或骚扰。在加拿大，霸凌对象往往是儿童或者青少年，年龄最小的仅为 8 岁。"停止网络仇恨"这项全国性活动之所以能够成功，关键在于它不但向青少年及其家长介绍了网络霸凌，而且还邀请他们在推特和脸书上加入或关注这个话题。活动在脸书上的反响非常好，关注人数最多的群体正好是两个目标受众群体：13～18 岁的青少年约占总关注人数的 28%；35～55 岁的成年人约占总关注人数的44%。加拿大联邦政府专门在 YouTube 上发布互动视频，通过鼓励参与者发起和参与互动体验，让他们更好地认识到言语可能带来的伤害。此次活动还以"后果"（Consequences）和"继续传递"（Pass it On）两个电视广告，以及 Canada. ca/StopHatingOnline 这个针对家长和青少年群体的综合性资源平台为载体，为大众提供如何在网站上识别、预防和终止网络霸凌的相关信息与建议。此外，随着数字科技的飞速发展，在网络上传播未经当事人许可的亲密图像的现象有增无减，日益严重。2015 年 3 月，加拿大颁布法律禁止传播未经当事人许可的亲密图像。该法律不只针对 18 岁以下的未成年人，而是适用于所有人。Get Cyber Safe 网站提供了关于这条新法律的详细信息。

为使加拿大的信息保护水平继续保持在全球前列，联邦政府下一步还将积极推动以下工作：①国家公共安全宽带网络。加拿大联邦政府将投资 300万加元用于危机管理中专用高速移动网络的建设。加拿大工业局（Industry Canada）也将额外分配 700MHz 频谱中的 10MHz，用于公共安全宽带通信。

②提高加拿大核心网络系统与基础设施的安全性与自我修复能力。在加拿大网络安全战略（Canada's Cyber Security Strategy）的基础上，政府将投资9440万加元，保护家庭、企业及国家免受潜在网络袭击与网络安全威胁的伤害。③促进网络环境更加安全。加拿大联邦政府将颁布反恐新法律，提高网络环境的安全程度，彻底清除恐怖分子的在线宣传与招募渠道。

三 加速经济发展

世界各国的经济在全球化时代紧密相连，为了抓住全球经济中潜在的机会，加拿大企业与消费者在进行商业活动时都离不开数字技术的支持。一方面，加拿大联邦政府通过投资新项目、简化相关法规，满足企业发展数字技术的需求；另一方面，它不断推动新的尖端技术的研究，旨在让加拿大人获得最新和前沿的数字知识与技能，从而加速加拿大经济的发展。这方面的举措也已经结出累累硕果：①满足中小型企业技术发展的需求。加拿大商业发展银行（Business Development Bank of Canada，BDC）投资2亿加元帮助中小型企业家了解信息产业与通信技术，以及这些技术在各自公司中的应用方式。BDC还创建了专业网站（WWW. bdc. ca/EN/smart – tech）为企业家提供最有价值的建议、资源与工具。②资助部分高绩效风险投资基金。加拿大《风险投资行动计划》（*Venture Capital Action Plan*）作为综合性战略旨在增加私人部门对创新企业的投资，应其要求，加拿大联邦政府已对部分高绩效风险投资基金投入了4亿加元，这些基金积极对风投基金和具有创新性、高成长性的企业进行投资。截至2015年5月，这些高绩效风险投资基金已经从加拿大联邦政府、各省政府与企业中募得超过9亿加元的资金。③资助数字领域的企业家和创造多达3000个实习岗位。加拿大加速器和孵化器计划（Canada Accelerator and Incubator Program，CAIP）共募得1亿加元资金，用于帮助数字领域的企业家发展各自的企业。与此同时，加拿大联邦政府共投资4000万加元用于资助科学、技术、工程、数学等高需求领域及技术行业的实习岗位。加拿大联邦政府每年从政府财政中划拨150万加元用于资助

1000 个中小型企业的实习岗位。截至 2015 年 4 月，加拿大数字媒体产业雇佣的职业人员数量达到 5.2 万。④资助前沿研究项目的商业化发展，加大支持网络治理分权策略的力度。加拿大联邦政府资助量子计算研究所（Institute for Quantum Computing），促进其开展量子科技研究并进行商业化活动，同时保证每位用户免费地、开放地和安全地使用互联网。

在加速经济发展方面，加拿大泰尔五金公司（Canadian Tire Corporation, CTC）与通信技术公司（Communitech）的合作是典型的成功案例。具体来说，作为加拿大最受信赖、最具代表性的品牌——加拿大泰尔五金公司，创始 93 年以来，始终坚持用自己的产品让消费者的工作和生活变得更加愉快。近些年，CTC 致力于数字化发展，并凭借公司网站、热门应用程序和电子广告等方式成功转型为电商巨头，并不断加大在电子销售领域的投资。CTC 清楚地意识到，零售业的未来必将向数字化发展（但并不一定意味着实体店的消亡），同时数字科技对消费者购物行为产生的影响还会持续增强。

为了推动公司的数字化发展，CTC 与通信技术公司开展合作，后者是一家初创企业孵化器公司，也是政府资助的数字化实验室。两者的合作大获成功，随着 2013 年加拿大泰尔创新计划（Canadian Tire innovations, CTi）在通信技术公司园区内的启动，非科技公司（如 CTC）对通信技术公司这类创新型公司的看法发生了根本性的转变。该项目也让 CTC 员工有机会和加拿大最聪明的年轻人一起工作、共同开发新科技，进而改善消费者线下和线上的购物体验。与通信技术公司的合作让 CTC 团队能够集中精力进行实验，尤其是对改善实体店购物体验的数字产品的研究。两者之间的合作关系为公司赢得了许多荣誉，同时也研发了许多服务于消费者的应用程序（特别强调对社区消费者的服务策略），如湖边积分榜应用程序（消费者可以在该应用程序上根据湖泊名、器材种类和鱼的种类，查询当地捕鱼数总量）、户外生活应用程序（消费者可以在应用程序的虚拟世界里设计他们的户外空间，帮助他们将自己的设计变成现实），以及雨刮器应用程序（该程序能够代替书面资料，帮助消费者找到适合的雨刮器）等。这些应用程序进一步巩固了 CTC 的品牌地位。CTC 与通信技术公司合作的案例还展示了它成为世界零售数字化发展领导者的过程。CTC 最新的"数字车库"（Digital Garage）创新实验室项目于 2015 年 5 月在安大略省基奇纳—滑铁卢地区（Kitchener-Waterloo, Ontario）正式启动，该实验室就坐落在通信技术公司园区附近。"数字车库"项目让 CTC 以更快的速度对实体及线上的新科技、产品和应用程序进行研发和测试。总之，CTC 欣然迎接数字时代的到来，通过消费流程的数字化转型与加快产品上市的速度取得了不小的竞争优势，而在这个过程中，通信技术公司的助力是不容小觑的。

为让"数字加拿大"更好地助力经济发展、兼顾社会公平，联邦政府还将：①资助小型企业和女性企业家。加拿大联邦政府将为加拿大未来企业家组织（Futurpreneur Canada）提供 140 万加元的资助，帮助年轻企业家获取经济资助与培训。同时，加拿大联邦政府还将颁布《女性企业家行动计划》（Action Plan for Women Entrepreneurs），帮助女性企业家走向成功。②帮助印刷品阅读障碍者。加拿大联邦政府颁布了《帮助加拿大印刷品阅读障碍者法案》（Support for Canadians with Print Disabilities），促使政府接受《马拉喀什条约》（Marrakesh Treaty，它是为方便盲人、视力障碍者或其他印刷品阅读障碍者而制定的国际条约），致力于让印刷品阅读障碍者轻松获取更多的材料，并根据个人需求选择合适的读物形式，例如盲文、有声或电子读物（目前上述各类读物的总数已达 28.5 万种）。加拿大联邦政府还将资助生产 7.5 万台移动终端设备，为印刷品阅读障碍者的网络学习提供便利。③逐渐向新型可穿戴科技开放市场。加拿大联邦政府将允许可穿戴科技产品等高科技设备的制造商使用电子安全警告商标，并要求制造商为加拿大消费者提供更多与产品相关的信息。不久以后，智能手表等科技产品的邮递将以更快的速度到达消费者，同时还不会额外收取制造商任何费用，进而使制造商和消费者同时受益。④优化数字研究基础设施，提升加拿大的科研能力。加拿大联邦政府将为此制定具体的战略，优化数字研究生态系统的各个部分，包括高效计算、高速网站、数据管理、软件、工具和人力资本等。⑤加大研发和创新投资力度，包括向加拿大高级研究网站 CANARIE 注资 1.05 亿加元，使该网站成为加拿大数字研究生态系统中不可或缺的一部分；向加拿大创新基金会（Canada Foundation for Innovation）投资 1 亿加元，资助数字研究的基础设施建设；向加拿大国家研究协会（National Research Council of Canada）与整个产业合作的研发活动投资 1.19 亿加元；以及投资 0.56 亿加元用以资助 6000 多名应届毕业生在研发岗位上实习。⑥鼓励大专院校进一步迎合劳动市场的需求。加拿大联邦政府将一次性投资 650 万加元用以促进企业与大专院校之间的合作。⑦领导国际社会进行开放、自由的网络治理。加拿大联邦政府将持续关注开放互联网、移动平台、信任与数字技术等相关问题。

四 实现政府数字化

不断深入的"政府数字化"进程是加拿大在世界数字经济中占据领先地位的根本保证。加拿大联邦政府致力于在目前"政府数字化"进展的基础上，通过施行新举措，使加拿大人能在各种设备与平台上更快捷地获取更多的政府信息资源，具体包括：①加强对开放数据的支持。通过加拿大开放数据体验（Canadian Open Data Experience，CODE）强化数据的公开化。2015 年 CODE 的总冠军是尼纽实验室（New Labs），它开发的"职场之路"应用程序（Career Path App）能利用加拿大就业及社会发展组织提供的相关数据，帮助加拿大青少年发现、研究和选择未来的职业道路。在加拿大联邦政府看来，数据是一种新型资源；也就是说，数据是切实有用的，能够激发创新灵感、加速经济发展，以及改善人民的生活。同时，加拿大联邦政府发布了《加拿大联邦政府公开化行动计划》（*Employment and Social Development Canada*）2.0 版，该计划体现了加拿大联邦政府在公开信息、对话与数据方面的承诺，也体现了联邦政府通过拓宽数据信息的获取渠道，以确保政府的透明化与责任感，进而提高政府活动与民主程序中公民参与度的决心。②制定开放数据的行业标准。设立加拿大数据开放交换中心（Canadian Open Data Exchange，ODX），建立全国性的开放数据市场，帮助加拿大开放数据创新社群孵化下一代数据驱动的企业。③提高网络认证安全性和简化信息获取途径。引进新的政府服务登录方式，该方式尊重用户隐私，让用户在安全上网的同时，享受更多的选择与便利。与此同时，开展试验项目让用户拥有更多在线获取信息的渠道。④投入使用 Canada. ca 网站，大力开发手机应用程序。Canada. ca 网站汇集了 1500 个加拿大政府部门及下设机构的网站，让加拿大人能更便捷地在线查询信息和获取服务。与此同时，在加拿大联邦政府的鼓励和扶持下，手机应用程序逐渐成为查询、购买数码产品与数字服务的主要方式。根据加拿大信息与通信科技协会（Information and Communications Technology Council）发布的《加拿大应用程序经济的就业、投资与收入》（*Employment*, *Investment*, *and Revenue in the Canadian App Economy*）数据，截至 2012 年 10 月，大约有 5.17 万加拿大人的工作直接或间接地与手机应用程序的研发相关（占加拿大总人口数量的 0.15%），其中直接相关的为 4.13 万人，间接相关的为 1.04 万人。⑤增强加拿大联邦政府对人民的响应程度与责任感。《关于政府公开化的指示》（*Directive on Open Government*）要求联邦政府各部门及下属机构实行统一的政府管理制度，旨在提高效率，减少开销，保证个人信息、分类信息与机密信息的安全，以及提供高质量的信息服务。⑥吸引创新者在线申请知识产权保护。简化加拿大知识产权办公室（Canadian Intellectual Property Office，CIPO）的产权申报系统，为加拿大申请人提供新的国际申报选项，按照国际规范修改加拿大知识产权法，进而吸引创新者在线申请知识产权保护。

上文提到的加拿大开放数据体验（CODE）项目是加拿大政府数字化进程中较有特色的案例。加拿大联邦政府启动 CODE 项目的初衷是鼓励本国人民用创新的态度迎接数字经济时代，并逐步认同公开的数据让世界变得更加美好的事实。CODE 项目是一场长达 48 小时的应用程序开发的"马拉松"比赛：活动参与者需要运用政府公布的数据集，开发不同的应用程序，这些应用程序必须便于操作，能够帮助加拿大人与企业解决日常问题或优化现有的操作流程。开发者、视觉设计者和学生（或任何有兴趣尝试编程的人）需要面对创新挑战，用新的方式充分挖掘和运用联邦、省、地区和市政府提供的各种数据。2015 年 2 月 20 日至 22 日举办的第二届

CODE 项目（大赛）是加拿大历史上规模最大的一届，约有 1300 名来自全国各地的科技爱好者参加比赛，他们根据"健康生活、商业机会与青少年就业"的主题和政府公开的数据，共开发了 125 个具有创新性的应用程序。

为进一步打造"数字化的政府"，加拿大联邦政府还将继续不懈努力：①深化开放数据活动，简化获取政府信息的途径。继续通过国际数据公开会议（International Open Data Conference）与 CODE 项目深化政府数据的开放程度。同时，采取各种措施优化联邦政府（以及联邦政府各部门及下属机构）的网页内容与服务，让加拿大人能在各种移动终端设备上更好地享受政府服务。比如加拿大工业局正在尝试将网页与视频聊天作为沟通渠道，以实时互动的方式提供更好的服务。②数字外交。用 @ Canada 这一推特账号进行宣传，让世界各地的人们知道加拿大不仅拥有传统的价值体系、丰富多彩的特色文化，以及美丽迷人的自然风光，同时也是活跃在国际政治和经济舞台上的负责任的大国。③简化烦冗的程序。加拿大工业局与加拿大税务局（Canada Revenue Agency）正在领导一项全国性的变革，采用企业编码作为企业身份的统一识别号，这一举措将简化企业与加拿大联邦政府之间的交流程序、压缩交流成本。④提高政府的运行效率、灵活性和单位成本的效益，进一步通过网络开展国家治理。加拿大联邦政府正努力通过云计算，让政府的运行效率、灵活性和成本效益大大提高。与此同时，加拿大联邦政府正努力让互联网保持开放的状态，全力促进互联网成为创新与经济发展的平台。

五　传播加拿大文化

认识到艺术、文化和历史对于各国人民在多语言环境下进行即时网络交流的重要性，加拿大联邦政府加大了在数字平台上传播本国艺术、文化和历史的力度。随着"数字加拿大"政策的不断推进，加拿大联邦政府致力于利用新科技和各大数字平台，向世界讲述"加拿大故事"：①纪念退伍老兵。加拿大联邦政府资助加拿大历史协会（Historica Canada）开展"回忆项目"（The Memory Project），通过电子文档的形式，从退伍老兵的视角记录加拿大参与两次世界大战、朝鲜战争以及维和行动的故事。通过"回忆项目"，退伍老兵与全国150万同胞分享了他们的军旅生活故事。②发挥加拿大电视电影公司（Telefilm Canada）的重要文化作用。影视作品的生产、传播和消费方式随着时代的根本性变革而不断发展和改变。加拿大电视电影公司始终致力于帮助加拿大影视产业取得更多商业和文化的成就，并通过多个资助和推广项目助力加拿大国内外富有活力的企业与创作人才。该公司2015～2018年"人才灵感、随处可见"（Inspired by Talent, Viewed Everywhere）的战略新计划向加拿大影视业做出新承诺：让国内外的观众都能在屏幕上收看到加拿大影视作品，同时帮助国内影视业应对数字时代的各种挑战。③制作数字文化资源。主要包括与国家电影协会（National Film Board, NFB）合作，开发新型互动式应用程序和新的 NFB.ca 频道；与加拿大图书基金（Canada Book Fund）及加拿大音乐基金（Canada Music Fund）合作，制作新的数字文化资源，并在各大数字平台上发布国家文化资源的相关介绍；以及与加拿大图书档案馆（Library and Archives Canada）和 Canadian.org 网站合作，获取它们在数字化转型过程中发布的数百万件在线图像资源。④分享加拿大的历史故事。对加拿大虚拟博物馆（Virtual Museum of Canada）与加拿大历史博物馆网上文献中心（Online Works of Reference in the Canadian Museum of History）和大众在线分享加拿大故事与珍藏文物的活动予以支持。⑤加强加拿大科技博物馆公司（Canada Science and Technology Museums Corporation, CSTMC）在数字平台上提供包括博物馆信息在内的文化信息的综合能力。CSTMC 负责运营加拿大航空航天博物馆（Canada Aviation and Space Museum）、加拿大科技博物馆（Canada Science and Technology Museum, CSTM）和加拿大农业食品博物馆（Canada Agriculture and Food Museum），通过不断增加在线资源的发布，以社交媒体及多种数字媒体的形式与大众分享相关的信息。

这里需要特别强调的是，加拿大电视电影公司为了让更多国内外观众看到加拿大电视电影公司的作品，更好地传播加拿大文化，不断鼓励所有影视从业者制定符合观众期望的新型营销策略和新方法。举例来说，2014年加拿大电影的周末票房冠军《加油站趣事：大电影》（*Corner Gas*：*The Movie*）就是电影制作方维泰电影公司（Vérité Films）与辛尼布莱克娱乐公司（Cineplex）和贝尔传媒（Bell Media）之间共同合作制定出成功宣传战略的经典案例。《加油站趣事：大电影》开创了一种全新的活动传播模式：它于2014年12月在多个平台上映，为期3周，吸引了将近6万名影院观众，超过700万次电视点播，以及超过13万次在线播放。该电影吸引的观众人数达到加拿大总人口的20%，收获了数量庞大且忠实的粉丝群体。

此外，加拿大科技博物馆公司开发了各种手机应用程序，这些应用程序已经成为各个博物馆发展的新趋势——它们通过地点识别和GPS定位技术在向参观者补充介绍各个展览、展出工艺品或博物馆本身信息方面发挥了积极的作用。其中比较典型的案例就是加拿大航空航天博物馆开发的手机应用程序——王牌学院（ACE Academy）。这款手机应用程序为参观者提供了有趣的互动媒介，让世界各地的参观者都有机会了解展览、展出的工艺品和加拿大航空航天博物馆本身。王牌学院在世界113个国家的总下载量已经超过1.3万次。有了这次成功的尝试，CSTMC将继续开发新的手机应用程序提供博物馆内外的服务支持，为用户提供丰富的信息。与此同时，加拿大科技博物馆是首个加入开放数据行动的国家级博物馆。CSTMC在网上公开了馆内文物信息和照片的几个月后，一家第三方公司就根据这些数据研发出一款介绍该博物馆展品目录的应用程序，让加拿大各地的用户都能通过这款应用程序轻松获取4.3万件文物的相关信息。

为将数字技术更好地应用于传播加拿大文化，联邦政府还将下列举措列入未来的工作计划：①充分发挥加拿大科技博物馆发布的在线数据的作用，使联邦政府能够更有效地帮助加拿大人通过手机应用程序或其他多种数字媒体的形式获得丰富的数字文化资源；②加强加拿大广播电视电信委员会在制作面向全球受众的加拿大文化数字资源方面的能力。该委员会还将重点发展在线查询技术，使加拿大人能够第一时间查询到与加拿大文化相关的创新想法、创新科技应用以及新的商业模式。

以上介绍从已有成效、成功案例和未来计划等环节简要勾勒了加拿大联邦政府实施"数字加拿大"战略的基本情况，涵盖"连接加拿大人""加强信息保护""加速经济发展""实现政府数字化""传播加拿大文化"五个方面，涉及政治、经济、文化和社会发展等各个领域的数字开发与应用，加拿大政府不仅追求利用科技来促进经济增长，激发企业活力，同时也兼顾社会公正等相关议题，不让任何一个加拿大人被甩出技术进步的轨道（如对于女性和盲人的政策）。此外，联邦政府还强调提升政府治理的透明度、加大个人隐私的保护力度和传播好加拿大本土文化，这些都反映出在如何看待数字技术对人类社会影响的问题上，加拿大联邦政府的决策者积极稳妥而又极具前瞻性的态度。

The Development of Brazilian Media on the Inequality Map

Raquel Paiva *

In seven years, Brazil has had a total of 9 million[1] cellular phones blocked. This data comes from a study by the Sindicato das Empresas de Telefonia Móvel [The Mobile Telephone Companies' Union], produced by the telephone companies and released in January of 2018, attesting to the growing blockage of cell phones. This information appears insignificant in any other context, but in Brazil it is alarmingly relevant to the fact that Brazilians' digital access is largely through cell phones. Brazil today has the same number of SIM (Subscriber Identity Module) cards as people, around 213 million.

It is important to explain the relevance of this data in the context of the Brazilian social and economic reality. First, one must know that, even blocked, a cellular device continues to have access to the internet viawifi. Thus, for the vast majority of Brazilians, it continues to function normally, as the use of cell phones to make and receive calls was virtually overtaken by the use of the application WhatsApp, which allows for text, video, and voice messaging. It is important to remember that a media study released last year and produced by the Federal Government presented WhatsApp (popularly known as ' zapzap' or ' zap') as the

---

* Full Professor of Federal University of Rio de Janeiro, researcher of Federal Research Council (CNPq)

[1] According to http: //www. sinditelebrasil. org. br/sala – de – imprensa/releases/3290 – prestadoras – receberam – 1 – 6 – milhao – de – pedidos – de – bloqueio – de – acesso – do – celular – em – 2017.

tool most used by Brazilians.

In Brazil, the cell phone has become the most sought after consumer good over the years, taking the place of the car, the ambition of the Brazilian middle class since the 1970s. In those years, owning a car meant prosperity. Nowadays, not only has car ownership become inviable for an increasingly poor population, it has become unattractive due to the immense traffic problems faced by large – and medium-sized cities. Obviously, cars continue to be symbols of upward mobility, but their price and the crisis have pushed them out of reach for many consumers. On the other hand, cell phones and the relative facility of acquiring them, with the ability to pay them in up to 12 installments, have become more popular.

Consumer object and the first item to be taken in robberies and thefts: in 2017, 1. 6 million cell phones were blocked in Brazil; or, soon after being stolen, the victim, with the IMEI (International Mobile Equipment Identity) number, together with the operator, prevents the cell phone from making calls or any communication by using the mobile data package of Brazilian networks and 57 other providers in 19 countries, with whom Brazilian providers have an integration deal. These high numbers expose the fact that digital exclusion in Brazil, despite still being a reality, is mitigated by the use of cell phones, whether they are bought or stolen. Official data shows that only 40% of households have access to the internet. This split is even more significant when comparing urban and rural areas.

On the other hand, it is important to emphasize that official data in Brazil becomes obsolete in two years. The last comprehensive survey of media consumption has data from 2015. The Secretary of Communication,[①] a federal government agency, produced the report on the habits of Brazilians' media consumption, bringing together quantitative research institutes and university

---

① More information on http: //www. secom. gov. br/atuacao/pesquisa/lista – de – pesquisas – quantitativas – e – qualitativas – de – contratos – atuais/pesquisa – brasileira – de – midia – pbm – 2015. pdf/view.

researchers. The study still showed television as the most frequently used media that Brazilians use to access information across the country. Nearly 97% of the Brazilian population watches television daily, on average four hours a day, mostly between 18: 00 and 23: 00, and the search for information is the primary motive for watching.

This data also requires a historical contextualization on the development of Brazil's communications systems. In Brazil, during the military dictatorship, from the end of the 1960s up until the middle of the 1980s, all investment in telecommunications was concentrated in the diffusion of television and telephony. The preceding political period, in the 1940s and 50s, was defined by radio, with investment in shows, news, and radio novellas, and principally in government pronouncements. Radio fulfilled the demand for uniting the country, from the north to the south, but it was left to television to ultimately complete this task. Initially, the military government was responsible for connecting the full national territory, even the farthest municipalities, through a system of transmission towers and satellites. It was also during the military government that the first live and color transmissions were achieved. Beyond this, since the beginning, the telecommunications sector in Brazil included a strong influence from foreign capital. Although national legislation restricted this from happening, foreign capital definitively marked the beginning of the largest and most influential media empire in the country, Rede Globo da Televisão, which had its beginnings and many years of success due to its deal with the American group, Time Life.

In order to trace a Brazilian profile, it is important to stress that, according to Media Ownership Monitor (MOM)[1], the concentration of media in the country is comparative with that of land ownership. The Brazilian media market is similar to that of the great landowners: defined by family dynasties that concentrate their

---

[1] According to http: //brazil. mom – rsf. org/br/.

power. "Neither digital technology nor the growth of the internet and occasional regulatory efforts have limited the formation of these oligopolies"① is written in the report released at the end of 2017 by RWB (Reports without Borders) in partnership with the Brazilian NGO Intervozes.

The study, financed by the German Ministry for Economic Cooperation and Development, reveals the level of concentration in the Brazilian media, as well as the owners② and their performance in the economy. After a four – month investigation, the main conclusion was that Brazil occupies the last place among 11 countries analyzed by RWB (the others being Colombia, Peru, Cambodia, the Philippines, Ghana, Ukraine, Peru, Serbia, Tunisia, and Mongolia). "Brazil received the worst grade in nearly all of the indicators which the study used to measures risks to media plurality, evaluating items such as concentration of property and audience, regulation of media property, and even level of transparency regarding control of the company," reveals the report.

But returning to the question of principal access to the digital world via telephone, it is important to remember that, in general, Brazil follows the modern global profile, in that access via telephone corresponds to 62% , or the majority, of all connections. Of these connections, 10% are only through cell phone, 52% via wifi. The use of cell phones represents an enormous spectrum of access, not just to social networks and news, but also to games and, in recent years, films and shopping.

According to a study from December 2017 by the Panorama Mobile Time-Opinion Box-on the use of Apps in Brazil,③ currently 56% of Brazilians who have access to the internet buy goods through their cell phones, 89% using Android and

---

① More information in http: //www. dw. com/pt – br/m% C3% ADdia – no – brasil – ainda – % C3% A9 – controlada – por – poucos – diz – estudo/a – 41188603? maca = pt – BR – Facebook – sharing.

② According to http: //brazil. mom – rsf. org/br/.

③ According to http: //panoramamobiletime. com. br/.

only 8% using IOS. The study concentrated on the use of applications and the five most popular Apps in a list of 20 is led by WhatsApp, followed by Facebook, Instagram, Facebook Messenger, and Uber. Refining the study by asking the user if they had to choose one single application to install, responses showed 50% would download WhatsApp and only 7% Facebook, second on the list. Showing the significance of WhatsApp, 6% even mentioned they had already removed the SMS application from their cell phones.

Over two years, the study also monitored mobile games and revealed that Candy Crush Saga leads the rankings of the preferred titles for Brazilian gamers. The study considers this to be " a rare case of endurance in the mobile games market, in which the rule tends to be ephemeral successes, which last for only a few months-such as the cases of Pokemon Go and Super Mario Run, which disappeared from the Brazilian ranking as fast as they entered it. " For them, one of the reasons for the success of Candy Crush could be the fact that its public differs from the profile of the average gamer. The study defined the players as mostly women, between 30 and 49 years old, and they are certainly the ones pushing Candy Crush to first on the list.

Lastly, the study revealed another important piece of data related to entertainment in showing that Brazilians increasingly use their smartphones for amusement and are paying for this. In just six months, the proportion of Brazilian Internet users subscribing to paid entertainment services whose content is predominantly accessed by smartphone, led by Netflix and Spotify, increased from 24% to 32%. Predictably, subscription to mobile services is more common amongst people from classes A and B (40%) than classes C, D, and E (29%).

Even today, the telecommunications sector has a high level of participation from foreign companies, who dominate the sector and even define the kind of cell phone that is accepted and used in the country. On the other hand, companies that dominate media in the country, while possessing foreign capital and technology, are basically controlled by six families. Brazilian legislation allows for the concessions of television and radio stations, providing for contractual renovation as well as numerous rules and obligations, such as the exhibition of educational programming, which the broadcasters usually air during times with little to no audience, such as the early morning hours. The only national, educational broadcaster is a state channel and has recently faced its near extinction with a reduction of personnel and a phase of divestiture, in terms of both tangible and intangible assets.

It is important to emphasize that digital terrestrial television in the country has a modified version of the Japanese standard (ISDB – T), which is the ISDB – Tb, an addition that, in theory, allows for greater interactivity, the *Ginga* middleware. However, this Brazilian invention, which was already introduced with the installation of the color system, has served to shift the country away from compatibility with other models around the world. Until today, the system has not been fully implemented across the country, which continues to include both digital and analog systems, but the estimate is that, in the year 2018, the whole of Brazil will have a digital television system.

On the other hand, although television is still the primary source of information for the majority of the population, the 2015 media study already demonstrated a considerable surge of Brazilians using the internet as a source of information and entertainment. The number of hours spent online already surpassed the consumption of television programming. Brazilians remain connected for a greater number of hours.

The question of access to home connections is still a problem in Brazil, and a revealing indicator of social inequality, because in reality large-and medium-sized cities have a greater number of people with access than rural areas, and even in the cities, home access is directly related to the population's income, as internet connections remain expensive. If the data concerning home connection was considered an indicator of digital inclusion and exclusion, then we certainly have an unequal Brazil and a significant level of digital exclusion, where only 40% of the population has home access to the internet.

The numbers certainly do not vary greatly, but the latest data shows the reduced use of computers also has as an aggravating factor: the continually high levels of illiteracy. This is due to the fact that, in Brazil, according to data which analyzes functional literacy, that is, not just the ability to read and write one's name, but also to read and interpret texts, 92% of the population between 15 and 64 years old are not proficient in writing, reading, and mathematics,[1] that is, 27% of the Brazilian population can be considered functionally literate, according to data from 2017. On the other hand, this profile serves to characterize the way most Brazilians utilize the digital world: in first place, via cell phone-as demonstrated by the average of one device per inhabitant-and especially on the social networks.

Brazil has the second highest number of Facebook users in the world,[2] with an average of minutes connected well above the global median. The high level of social media involvement does not, however, demonstrate a diversity of information, principally because the most accessed sites are connected to the most important media groups, such as Globo.[3] In this way, one can observe that the current range of access for Brazilians does not include a wide variety of information and, given the numbers of those capable of critically reading media productions, one can ascertain that the number of hours connected does not signify the adoption of digital citizenship. Brazilians, in general, tend to replicate the enormity of news to which they have access through traditional sources and, currently, with the

---

[1] According to http://edicaodobrasil.com.br/2017/03/17/analfabetismo – funcional – atinge – 27 – da – populacao/.

[2] According to http://midianinja.org/renatamielli/facebook – 2 – bilhoes – de – usuarios – e – um – projeto – para – dominar – o – mundo/.

[3] According to https://www.alexa.com/topsites/countries/BR.

introduction of bots, have been transformed into simple consumers of *fake news*, produced in great quantities.

Brazilians' strong presence on Facebook led to even the current Brazilian government modifying its volume of investment in the most used traditional media, which was television. In 2017, the government split its publicity budget between Grupo Globo, which received 51.27% for its television broadcasters, representing R\$ 46 million from January to October 2017, while Facebook enjoyed 36% of the total budget for digital outlets.[①] The tendency for Brazilian politicians to use the media did not begin recently, rather beginning in the early days of politics, but it has undeniably reached a significant stage, in that the connection between politics and media has gone beyond the politics of favors and handing out first-hand information. The media gives opinions, judges, and also creates a certain reality, which does not always match the facts, and for this reason, last year political expenses reached R\$ 754 thousand of public money spent on self-promoting reports in blogs, sites, journals, and magazines.[②] It is important to note that, as well as the six families controlling the principal media empires in Brazil, numerous politicians possess radio broadcasters in their regions.

Lastly, it is important to mention that Brazilian journals over the past few years are facing a certain weakness in sales, especially relative to their print editions. The greatest fall in sales was that of *A Folha de São Paulo* (produced in the city of Sao Paulo), a national paper, and in second place that of *O Globo* (from Rio de Janeiro), also a national paper. The numbers are from 2016 and 2017, when print journals faced an average decline of 160 thousand daily sales, while traditional outlets gained more than 80 thousand new digital subscribers. However, the value paid by the online subscribers does not make the print editions profitable. These

---

① According to https://www.brasil247.com/pt/247/midiatech/327845.
② According to https://theintercept.com/2018/01/16/deputados – usam – cota – parlamentar – para – comprar – reportagens/.

print editions continue to lose subscribers, as the migration has not yet ended. Nearly all journals have ceased offering print-only subscriptions, with the exception of *A Folha de São Paulo*, all of them offer only digital subscriptions or both options together: print and digital. [1]

Beside the journals managed by the political and business elite, new outlets anchored on social networks and modern applications have risen forcefully and become a reference point for a public avid for news, coverage, and analyses. On of these is the online journal, "El Pais," from Spain, which maintains a contentious editorial line in its Brazilian edition. "El Pais" bothered the establishment so much that, in December 2016, the National Association of Journals (ANJ) filed various lawsuits in order to impede foreign journals from being read and from making coverage on the Brazilian reality. There is a similar case in "The Intercept," a journal directed by a group of journalists (mostly foreign, with some based in Brazil) and which always presents assertive material.

This environment also includes local productions, among which one which most deserves noting is "Midia Ninja," which became popular for being the only outlet which covered all of the protests which hit Brazil in 2013. "Midia Ninja", today anchored on platforms such as Twitter and Facebook,[2] uses new technology and a capacity to produce on a network with the objective of thusly reaching the furthest corners of Brazil.

Beyond "Midia Ninja," it is important to emphasize the numerous collectives that, by using social networks and applications, create their pages and today can be accessed not only by inhabitants of the cities and Brazil in general, but all over the world, allowing one to know a little more about the national reality as well as

---

[1] According to http: //www. abrapbrasil. com. br/noticias/materia/95/desaba – tiragem – dos – cinco – maiores – jornais – do – pais.

[2] More information on http: //midianinja. org/or, https: //pt. wikipedia. org/wiki/M% C3% ADdia_ Ninja.

poorer areas, such as favelas[①] and the country's interior.

In this way, one can admit that, in Brazil at least, even though the internet is not accessible to the entire population, its virtual nature has led to a diversification of voices. There are numerous alternative production centers which have established themselves as sources for official outlets. Beyond the blogs, sites, and social network pages, Brazil has begun to intensively use the application WhatsApp-already demonstrated by the most recent survey conducted by the government as a tool that is still not fully appreciated, with a still unknown capacity for disseminating information-in which information travels directly from person to person, in this case, to the entire Brazilian population, without passing through any kind of group evaluation. Extensive, active market use has already been predicted for the tool, which has been heavily employed by journalists over the past three years.

Lastly, it is inevitable to emphasize that this environment of technological modernization in communications contrasts strongly with Brazil's social inequality. Masked by the temporary uptick in consumption, income inequality in Brazil has not fallen in the beginning of the 21st century. Without a structural policy-that is, policies capable of affecting the institutional models-in the context of visceral inequality, electronic technology only deepens the social abyss.

Bibliography

BrazilianMidia Research 2014, 2015, 2016 (http: //www. secom. gov. br/@ @ busca? SearchableText = Pesquisa + Brasileira + de + Midia).

IBGE – Brazilian Institute of Geography and Statistics (https: //drive. google. com/file/d/ 0B76QSmF6uzHWa0NLdVRfTmtoUGM/view).

BRAZIL, Law 9. 612, of 1998, that institutes the Service of Community Radio

---

① More information http: //rioonwatch. org. br/? p = 30560.

Broadcasting and other provisions (1998).

Paiva, Raquel. Guerra, Márcio and Custodio, Leonardo. Professional, social and regulatory characteristics of journalism in online and traditional media in Brazil in: African Journalism Studies: Special issue The BRICS journalist: Profession and practice in the age of digital media. Volume 36 | Issue3 | 2015 Print ISSN 2374 – 3670 | Online 2374 – 3689.

Midia Directory of 2012, 2014, 2015, 2016, http: //portfoliodemidia. meioemensagem. com. br/portfolio/midia/conteudo – arq/arq203295. pdf).

Freedom of the Press in Brazilhttp: //www. paraexpressaraliberdade. org. br/downloads/.

Spyer, Juliano. *Social Media in Emergent Brazil-how the internet affects social change.* UCL Press, 2017, London.

Mizukami, Pedro. Reia, Jhessica and Varon, Joana. *Mapping Digital Media: Brazil.* FGV's Rio de Janeiro Law School Edition, 2014, Rio de Janeiro.

Challenges and Opportunities of the Brazilian Telecommunications Industry – Brazilian Development Axis Series, n. 57, Press Releases from IPEA, 2010, http: //www. ipea. gov. br/portal/.

图书在版编目(CIP)数据

中国国际传播发展研究 / 胡正荣,李继东,姬德强
主编. —北京:社会科学文献出版社,2021.6(2024.6 重印)
ISBN 978-7-5201-7258-5

Ⅰ.①中… Ⅱ.①胡… ②李… ③姬… Ⅲ.①中外关
系-传播学-研究-中国 Ⅳ.①G219.26

中国版本图书馆 CIP 数据核字(2020)第 168893 号

中国国际传播发展研究

主　　编／胡正荣　李继东　姬德强

出 版 人／冀祥德
责任编辑／张　媛

出　　版／社会科学文献出版社·皮书分社（010）59367127
　　　　　地址：北京市北三环中路甲 29 号院华龙大厦　邮编：100029
　　　　　网址：www.ssap.com.cn
发　　行／社会科学文献出版社（010）59367028
印　　装／唐山玺诚印务有限公司

规　　格／开　本：787mm×1092mm　1/16
　　　　　印　张：16.25　字　数：247 千字
版　　次／2021 年 6 月第 1 版　2024 年 6 月第 2 次印刷
书　　号／ISBN 978-7-5201-7258-5
定　　价／128.00 元

读者服务电话：4008918866